GERHART GERWECK
DAS RECHT DER TIERE

GERHART GERWECK

DAS RECHT DER TIERE

PERSÖNLICHES PLÄDOYER
FÜR DEN TIERSCHUTZ

Mit einem Vorwort von Franz Alt

Kosmos

DER PANTHER

Sein Blick ist vom Vorübergehn der Stäbe
so müd geworden, daß er nichts mehr hält.
Ihm ist, als ob es tausend Stäbe gäbe
und hinter tausend Stäben keine Welt.

Der weiche Gang geschmeidig starker Schritte,
der sich im allerkleinsten Kreis dreht,
ist wie ein Tanz von Kraft um eine Mitte,
in der betäubt ein großer Wille steht.

Nur manchmal schiebt der Vorhang der Pupille
sich lautlos auf. Dann geht ein Bild hinein,
geht durch der Glieder angespannte Stille –
und hört im Herzen auf zu sein.

Rainer Maria Rilke, 1903

INHALTSÜBERSICHT

Vorwort: Franz Alt 7
Einführung: Gerhart Gerweck 11
Das Tier in der Schöpfung 13
Der Kampf um Lebensraum 21
Ohne Tiere keine Zukunft 26
Die Tiere sind unmündig 29
Der Weg zum Tierschutz 33
Tierschutz braucht Mut 41
Die Folgen der Massentierhaltung 45
Das grausame Elend bei Tiertransporten 65
Kontrollkonzept für Tiertransporte 74
Tierversuche – Kulturschande? 76
»Schönheit« aus zweiter Hand 92
Wenn Tierzucht zur Qual wird 99
Kampfhunde – Hammer oder Amboß? 111
Pferdehaltung und Tierschutz 116
Die Psyche des Pferdes aus ethischer Sicht 132
Fohlenbrand und Tierschutz 134
Das harte Los des Kettenhundes 136
Katzenhaltung und Tierschutz 141
Ist Dressur Tierquälerei? 148
Rodeo – ein tierquälerischer Unfug? 154
Delphine in Gefangenschaft 156
Gehegehaltung von Straußenvögeln 158
Wie gut geht es Zootieren 162
Haustier und Technik 172
Tiere als Sportgerät 175
Jagd und Wildbrethygiene 178
Pelztierzucht und andere Verwirrungen 183
Das Klonen von Tieren 186
Das Tierheim als letzte Hoffnung 188
Epilog – das verlorene Paradies 190

Serviceteil
Das deutsche Tierschutzgesetz 195
Das Tier – eine juristisch tote Sache? Rechtsanwalt Dr. Hahn .. 209
Die ethischen Grundsätze des Pferdefreundes 212
   (Herausgeber: Deutsche Reiterliche Vereinigung)

Mein 10-Punkte-Forderungsprogramm zum Schutz der Tiere
   (Gerhart Gerweck) 213

Kontaktadressen 214

VORWORT VON FRANZ ALT

Alle stimmen zu, wenn dieses Albert-Schweitzer-Wort zitiert wird: Ethik ist ins Grenzenlose erweiterte Verantwortung gegenüber allem, was lebt. Wie aber sieht diese »Ehrfurcht vor dem Leben« in Wirklichkeit aus?

Wir füttern vegetarische Rinder mit Tierkadavern und Schweine mit Schweinemehl. Legehennen halten wir millionenfach in einem Käfig von der Größe eines DIN-A4-Blattes. Jedes zweite Küken fliegt zum Abfall, weil es das falsche Geschlecht hat. Wir mästen Truthähne bis zum Umfallen und stopfen Hähnchen in 30 Tagen bis zur Schlachtreife voll. Die eigentliche Misere der europäischen Landwirtschaft ist nicht der Rinderwahnsinn, sondern der alltägliche Menschenwahnsinn, der zur Massentierhaltung, zu Futterimport, Überschußproduktion, grauenhafter Tierquälerei und schließlich auch noch zu BSE geführt hat. Die BSE-Katastrophe liegt nicht hinter uns, sondern vor uns. Sie ist auch durch ein Verbot von Rindfleischexporten aus England nicht zu lösen. Denn: Bis 1989 wurden über 6000 Tonnen potentiell BSE-haltige Tiermehle nach Holland und Deutschland exportiert und hier hauptsächlich zur Geflügel-, Schweine- und Kälberaufzucht verwendet. Diese Tiere konnten gar nicht an BSE erkranken, weil sie früh geschlachtet wurden, aber sie gelangten in die Nahrungskette. Also nicht die »heimische« Landwirtschaft, sondern ausschließlich eine kontrollierbare artgerechte Tierhaltung ohne Mast ist eine Garantie, sich gesund zu ernähren.

Der Schutz der Tiere wäre auch Schutz für die Menschen. Aber nicht nur die britische Landwirtschaft spielt Roulette, sondern die gesamte europäische Agrarproduktion: mit Nitrit und Nitrat, mit Pestiziden und Phosphaten, mit Surrogaten und mit Gentechnik und Fastfood, mit viel Fraß für Frankenstein. Der Rinderwahnsinn hat Methode. Die viele Fleischfresserei hat unser Hirn benebelt.

Wir organisieren heute Tiertransporte von Warschau bis nach Lissabon und von Holland bis nach Sizilien. Millionen Versuchstiere werden in Deutschland grausam zu Tode gequält. Im Namen des wirtschaftlichen Fortschritts wird jede Barbarei als »Sachzwang«

qualifiziert. Und Mitgefühl für das Leid der Tiere wird zum Luxusartikel. Wenn wir Bilder dieser massenhaften Tierquälerei im Fernsehen zeigen wenden sich viele Zuschauer entsetzt ab: »Ich kann es nicht mehr sehen.« Diese Haltung ist zwar verständlich, aber sie hilft keinem einzigen Tier. Es reicht nicht, daß die Bratwurst schmeckt. Wir müssen lernen, nach den Zutaten und der Herkunft zu fragen. Verbraucherinnen und Verbraucher handeln nicht verantwortungsfrei, wir werden vielmehr mitschuldig. Unsere Verantwortung beginnt beim Fleischkauf und reicht über das Reduzieren unseres Fleischkonsums bis in die Wahlkabine bei der nächsten Bundestagswahl.

Alles, was wir Tieren antun, fällt auf uns zurück. Erst vergiften wir die Rinder mit Knochenmehl, und dann vergiften die Rinder uns. Dabei sind die Alternativen längst bekannt. Wenn wir Fleisch kaufen, können wir fragen: Haben die Rinder und Schweine, die Schafe und Enten so gelebt, wie es ihren natürlichen Bedürfnissen entsprach? War der Landwirt ein guter Hirte? Ist auch beim Schlachten die Würde des Tieres respektiert worden? Bio-Bauern können diese Fragen guten Gewissens bejahen.

Der Anthroposoph Rudolf Steiner hat um 1920 Grundzüge einer ökologischen Landwirtschaft, artgerechter Tierhaltung und einer Produktionsweise für gesunde Lebens-Mittel aufgezeigt. Am 13. Januar 1923 genau sagte Rudolf Steiner den bemerkenswerten Satz: »Wer Rinder mit Fleisch füttert, macht sie wahnsinnig.« So ist es nicht überraschend, daß keines der 160 000 an BSE erkrankten englischen Rinder von einem Bio-Bauern stammt. In den Richtlinien des ökologischen Landbaus ist Rinderfutter aus Tierabfällen grundsätzlich verboten. Artgerechte Tierhaltung im ökologischen Landhaus heißt: »Die Tiere stammen vom eigenen Hof oder von einem anderen Biohof, das Futter wächst überwiegend auf dem eigenen Acker, Massentierhaltung ist ebenso verboten wie weite Tiertransporte.« Tiere sind beseelte Mitgeschöpfe und kein Sperrmüll, den man im Notfall über Verbrennungsanlagen beseitigen kann. Tierliebe ist gelebte Ethik und praktische Religion. Tierliebende Menschen erkennen in den Tieren deren eigene Würde und eigene Seele. Alles, was wir Tieren antun, tun wir uns selbst an.

Wenn wir sie zuerst mit Antibiotika und Wachstumshormonen vollstopfen, dann bekommen wir dieses Gift über das Lebensmittel

Fleisch wieder zurück. In jedem Leben und in jedem Lebens-Mittel steckt geistige Energie. Wenn wir diese vergiften, vergiften wir uns selbst. Ethik ist unteilbar, wir werden immer nur ernten, was wir säen.

Ab 1970 und bis Ende der 80er Jahre hatte der Tierschutz in Deutschland große Erfolge: Schildkrötensuppe, Leopardenmäntel, Elfenbeinschnitzereien sind vom Markt verschwunden; illegale Tiertransporte wurden aufgedeckt und skrupellose Händler geschützter Arten verurteilt.

Doch heute ist es um den Tierschutz stiller geworden. Horst Stern spricht von der »ermüdeten Wahrheit«. Doch Gleichgültigkeit wächst, wenn die Wahrheit ermüdet. Gerhart Gerweck will mit diesem Buch aufrütteln; nur die Wahrheit, bequem oder unbequem, wird uns frei machen. Entscheidend für uns wird sein, ob wir die heutige Wahrheit über die Situation der Tiere, die Wahrheit über die erbarmungslose Massentierhaltung der europäischen Agrarmaschine, an uns heranlassen.

Für den Autor ist der Schutz der Tiere eine humanitäre Verpflichtung. Der »Tierarzt mit Leibe und Seele« (Süddeutsche Zeitung), homöopathische Pferdedoktor und tierliebende Autor veröffentlicht sein wichtiges Buch in den Zeiten des Rinderwahns und der Schweinepest. Er macht uns klar: Die Art und Weise, wie wir mit Tieren umgehen, auch als Fleischkonsumenten, sagt alles über uns Menschen. Die Art unseres Umgangs mit Tieren ist ein Gradmesser für die Humanität oder Inhumanität einer Gesellschaft.

Deshalb ist dieses Buch zum Schutz der Tiere zugleich ein leidenschaftlicher Appell zum Schutz der Erde und zum Frieden unter den Menschen. Gerhart Gerweck ist das, was die Tiere und ihr Schöpfer von uns Menschen erwarten können: ihr Anwalt. Müssen wir im Angesicht des unermeßlichen Elends der Tiere im ohnmächtigen Nichtstun erstarren? Der englische Philosoph Edmund Burke sagte im 18. Jahrhundert: Niemand beging einen größeren Fehler als jener, der nichts tat, weil er nur wenig tun konnte. Tierethik ist bis heute – im Gegensatz zum buddhistischen Kulturkreis – der blinde Fleck in der abendländischen Philosophie- und Religionsgeschichte. Dieses Buch will Licht ins Dunkel bringen, aufklären. Thomas von Aquin schrieb den verhängnisvollen Satz: Die Seele des Tieres ist nicht teilhaftig eines ewigen Seins. Also erst das Schnitzel, dann die

Moral, alles wie gehabt? Alle Tiere sind unsere näheren oder ferneren Verwandten. Das gesamte Tier- und Pflanzenreich ist viel älter als wir Menschen. In der Evolution sind wir Menschen sehr spät Geborene – wir stehen auf den Schultern unserer älteren Geschwister im Tier- und Pflanzenbereich. Ohne diese Lebens-Grundlagen gibt es für unsere Spezies keine Zukunft. Dank und Barmherzigkeit gegenüber Tieren reichen deshalb nicht aus. Wir haben als machthabende Mitgeschöpfe Verantwortung und Verpflichtung. Wann ziehen wir die Konsequenz aus diesen Erkenntnissen: Von einem Hektar Land können wir mit einem vegetarischen Speiseplan 10mal mehr Menschen ernähren als mit euro-amerikanischen Fleischmahlzeiten! Oder: US-Präsident Bill Clinton hat in einer Fernsehansprache erstaunten US-Bürgern gesagt, daß 10% weniger Fleischverzehr bei den Nordamerikanern Millionen Menschen zusätzlich ernähren könnte, die jetzt hungern oder verhungern müssen. Eine zehnprozentige Einschränkung des Fleischkonsums wäre auch noch gut für die Gesundheit der US-Bürger und der Westeuropäer. Niemand kann heute mehr sagen, daß uns diese Informationen nicht bekannt seien. Früher galt vielleicht: Wir wissen nicht, was wir tun. Aber heute im Informationszeitalter gilt: Wir tun nicht, was wir wissen. Schon der Heilige Benedikt von Nursia warnte vor 1500 Jahren: Übertriebener Fleischgenuß macht aus jeder Gesellschaft ein Massenkrankenhaus. In Westeuropa und USA ist bereits jede dritte Krankheit ernährungsbedingt. Heute führen wir einen dritten Weltkrieg gegen die Natur. Können wir jetzt Zeichen des Friedens setzen gegenüber der Natur? Im Laufe dieses Weltkriegs-Jahrhunderts haben wir Deutsche erkannt, daß Franzosen und Polen, Italiener und Türken auch Menschen sind. Vielleicht erkennen wir im 21. Jahrhundert, daß Tiere als empfindsame Wesen ihre eigene Würde und ein eigenes Lebensrecht haben. Kinder wußten dies schon immer – von Natur aus.

Aus dem Loslassen des Fleischverzehrs kann ein geistiges Erwachen erfolgen. Unsere Seele ist die eigentliche Großmacht auf dieser Erde, jene Großmacht, die alle Großmächte ein Vielfaches überragt. Seelenarbeit ist die eigentliche Heilungschance für uns und für alles Leben auf unserem schönen Planeten.

Baden-Baden, 3. Juni 1996 *Franz Alt*

EINFÜHRUNG

Die wunderbare Welt der Tiere ist ein Teil unserer Kultur, unseres Lebens. Das gilt für die wildlebenden Tiere ebenso wie für die Haus- und Heimtiere. Der Expansionstrieb und die unaufhörliche Vermehrung des Menschen hat die Räume eng gemacht. Immer mehr Menschen beanspruchen immer mehr Raum. Immer mehr Siedlungen und immer größere Städte verbrauchen die Natur und nehmen den wildlebenden Tieren ihre Lebensregionen. In immer größeren Verbänden werden immer zahlreichere Haustiere für die menschliche Ernährung gehalten. Das archaische Zusammenleben zwischen Mensch und Tier auf dieser Erde wird heute von einer rationalen Überlebensstrategie bestimmt. Kein Wunder, daß die Wildtiere weltweit in ihrem Leben bedroht sind und die Nutztiere nicht mehr Partner der Menschen, die mit und von ihren Tieren leben, bleiben konnten, sondern weitgehend zur tierischen Produktion entartet sind. Bleibt noch die Nische der Haus- und Heimtiere, wo der Mensch teilweise zu einem innigen Zusammenleben mit diesen Tieren gefunden hat und diese pflegt.

Kein Wunder, daß in dieser veränderten Welt der Schutz der Tiere vielfach der Rationalität und dem Gewinnstreben weichen muß. Kein Wunder, daß diese veränderten Strukturen die gnadenlose Nutzung und Ausnutzung der Tiere in vielen Bereichen zum kulturellen Problem werden ließ. Kein Wunder, daß das göttliche Gebot der Fürsorge für das Mitgeschöpf Tier teilweise verarmt und das Leiden der Tiere vielfach zu einem tolerierten Faktum der Tierproduktion wurde. Kein Wunder, daß die einst innige Beziehung zwischen Mensch und Tier unter der gnadenlosen Materialisierung des Lebens verlorenging. Es gilt heute die Tierwelt zu schützen. Es gilt das Recht und Lebensrecht der Tiere innerhalb allen Lebens dieser Erde zu erhalten.

Dieses Buch klagt nicht an, sondern macht deutlich, wo die Dinge nicht in Ordnung sind, wo die Fürsorge für die Tiere ausgesetzt ist, wo der Schutz der Tiere nicht gegeben ist, wo Tiere gequält werden. Es will aber vor allem Wege aufzeigen, wie die Tiere in ihrem Recht auf ein würdiges Leben geschützt und gestärkt werden können, als Geschöpfe Gottes, als unsere Mitbrüder und ein Teil unseres Lebens und unserer Kultur. Ein Buch zum Nachdenken und zum Handeln.

Gerhart Gerweck

DAS TIER IN DER SCHÖPFUNG

Unsere Erde, unser schöner blauer Planet, ist viereinhalb Milliarden Jahre alt. Seit vielen hundert Millionen Jahren gibt es Leben auf unserer Mutter Erde, und es haben sich kaum zählbare, immer noch nicht alle entdeckte und erforschte Arten von Pflanzen und Tieren entwickelt. Es ist über 270 Millionen Jahre her, daß die ersten Wirbeltiere aus dem Meer, der Urheimat fast aller Lebewesen, aufs Land gekrochen sind und sich in der vielfältigsten Weise ihrer Umwelt und ihren Lebens- und Überlebensbedingungen angepaßt haben. Das Reich der Tiere wurde zu einer grandiosen, unendlich bunten und teilweise schillernden farben- und artenträchtigen, vielseitig gestalteten, mit exzellenten Sinnen und Eigenschaften ausgestalteten wunderbaren Tierwelt, die unserer Erde kulturellen Glanz und Reichtum verleiht.

Alle Sinngebungen und Religionen haben die Tiere als eine grandiose Schöpfung verherrlicht und der Tierethik einen besonderen Platz im Ablauf alles Lebendigen eingeräumt, auch wenn vielfach der Mensch, als Ebenbild Gottes, eine dominierende Stellung erhält. Doch hier gilt, je stärker eine Kultur mit der Tierwelt verhaftet ist, desto mehr verstand und versteht sich der Mensch als Teil dieser Kultur, desto enger sind die Beziehungen zwischen Mensch und Tier und gelten die Tiere als Brüder und Schwestern von uns Menschen. Die Ehrfurcht vor dem Leben, wie Albert Schweitzer* sie verstanden hat, spiegelt sich auch in der Rede des Indianerhäuptlings Seattle wieder, die dieser im Jahre 1855 vor dem amerikanischen Präsidenten Franklin Pierce gehalten hat und die heute, bei dem immer gravierender werdenden Ausverkauf der Natur und dem Zurückdrängen der unwiederbringlichen Vielfalt der Tiere, aktueller denn je ist. Sie eröffnet uns den Blick auf die Geborgenheit von Mensch und Tier in den Armen von Mutter Erde und Vater Boden. Sie erinnert daran, daß Mensch und Tier in der faszinierenden Schöpfung eine Einheit darstellen. Sie mahnt uns, trotz der Hörigkeit gegenüber

---

*Albert Schweitzer, Theologe, Urwalddoktor, Organist, Humanist

dem technischen Fortschritt, nicht zu vergessen, daß der »Mensch nicht der Beherrscher der Erde ist, sondern zu ihr gehört, wie die Tiere und Pflanzen, der Staub und das Wasser, die Sonne, die Luft und der Wind«.

Sie prophezeit uns, daß eine Zivilisation, die die Tiere und die Natur vergißt, den Menschen einsam und traurig werden läßt und ihn eines Tages aus der Gemeinschaft der Lebewesen eliminieren wird. Die Warnung des Häuptlings Seattle »Was ist der Mensch ohne Tiere? Wären alle Tiere fort, so stürbe der Mensch an großer Einsamkeit des Herzens und des Geistes. Was die Tiere befällt, befällt auch die Söhne der Erde. – Was den Tieren geschieht, geschieht auch bald den Menschen. Alle Dinge sind miteinander verbunden.« läßt uns darüber nachdenken, wie weit sich seit dieser Zeit die Dinge schon zum Negativen entwickelt haben. Sie sollte uns auch darüber nachdenken lassen, daß alle heutigen Evolutionstheorien ohne Zweifel den Menschen in die Gruppe der Primaten, der Herrentiere, der besonders hochentwickelten Säugetiere einordnen, daß die Schimpansen unsere direkten Vettern sind, deren schrecklicher Tierversuchstod aus ethischer Sicht einem Mord an einem nächsten Verwandten gleichkommt.

Auch das Christentum, das im Gegensatz zu anderen Religionen, besonders den Naturreligionen, die Grenzen zwischen Tier und Mensch deutlicher gezogen hat und den Menschen als ein über allen anderen Lebewesen unerreichbar hoch angesiedeltes Geschöpf versteht, sieht die Einheit zwischen Mensch und Tier und die Notwendigkeit der Tiere, wenn auch als Diener des Menschen, unangetastet. Die Tiere sind Geschöpfe Gottes, und sie gehören zur Schöpfung und sind ein unverzichtbarer Bestandteil dieser Welt. So erzählt auch eine der ältesten Überlieferungen im Alten Testament der Bibel von der riesigen Flutwelle, der Sintflut, die als eine Strafaktion Gottes die damalige Natur und Kultur überspült hat, die besagt: »Die menschliche Bosheit war so übergroß und unüberwindlich geworden, daß es Gott reute, das Menschengeschlecht überhaupt geschaffen zu haben.« Und darum hebt er mit der riesigen Flut ihre Lebensgrundlage auf. Nur einen Gerechten findet er – Noah. Ihm gibt er den Auftrag, die Arche zu bauen, mit vielen einzelnen Kammern – eine davon für sich und seine Familie. Alle anderen Kammern sind nicht etwa für die anderen Menschen vorgesehen, sondern dienen jeweils für ein Paar aller Arten der Landtiere, der Kriechtiere und der Vögel, die, neben dem gerechten Noah, ein neues Leben nach der Sintflut schaffen sollen. Gott setzte dabei die Hoffnung auf eine bessere Welt in das Wahrzeichen eines Regenbogens, der den Bund zwischen Noah und seiner Familie mit allen lebendigen Tieren, gewissermaßen einen göttlichen Bund zwischen Mensch und Tier, besiegeln soll. K. Stork (Prof. Dr. K. Stork, Gießen T. U. 50,815 (1/95)) sieht darin die christliche Begründung einer Tierethik, die besonders in der heutigen Zeit als dringend erforderlich empfunden wird, besonders wegen ihrer religiösen Perspektive, die allerdings vielfach auch von kirchlichen Kreisen nicht verstanden und empfunden wird.

Die Tierethik ist auf ein religiöses Fundament angewiesen, weil sie nicht auf eine uniforme Sicht abstrakter moralischer Grundsätze beschränkbar ist, sondern das Entstehen angewandter Sittlichkeit im Umgang mit dem Tier umfassen muß. Das gelebte Ethos im Umgang mit dem Tier beruht auf religiösen Überlieferungen und ist Teil gelebter Religiosität. Dies hängt eng mit der Zurücknahme und Beschränkung des Menschen in seiner Macht, ja seiner Überheblichkeit gegenüber dem Tier zusammen. Das bedeutet, daß wir Menschen davon abkommen müssen, uns als Beherrscher aller Kreatur zu verstehen und zu fühlen, um in echter, christlicher Demut unseren Platz inmitten alles Lebendigen, inmitten der Kreatur zu erkennen. Heute glauben viele Menschen, daß wir das Recht, ja die materielle Pflicht haben, das Tier, insbesondere das sogenannte Nutztier, als ein wirtschaftliches Produktionspotential zu sehen, das uns in erster Linie aus betriebswirtschaftlichen Gründen, das heißt zu immer höherer Gewinnemaximierung, an die Hand gegeben ist. Nur der materielle Vorteil zählt; das heißt, immer mehr angepaßte, ja genmanipulierte Standardtiere, in immer rationelleren Produktionsverfahren, mittels computergesteuerter Ernährung, in immer kürzerem Zeitraum auf den Markt zu bringen. Alle Hilfsmittel, wie beispielsweise extreme prophylaktische Arzneimittelgaben oder bedenkliche Hormonverabreichungen, sind erlaubt; wenn nur der Ertrag, sprich Gewinn, gesteigert wird. Hier hat eine in Jahrtausenden gewachsene Gemeinschaft zwischen Mensch und Tier ein Stadium erreicht, das einer Perversion der Haustierhaltung gleicht. Hier kann von Tierschutz keine Rede mehr sein und die Tierethik ist ein

Fremdwort. Das Tier, das als Haustier auch immer Sozialpartner seines Halters war, ist zum alleinigen Produktionsfaktor verkommen. Der heutige Bauer hat seine Tiere nicht mehr selbst gezüchtet und großgezogen. Er lebt nicht mehr im archaischen Sinne von und mit ihnen. Nein, er ist vielfach nur noch anonymer Mäster, der Tiere mit vorgeliefertem Futter versorgt, das ebenso dem Preis- und Produktionsdiktat unterliegt. Alle Manipulationen in Haltung, Aufzucht und Fütterung sind erlaubt oder werden, auch wenn sie verboten sind, praktiziert. Nur die Gewinnmarke ist interessant, denn die anonymen Tierbesitzer, sprich Aktionäre, wollen ja Gewinne sehen. Die skandalösen Tiertransporte, von Holland in die Türkei oder von Brest-Litowsk nach Paris, sind nur ein Teil dieser allein dem Diktat der Produktivität und Gewinnmaximierung unterliegenden Tierproduktion.

Aber auch die wissenschaftliche Forschung benützt das Tier in millionenfachen Tierversuchen nahezu routinemäßig. Die Ehrfurcht vor dem Leben wird dabei eher gering geachtet oder völlig ausgeschlossen. Es geht nicht nur um das rein wissenschaftliche Erkenntnisstreben, sondern vielfach um ein bequemes Alibi, das zwar vom ebenso bequemen, sicherheitsfanatischen Gesetzgeber vorgegeben ist, um die irrsinnige Flut von Arzneimitteln, Kosmetika und Chemikalien wohlfeil an den Mann oder die Frau zu bringen. Das arme Versuchstier muß hierfür mit millionenfachem, schmerzlichem Zustand vor dem Tode leiden. Ohne dringende Notwendigkeit werden Millionen von Versuchstieren »verbraucht«, das heißt grausam zu Tode gequält, um sich gegenüber dem Verbraucher in einer Sicherheit zu wiegen, die vielfach fragwürdig ist und oftmals den Erfahrungswerten widerspricht. Die Tierversuchsmanie hat die Wissenschaftler dazu verleitet, erworbene Erfahrungen und das Vertrauen auf eigene Fähigkeiten auf die Tiere zu projizieren und sich voll auf die Versuchsergebnisse zu verlassen, obwohl hierbei jeder Zweifel angebracht ist. Die Reaktion einer jungen, gesunden Versuchsmaus auf eine Arzneimittelsubstanz kann eine wesentlich andere sein, als bei einer, von allen Impulsen der Regeneration verlassenen, hinfälligen Greisin. Tierversuche werden als Errungen-

Der Pferdemarkt setzt die romantische Tradition vergangener Zeiten fort. Aber man muß wissen, daß ein Großteil der Pferde, besonders der Fohlen, vom Markt direkt zur Pferdeschlachterei gehen.

schaften moderner Medizin und Gesundheitsvorsorge hochgelobt, obwohl ihre Praxis und ihr Erkenntnisgewinn eher fragwürdig sind und sie auf ein absolutes Minimum gesunder, bei der Prozedur narkotisierter Tiere beschränkt werden könnten. Bei Versuchsende müßten sie dann sanft eingeschläfert werden. Machbar wäre dies zum Beispiel bei der Entwicklung von Gefäß- oder Minichirurgiemethoden. Fast alle anderen Versuche lassen sich über Zell- und Gewebekulturverfahren im Labor behandeln.

Im Gegensatz zur Massentierproduktion ist der Bereich der Haus- und Heimtierhaltung, in der Sphäre des häuslichen Umfelds, der Freizeit und des Sports, vielfach noch eine Mensch-Tierbeziehung, bei der man noch von einer Sozialpartnerschaft sprechen kann. Wie einst zwischen dem Bauern und seinem Vieh, dem Jäger und seinem Hund oder dem Ritter und seinem Pferd. Aber auch hier gilt es wachsam zu sein. Die vielfach praktizierte, tierungerechte Liebe und Vermenschlichung, die sinnlose Jagdlust, der Ehrgeiz beim Sport mit Tieren zeigen überall auch Exzesse unbarmherziger Aggressivität. Die Menschen in unserer hochentwickelten Industrie- und Mediengesellschaft haben oftmals die Sensibilität für das Wesen und die Psyche ihrer Tiere verloren. Auch in falschverstandener Schutzbedürftigkeit des Tieres liegen viele Verstöße gegen den Tierschutz begründet. Oftmals fehlt einfach der Sensor für jene unverstellte, gefühlsmäßige, natürliche Wahrnehmung für das Tier, was vielfach zu unnötiger Leidenszufügung führt. Tierhaltung ist eben eine hohe Kunst, die Einsatz, Einfühlungsvermögen und vor allem Wissen voraussetzt, das man sich aneignen oder lernen muß, bevor man das Abenteuer einer Haus- oder Heimtierhaltung beginnt.

Auch in der scheinbar so heilen Welt der Heim- und Haustierhaltung sollte die Frage der Ehrfurcht vor dem Leben, die gleichzeitig eine Frage der Tierethik ist, an allererster Stelle stehen. Die Liebe zum Tier ist nicht ausschließlich von der Zuneigung zu dem Hund, der Katze oder dem Meerschweinchen bestimmt. Sie muß sich immer die Frage gefallen lassen, ob die Umstände der Tierhaltung, das Zusammenleben mit dem Tier, art- und tiergerecht ist und der Psyche des Tieres entgegenkommt. Dazu gehört immer ein logischer

Die Haltung von Wildtieren, seien es Rehe, Hirsche, Wildschweine, Strauße und andere, bedarf immer eines großen, naturbelassenen Geheges, das den Tieren ausreichend Bewegungsmöglichkeit und Lebensraum bietet.

Sachdiskurs, der die Vorteile, Möglichkeiten, Mängel und Schwierigkeiten nach erfahrungsgemäßen, praktischen und an der Tierethik gemessenen Kriterien überprüft und erst dann über eine Tierhaltung oder deren Form entscheidet, wenn dieser Diskurs positiv ausfällt und den Erfahrungsnormen der angestrebten Tierhaltung entspricht. Nur so können vorprogrammierte Probleme, die fast immer und ausschließlich zu Lasten des Tieres gehen, vermieden werden und es wird dem Tierschutz Genüge getan.

DER KAMPF UM LEBENSRAUM

Der Homo sapiens, dessen älteste Funde auf ein Alter von sechs Millionen Jahren eingestuft werden, hat aber erst vor knapp eineinhalb Millionen Jahren seine ersten Spuren auf unserem Planeten hinterlassen, und es ist kaum zehntausend Jahre her, daß er begann, das Leben auf unserer Erde mit seiner Kultur zu verändern. Kultur heißt dabei immer auch Zerstören von Bestehendem, obwohl man in den Anfängen der Menschheit ja noch keineswegs von Kulturschäden, Umweltvergiftung und Zubetonierung der Landschaft reden konnte.

»Seid fruchtbar und mehret Euch, macht Euch die Erde untertan«, steht in der Bibel. Kaum ein Gottesgebot wurde von der Menschheit mit solchem Eifer befolgt. Die Zeit ist nicht fern, in der über zehn Milliarden Menschen unseren Globus bevölkern werden.

Der technische Fortschritt der letzten 250 Jahre beginnt in zunehmendem Maße in die Biosphäre einzugreifen und verändert unsere und der Tiere Lebensgrundlage. Das Ozonloch ist nur ein erster Fingerzeig dafür, wohin die Reise gehen wird. Die verkarsteten Gebirge, die baumlosen Steppen, die Ausdehnung der Wüsten als Folgen der Sünden der Vergangenheit und Gegenwart haben zwar viele nachdenklich gemacht, dem Verbrauch unseres Lebensraums, den wir ja mit den Tieren teilen, dem ungezügelten Raubbau an den Ressourcen, dem Abholzen der klimaregulierenden tropischen Regenwälder, die Refugium und Lebens- und Zufluchtorte unzähliger Tierpopulationen sind, aber keinen Einhalt geboten.

Während viele Tierarten auf dem Aussterbeindex stehen, ist die Menschheit fruchtbarer denn je, und immer mehr Menschen fristen ihr Dasein in Armut, hungern, sind ohne soziale Perspektive und sterben im Elend, was wieder das unverschuldete Elend vieler Tiere nach sich zieht. Viel Futurologen sind sich darüber einig, daß der Mensch vermutlich das am spätesten in die Lebensgemeinschaft auf unserer Erde eingetretene Lebewesen ist und diese auch wieder mit am frühesten verlassen wird. Obwohl er mit seinem Intellekt und seinen technischen Fähigkeiten einen Anpassungsgrad erreicht hat, der nahezu allem anderen Leben überlegen ist. Schaut man sich um, ist er mit Eifer, Unvernunft, aber auch unersättlicher Gier dabei, sich seine Lebensgrundlage, nicht nur die der wildlebenden Tiere, selbst zu zerstören. Wie lange es dauern wird? Keiner weiß es. Unser Planet und die zurückgedrängte Artenvielfalt der Tierwelt wird noch lange bestehen.

Allerdings ist die Menschheit heute an einem Zeitpunkt angekommen, an dem gerade die sogenannten Errungenschaften von Wissenschaft und Technik oftmals Unsicherheit und Zukunftsangst produzieren. Diese wiederum äußert sich in Skepsis, Zynismus, Labilität, Traditionsverlust und Zukunftsangst – alle Formen beginnen sich von den Rändern her aufzulösen. Formlos dehnen sich unsere Städte in die Landschaften aus und zerstören Lebensräume und Natur, besonders die Refugien der Tiere. Kulturelle Handlungsmuster sind nicht mehr die Traditionen und das Zusammenleben mit den Tieren. Die Sprache, auch die Zwiesprache mit allem Lebenden, besonders auch mit den Tieren, erstickt im Rauschen und der Redundanz der überschäumenden Medien. Die Kommunikation mit der Natur versandet in der allgemeinen Orientierungslosigkeit. Der Drang nach Selbstbestätigung, Egoismus und rein materieller Maßlosigkeit führt vielfach zur Unfähigkeit eines Dialogs mit unseren Brüdern und Schwestern, den Tieren.

Der Mensch stellt durch sein Verhalten nicht nur seine eigene Zukunft in Frage. Nein, er ist mit Nachdruck dabei, den Lebensraum von Tieren und Pflanzen gravierend einzuengen. Er selbst braucht immer mehr Lebensraum, das heißt mehr Siedlungsfläche und Nutzungsareal. Die Fruchtbarkeit der Böden wird rigoros ausgenutzt, die Landschaft hemmungslos verbraucht, Wasser und Luft zunehmend chemisch und biologisch vergiftet, und der Regeneration wird keine Chance gegeben. Die Vielfalt der Flora muß der Monokultur weichen. Die fruchtbare Humuserde erschöpft sich in der permanenten Produktivitätssteigerung bis hin zur Versteppung, die Flüsse und Seen können Abwasser und Dünger nicht mehr verkraften, die Luft über den rasant wuchernden Metropolen erstickt im Dauersmog, und die Massentierhaltung bringt fast unlösbare Probleme mit sich.

Der interessierte Leser mag sich fragen, was soll dieses Horrorszenarium in einem Buch über den Schutz der Tierwelt und der

Tiere? Ja, es sind vor allem die Tiere, die unter dieser Entwicklung leiden. Die Einengung des Lebensraums der Tiere führt weltweit zum Aussterben ganzer Tierpopulationen. Das Gleichgewicht der Natur, die biologische Anpassung an die schwankende Futtergrundlage, die in der Vergangenheit dazu geführt haben, die einzelnen Arten wiederstandsfähig und lebensstark zu erhalten, und die natürliche Auslese sind vielfach ausgesetzt. Jahr für Jahr müssen wir das unwiederbringliche Aussterben zahlreicher Tierarten registrieren.

Viele Tiere, die als Mitgeschöpfe unser Leben begleitet haben, gibt es heute nur noch in der Erinnerung oder können allenfalls im Zoo bewundert werden. Und wenn wir uns dieses Aussterben in realitas vergegenwärtigen, ist es kein sanftes Dahingleiten, sondern ein sich über Jahrhunderte und Jahrzehnte hinziehender qualvoller Tod der Bejagung, des Dahinsiechens, der Vertreibung und des Verhungerns, also ein im höchsten Sinne tierschutzrelevanter Prozeß, der bewußt oder stillschweigend herbeigeführt oder geduldet wird.

Wenn wir diese Realität kritisch bedenken, kommen wir sehr schnell mit unserem Selbstverständnis in Konflikt. Wir müssen uns erinnern, daß wir Menschen ebenso in einer vergleichbaren Weise leben wie Pflanzen und Tiere. Wir haben das Leben weder erfunden noch herbeigeführt; wir können in unserer besonderen und individuellen Eigenart existieren, weil es Leben als eine evolutionäre Struktur von Materie gibt. Einer Materie, die das menschliche Leben in vergleichbarer Weise wie pflanzliches und tierisches Leben ermöglicht, das aus religiöser Sicht auf einer schöpferischen Grundlage, der Grundlage allen Lebens besteht.

Wir Menschen leben, indem wir unsere sozialen und kulturellen Zusammenhänge selbst gestalten, während Tiere in ihrem Verhalten, ihrem Empfinden, ihrem Bewußtsein und auch in ihrer Psyche einer mitgegebenen Regelhaftigkeit unterliegen. Das schließt nicht aus, daß neben diesem instinkthaften Verhalten auch der Erfahrungswert im Leben eines Tieres, besonders des Haustieres, eine große Rolle spielt. Das Tier kann sich zwar vielfach hervorragend an veränderte Verhältnisse anpassen, kommt aber aus seiner naturgegebenen Strukturierung, im Gegensatz zum Menschen, nur schwer heraus. Das bedingt, daß durch die grundlegende Veränderung der Umwelt, besonders wenn dies in derart gravierendem Maße geschieht wie in den letzten 250 Jahren, die Eliminierung ganzer Tierpopulationen eingeläutet wird. Die Struktur-Freiheit, die uns durch unseren Intellekt gegeben ist, macht es möglich, daß wir das Tier in mannigfacher Weise in unser soziokulturelles Leben mit einbeziehen. Sie ermöglicht, daß wir das Tier in die Sphäre unseres zivilisatorischen Wirkens integrieren, nach unseren Interessen formen und verformen, und all dies im Sinne einer biblischen, ja religiösen Selbstverständlichkeit. In unserem theologischen Verständnis sind wir gegenüber der Tierwelt unabhängig und selbstbestimmt, was uns das anthropologische Recht zu geben scheint, mit den Tieren so zu verfahren, wie es in unserem materiellen Interesse liegt. Daß hier der Schutz der Tiere vielfach auf der Strecke bleibt, erscheint fast vorhersehbar.

Das Tier gehört in allen Kulturen zur lebensnotwendigen und lebensdienlichen Voraussetzung des menschlichen Lebens, ja es ist Teil menschlichen Lebens. Bei vielen Völkergemeinschaften sind bestimmte Tiere unantastbar oder heilig. Viele Götter traten und treten in Form von Tieren auf. Das Tier ist Mittelpunkt zahlreicher religiöser Kulte. Auch die Bibel rät, wegen der lebensnotwendigen und lebensschaffenden Stellung des Tieres zur Schonung. »Du sollst dem Ochsen, der da drischt, nicht das Maul verbinden«, ist eines der Gebote, was natürlich nicht verhindert, daß der arme Ochse Tag für Tag am Drescharm oder der Brunnenschöpfpinne hängt. Meist wird er unentwegt mit einem angespitzten Stock, immer an der gleichen blutenden Stelle, bis zur Erschöpfung angetrieben. Der Mensch war selten zimperlich, wenn es darum ging, von seinen Tieren die gewünschte Leistung zu fordern.

Parallel aus der Geschichte der Menschheit verläuft die Geschichte der Tierschinderei. 2,7 Millionen Pferde hat allein der 2. Weltkrieg auf deutscher Seite »verbraucht«. Sie waren elendiglich zusammengebrochen, verhungert, erfroren, von Granaten zerrissen oder als letzte Ration von den Landsern verspeist worden. Das Wort vom Heldentod, das auch bei den Pferden üblich war, war genauso perfide wie der glorreiche Heldentod der grausam gestorbenen Soldaten. Die Geschichte des Verhältnisses zwischen Mensch und Tier ist neben dem Aspekt der Solidargemeinschaft eine Szenerie unglaublicher Vernichtung. Gedacht ist dabei an die Epoche der europäischen und amerikanischen Neuzeit, in der die Ausrottung der als Schädlinge qualifizierten Tiere, vom Biber bis zum Bison, stattfand. Dazu gesellt sich Vernichtung vieler Tiere aus rücksichts- und maßlosen ökonomischen Interessen und der vielfach perversen Sucht nach imaginärer Potenz, wie bei der Ausrottung der Nashörner oder dem sibirischen Tiger.

Hat der Mensch je ein Maß gekannt, wenn es um die Nutzung und Ausnutzung der Tiere ging? War nicht immer nur der rein materielle Vorteil die Triebfeder? Sind Tierschutz und Tierethik nichts weiter als abstrakte Begriffe einiger realitätsferner Weltverbesserer?

OHNE TIERE KEINE ZUKUNFT

In unserer technisierten Welt, die in erster Linie die Welt der industrialisierten Länder der nördlichen Hemisphäre ist, ist das Tier noch in einer engen Lebensgemeinschaft mit dem Menschen. Neben den wildlebenden Tieren im Wasser, der Luft und auf der Erde, die in enger Symbiose mit dem Menschen leben, wie beispielsweise die Rentiere, die bei ihrem Zug zu den Weidegründen des Nordens dem Menschen das Maß ihres Weges zeigen, sind es vor allem die domestizierten Tiere, wie Pferde, Rinder, Schweine, Geflügel und viele andere Arten, die, als Nutztiere in einer engen Gemeinschaft zwischen Tier und Mensch, einen Teil der Lebensqualität des Menschen ausmachen. Sie sind Arbeitskraft, Beförderungsmittel sowie Einkommens- und Nahrungsgrundlage. Eine zunehmend wichtigere Rolle spielen die Haus- und Heimtiere, wie Hund, Katze und all die anderen Tiere, die gewissermaßen, auch als Spielkameraden der Kinder, zur Familie gehören.

In der Südhälfte unserer Erde, besonders in den sogenannten Dritte-Welt-Ländern, ist das Tier vielfach ein Teil des Lebens. Mensch und Tier ergänzen sich und sind in weiten Bereichen des Alltags aufeinander angewiesen. Kein Wunder, daß hier die Mensch-Tier-Beziehung eine ganz andere Qualität als in den Industrieländern hat. Sie ist teilweise religiöser, ja archaischer Natur und geistiger und materieller Hintergrund weiter Teile des gemeinsamen Lebens. Das Verstehen zwischen Mensch und Tier ist eine überlieferte Selbstverständlichkeit, die keiner ethisch-philosophischen Erläuterungen bedarf und rational auf die gegebenen Lebensbedingungen ausgerichtet ist. Hier gibt es weder Verzärtelung noch tierschutzpolitisches Aktionsprogramm. Hier spiegeln die meist elementaren Überlieferungen über das Zusammenleben von Mensch und Tier seit altersher die Realität wieder. Dieses Tier-Mensch-Zusammenleben und Aufeinanderangewiesensein mag manchem zartbesaiteten Tierschützer vielleicht eher barbarisch vorkommen, es ist aber trotzdem weitgehend konfliktfrei und mit der Würde des Tieres vereinbar. Wenn man die Massai mit ihren Rinderherden über die Buschsteppe

Afrikas ziehen sieht oder das enge Zusammenleben der somalischen Halbnomaden mit ihren Tieren erlebt, hat man das Gefühl, daß das Verhältnis Tier und Mensch noch in Ordnung ist. Ein Tierschutzgesetz im westlichen Sinne wirkt hier geradezu weltfremd und ist kaum angezeigt, die hier auftretenden Mängel zu beheben. Die Rahmenbedingungen, wie sie die Natur für Tier und Mensch bietet, sind hart, rauh und gerecht, gleichermaßen für Menschen und Tiere, was bedeutet, daß sich beide in einer gemeinsamen Schutzgemeinschaft fühlen, die sich in Glück und Unglück bewährt und beiden den nötigen Schutz und die notwendige Überlebensqualität vermittelt. Hier gilt das Wort »ohne Tiere keine Zukunft für den Menschen« in besonders archaischer Weise. Beispiele, in denen diese Menschen, aus welchen Gründen auch immer, ihre Tiere verloren haben, zeigen deutlich, zu welchen menschlichen Katastrophen das führen kann.

In der industrialisierten Welt zeigt sich ebenfalls immer deutlicher, welch hohen Stellenwert das Tier innerhalb der menschlichen Gesellschaft hat. In einem Land wie Deutschland, das zu den am höchsten entwickelten Ländern der Erde gehört, ist das Tier überall gegenwärtig. Über die Hälfte der deutschen Haushalte halten ein oder mehrere Tiere; gleich ob Zierfisch oder Goldhamster, wachsamer Haushund oder Reitpferd. Diese Tiere spielen innerhalb der Wohngemeinschaft vielfach eine wichtige, gar dominierende Rolle, und für ihr Wohlergehen, ihre Unterhaltung und ihre Gesundheit werden Unsummen aufgebracht. Als Tierarzt erlebt man immer wieder, wie wichtig es für die Familie ist, daß sich ihre Tiere oder ihr Tier wohlfühlen, und es ist oftmals ein Familiendrama, wenn ein Liebling stirbt oder eingeschläfert werden muß. Selbst Tiere, die als schwierig ansprechbar gelten, wie zum Beispiel die Schildkröte, hinterlassen bei ihrem Ableben eine große Lücke und bringen Trauer. Die Tiere sind oftmals nicht nur Mitbewohner, sondern auch Lebenskamerad. Wie viele alte und einsame Menschen sehen in ihrem Hund einen Ansprechpartner, der immer für sie da ist, der sie nie alleine läßt und der sie am Morgen freudig begrüßt. Nicht ohne Grund ist die Katze zum Haustier der Singles geworden, die mit ihrem Charme, ihrer Anschmiegsamkeit und ihrer selbstbewußten Unabhängigkeit die Einsamkeit innerhalb der vier Wände vertreibt. Darüber hinaus besteht der positive Effekt in der Tierhaltung darin, daß das Tier für die Kinder nicht nur ein interessanter Spielkamerad ist, sondern daß es diesem seine Fürsorge angedeihen läßt und daß es auch das Verantwortungsgefühl der Heranwachsenden fördert. Das Reitpferd, zu dem besonders die heranwachsenden Mädchen hingezogen sind, ist geradezu ein Phänomen für die Charakterbildung. Und das Tier im Altenheim oder im Krankenhaus wurde nach eingehenden Studien ebenfalls als ein positiver Katalysator bei der Gesundung und für die Zufriedenheit erkannt. »Ohne Tier keine Zukunft für die Menschen« ist eine uralte Erkenntnis, die in heutiger Zeit wichtiger ist denn je.

DIE TIERE SIND UNMÜNDIG

Der Gedanke des Tierschutzes ist ein Teil unserer Zivilisation, unserer Kultur. Er ist mitunter sogar zum Politikum geworden. Das erbarmungslose Schicksal von Millionen Versuchstieren, das harte Los des Kettenhundes, die erschreckenden Vorgänge bei manchen Tiertransporten bis hin zur Beseitigung der Taubenplage, die ja meist eine Beseitigung des Friedenssymbols Taube in unseren Großstädten ist, bewegen landauf und landab die Gemüter.

Die gemäßigten Tierschützer geben sich mit Appellen an das Mitleid und das Gewissen gegenüber der Natur zufrieden, die radikalen gehen auf die Barrikaden. Sie organisieren Demonstrationen, lassen in Nacht- und Nebelaktionen Versuchstiere frei und fordern strengere Vorschriften, bessere Überwachung oder gar den Rücktritt der politisch Verantwortlichen, bis hin zum Wahlboykott und der Anprangerung der Staatsmacht. Andere halten den Gedanken des Tierschutzes zwar für richtig und notwendig, unterstützen die aktiven Tierschützer auf allen Ebenen und glauben dennoch, daß manche Aktivität übertrieben ist, solange kein ausreichender Menschenschutz besteht.

Mit anderen Worten, sie meinen, man sollte zuerst für die arme, unterdrückte, notleidende Menschheit sorgen, bevor versucht wird, das Los der Tiere zu verbessern. Man sollte, so meinen sie, sich nicht vordergründig darüber aufregen, daß Tiere geschunden, geschlagen und getötet werden, solange das gleiche überall auf der Welt mit Menschen geschieht. Ja, so artikulieren sich viele, man muß es geradezu als Hohn empfinden, ständig pseudophilosophische Erörterungen über die Frage anzuhören, ob Tiere, besonders wilde Tiere, eingesperrt werden dürfen, solange Hunderttausende unschuldiger Menschen in Flüchtlings- oder gar in Konzentrationslagern existieren und dahinvegetieren.

Auch ich bin der Meinung, daß wir uns ständig darum bemühen müssen, gegen Despotismus, Intoleranz und Barbarei anzukämpfen, um für alle Menschen dieser Erde ein lebenswertes Dasein zu erreichen. Um dieses Recht durchzusetzen, haben wir Menschen unseren Willen, unseren Intellekt, unsere in Jahrtausenden entwickelten Fähigkeiten, vor allem unsere moralischen und ethischen Leitbilder und Grundsätze. Wie das Leben auf unserer Erde aussehen soll, ist also in unsere Hand gegeben, und da es Menschen gibt, die hungern und leiden, ist dies Schuld der Menschheit selber. Die Tiere aber sind unmündig. Sie besitzen keine Macht und keine Möglichkeit, für ihr eigenes Schicksal einzutreten. Wir Menschen haben uns zum Beherrscher der Kreatur gemacht; wir haben den wilden Tieren den Lebensraum eingeengt oder gar ganz genommen; wir haben aus Barbarei, Gewinnsucht und Unverstand ganze Tierarten ausgerottet und andere in eine kümmerliche Nochexistenz gedrückt.

Allein in Nordamerika wurden in der Mitte des 19. Jahrhunderts rücksichtslos Millionen Bisons abgeschlachtet, um die Indianer auszuhungern, um Weideland für die Scharen der Siedler zu gewinnen oder um Geschäfte mit Tierfellen zu machen. Die Folge war, daß die Rinder der Farmer die überweideten Wiesen sehr schnell völlig zerstörten, sich die Siedler wegen der Weidenutzung gegenseitig bekriegten und sogar töteten. Die Bisons gingen instinktmäßig pfleglich mit der Grassteppe um. Jahrhunderte blieb sie deshalb intakt und fruchtbar. Die Siedler hatten mit ihrer ungebremsten Gewinnsucht nicht lange Freude daran. Als sie unfruchtbar geworden waren, pflügten sie sie um zu fruchtbaren Äckern, die wegen der Überforderung ebenfalls in wenigen Jahrzehnten ausgelaugt waren. Der Wind begann die erodierte Erde abzutragen, und die einst fruchtbaren Regionen wurden zur berüchtigten Staubschüssel des nordamerikanischen Kontinents. Wo man hinschaut, sind solche Folgen menschlichen Wirkens sichtbar. Und, um ein anderes Beispiel zu nennen: Dort, wo es heute öde und karge Gegenden auf unserem Planeten gibt, zeigen uns Steinzeichnungen und Fresken, wie zum Beispiel Tassilei, Grünflächen und Wälder mit Elefanten, Löwen, Zebras, Giraffen und sogar Flußpferden und Krokodilen in imponierender Vielfalt.

Wie lange wird es dauern, bis sich die unendlich erscheinenden Regenwälder des Amazonasbeckens in eine unfruchtbare Wüste verwandelt haben; Wälder, die ein sich selbst tragendes Biotop sind und heute noch eine unschätzbare Vielzahl von Pflanzen und Tieren, zusammen mit indianischen Naturvölkern, beheimaten, in einer noch intakten Symbiose von Mensch und Tier? Die moderne Technik braucht nur noch Minuten, um die gewaltigsten Urwaldriesen zu fällen. Ihr Sterben zieht das Sterben der umgebenden Pflanzen und Vegetation mit sich und nimmt den Tieren den Lebensraum. Die Gier nach Bodenschätzen, Diamanten, Gold und wertvollen Edelhölzern treibt den Raubbau an. Die Hoffnung auf ergiebige Ölvorkommen führt zur rücksichtslosen Zerstörung. Die Urbevölkerung wird, wie einst die nordamerikanischen Indianer, als Störfaktor eliminiert. Die Gier der wenigen Großgrundbesitzer nach neuen Weidegründen macht ganze Arbeit und zerstört in wenigen Jahren die dünne Humusschicht. Die besitzlosen, armen Bauern geben mit Brandrodungen der Landschaft den Rest.

Schon heute schwärmen Tausende von Tierfängern durch die Urwälder des Amazonasbeckens.

Alles, was kreucht und fleucht, bunt und schön ist und sich in den reichen Ländern der nördlichen Hemisphäre verkaufen läßt, wird eingefangen, vom schillernden, bunten Schmetterling bis zum langschwänzigen Ara, vom Nasenbär bis zum wundervoll gezeichneten Ozelot. Die Statistik der erbeuteten Exoten ist erschreckend. Allein im Jahre 1964 wurden nach Nachforschungen der World-Wildelife-Organisation von Iquitos 40 000 lebende Ozelots und 250 000 Ozelotfelle, wie fast ebenso viele Felle von Panthern und Fischottern nach Miami zur »Weiterverarbeitung« abtransportiert; und das ist nur die Spitze des Eisbergs. An die schrecklichen tierschutzrelevanten Vorkommnisse bei dieser Tiervernichtung darf man gar nicht denken.

Der Mensch hat auch die Haustiere in langer Domestikation zu seinen Dienern und Helfern gemacht. Also liegt es in unserer Verantwortung, für diese Tiere zu sorgen und Elend und Qual, Krankheit und Plage von ihnen fernzuhalten. Wir dürfen uns nicht mit dem Argument davonstehlen, daß auch Menschen gequält werden und sie hungern und leiden. Wir haben die Haustiere in unseren Dienst genommen und damit die Verantwortung für ihr Wohl und ihren Schutz übernommen. Tierhaltung heißt in erster Linie Fürsorge. Das Maß der Bereitschaft zum Schutz der Tiere spiegelt unsere Nächstenliebe wieder. Ein Mensch, der grausam zu Tieren ist, kann kein guter Christ sein. Deshalb darf der Tierschutz nicht in Frage gestellt werden. Wir sollten auch nie über Menschen, die mit geradezu leidenschaftlichem Engagement für den Schutz der Tiere kämpfen, hochmütig die Nase rümpfen. Tierschutz ist, wie die Nächstenliebe, eine elementare Christenpflicht.

Ohne mit dem Herzen dabei zu sein, geht es nicht. Zum Sachverstand und nüchternem Kalkül gehört die Identifikation mit der leidenden Kreatur. Alle, besonders die einsamen, älteren Menschen brauchen die Liebe eines Lebewesens, das kaum Gegenleistungen fordert. Sie brauchen Gesellschaft und jemanden, der sie versteht und dem sie alles »erzählen« können.

Die soziale Bedeutung des Tieres als Weggefährte darf nicht unterschätzt werden. Auch dies ist ein Argument und ein Teil für den Tierschutz. In der Bereitschaft zum Schutz für die Tiere spiegelt sich in hohem Maße die Humanität und die Kultur der menschlichen Gemeinschaft wieder.

DER WEG ZUM TIERSCHUTZ

Die Evolution brachte es mit sich, daß der Homo erectus mittels seines Intellekts in ein Stadium eintrat, wo er, über die Erjagung des zur Nahrung benötigten Wildes hinaus, sich Tiere in seine Dienste nahm, sie innerhalb seines Wohn- und Hausareals hielt, mit ihnen züchtete und sie bewußt und gezielt zu Haustieren formte, die seinen Bedarf an Nahrung teilweise deckten, die ihm als Arbeits-, Reit- und Zugtiere dienten, mit deren Fellen, Häuten, Knochen und Hörnern er Bedarfsartikel für den Alltag formte und die ihm nach Zahl, Leistung und Gewicht eine zunehmend wichtiger werdende Grundlage seiner materiellen Existenz boten. Die Haustierwerdung ist eine lange, über die Jahrtausende gehende Entwicklung, die kontinuierlich zur Festigung der beherrschenden Macht des Menschen führte. Die Macht über die Tierwelt im allgemeinen und über die Haustiere im besonderen stärkte nicht nur das Selbstbewußtsein des Menschen gegenüber der Kreatur, was schon in den Anfängen zu Gewalttätigkeiten und quälerischer Ausnutzung führte, sondern brachte ein ganz neues Verständnis zwischen Tier und Mensch mit sich. Das heißt, die tierische Subjektivität erschien in zunehmender Weise unter dem Begriff der Mitgeschöpflichkeit. Als sich Mensch und Tier gegenseitig aus dem Wege gingen oder sich nach dem uralten Naturgesetz »fressen oder gefressen werden« verhielten, bildete sich ein neues, vielschichtiges und teilweise religiöses Verhältnis heraus. In allen Religonen nimmt die Mitgeschöpflichkeit eine teilweise bedeutende Rolle ein. Im hinduistischen Glauben werden die Tiere als Teil der Persönlichkeit, im Rahmen der Seelenwanderung, verstanden. Die materielle Geringschätzung des Tieres, oder gar die Qualifikation als Sache innerhalb des römischen Rechts, findet in einem neuen Verhältnis der Nähe zu den Tiergattungen, Arten und Individuen ihre Überwindung. Die Nähe Gottes zum tierischen Mitlebewesen ergibt sich zwingend aus einem gehaltvollen, gläubigen Begriff der Schöpfung, denn in fast allen Glaubensrichtungen wird dies urkundlich manifestiert. Ein gehaltvoller Begriff der Schöpfung, der dem theoretischen Rang der biblischen Urkunden gerecht wird, meint nämlich keineswegs ein Initialereignis am Beginn des evolutionären Prozesses, sondern die dauerhafte und zielgerichtete Gemeinschaft des Schöpfers mit dem Sein des Daseins. Innerhalb dieser Gemeinschaft ist das Leben der Tiere keineswegs ein bloßes Mittel für das soziale Leben innerhalb der menschlichen Gesellschaften. Es ist vielmehr aus der Perspektive des Schöpfers als Lebewesen Tier ein Gutes und ein Schönes im Lebensbereich. Es verdient aus diesem Grunde Achtung – auch und gerade dann, wenn es nunmehr als Haustier zu den notwendigen Voraussetzungen der menschlichen Lebensweise gehört. Es ist gerade dieser Schöpfungsgedanke, der die Schutzwürdigkeit des domestizierten Tieres begründet; eine Einstellung, die in der langen Entwicklung der Haustierwerdung und deren Identifikation als wesentlichem Kulturgut zum wichtigen Teil der humanistischen Einstellung zum Tier wurde.

Neben dieser religiösen Begründung des Tierschutzes kommt als realistische Voraussetzung die konkrete und konsequente Ausgestaltung des Tierschutzrechtes dazu. Dies macht erforderlich, sich mit den sozialgeschichtlichen und strukturellen Problemen, mit denen sich jeder Ansatz einer Tierethik auseinanderzusetzen hat, in Einklang zu bringen. Das bedarf eines exakten Rechtssystems für die sonst gestörte Ordnung zwischen Mensch und Tier, ein Rechtssystem, das die Rechte des Menschen mit denen der Tiere in Einklang bringt, das versucht, die entstehenden Konflikte zu lösen, die erforderliche Selbstbeschränkung der Menschen festzuschreiben und die Interessen der Tiere zu befriedigen. Lange Zeit war das Zusammenleben von Mensch und Tier durch die gegenseitige Interessenlage mehr oder weniger gefühlsmäßig vorgegeben. Mit zunehmender Materialisierung und Rationalisierung der Lebensabläufe wurde die Festschreibung eines Tierschutzrechts immer dringender. Die einzelnen Edikte, die von den Herrschenden in Teilbereichen, wie der Pferdehaltung, Schutzmaßnahmen für Tiere vorschrieben, reichten nicht mehr aus. Seit den ersten Ansätzen eines allgemeinen Tierschutzrechtes Anfang des 19. Jahrhunderts in England ist das Tier durch die Modernisierung des Lebens in allen Lebensbereichen

Die gewerbliche Aufzucht junger Enten in engen Batteriekäfigen widerspricht jeder artgerechten Tierhaltung. Sie ist tierschutzwidrig und gleicht einer inhumanen Verachtung des Geschöpfes Tier.

und durch das Aufkommen der rein materiellen Tierproduktion in geradezu dramatischer und brutaler Weise in Mitleidenschaft gezogen worden.

Das Recht der Tiere innerhalb dieser herzlosen Haltungs- und Nutzungsweisen forderte den Tierschutz geradezu heraus. Das Ziel der Selbstbegrenzung des menschlichen Umgangs mit dem Tier wurde zu einer ethischen Voraussetzung, die gewissermaßen zum Spiegel der Humanität aufstieg. Diese Tatsache ist auch voll mit den grundgesetzlich garantierten Freiheiten menschlicher Existenzen vereinbar, und die Zeit wird nicht fern sein, wo der Tierschutz, ebenso wie der Menschenschutz, als Verfassungsrang im Grundgesetz festgeschrieben ist.

Schon heute hat das Bundesverfassungsgericht innerhalb seiner Rechtsprechung die Mitverantwortung des Menschen für das seiner Obhut anheimgegebene Lebewesen Tier entwickelt und damit dem positiven Tierschutz eine verfassungsmäßige Begründung gegeben. Das Tierschutzrecht ist damit, zunächst, eine sinngemäße Ableitung aus der ethischen Qualität des öffentlichen Rechts geworden.

Eine halbe Maßnahme, die aber in die richtige Richtung geht. Wir dürfen dabei aber nicht vor den erheblichen Vollzugsdefiziten bei der Anwendung des Tierschutzgesetzes die Augen verschließen. Solange das geltende Tierschutzrecht nicht im Grundgesetz verankert ist, müssen wir trotz des positiven Trends an diesem Recht weiterarbeiten. Aber auch wenn es erheblich erweitert und verschärft wird, wird es hier, infolge der oftmals schwierigen Nachweispraxis, zahlreiche rechtsfreie Räume geben, die der Rechtsaufsicht verborgen und entzogen sind. Außerdem sind die unterschiedlichen Auffassungen und Rechtstraditionen zum Beispiel im europäischen Raum schwere Mühlsteine auf dem Weg zu einem Tierschutzrecht, das diesen Titel wirklich verdient. Die zermürbende Streiterei bei der Debatte über die Tiertransporte im Europäischen Parlament in Straßburg hat, ebenso wie die erregten Debatten in der Europäischen Kommission, klar die Grenzen des Machbaren deutlich gemacht. Das Gewinnstreben macht auch vor dem Recht der Tiere nicht halt und

---

Die besonders in südeuropäischen Ländern übliche Singvogeljagd ist ein eklatanter Tierschutzverstoß, um dekadente Gourmets zu bedienen. Hier hilft nur ein weltweites Verbot der Singvogeljagd und die Ächtung des Verzehrs.

die Ethik verliert schnell ihre Leuchtkraft, wenn handfeste Interessen, die dann als die Sorge um Arbeitsplätze im ländlichen Raum interpretiert werden, mit im Spiele sind. Ohne faule Kompromisse wird es auch in Zukunft nicht abgehen; die Leidtragenden sind dabei immer die Tiere. Das Schutz- und Lebensinteresse der Tiere bleibt immer ein schwaches Rechtssubjekt, wenn es sich gegen die materiellen Interessen der Tierhalter durchsetzen soll. Solange nicht eine allgemein verbindliche ethische Grundhaltung zur freiwilligen Selbstbegrenzung des Menschen gegenüber dem Recht der Tiere führt, was nur durch Freiwilligkeit gehen kann, bleibt das Schwache, in diesem Fall sind dies die Tiere, hoffnungslos auf der Strecke.

Wenn es also so schwer ist, auf gesetzliche Weise einen umfassenden Tierschutz zu garantieren, durchzusetzen und zu vollziehen, bleibt eigentlich nur das Streben, den Schutz der Tiere als eine Tugend zu proklamieren, die zu den Grundvoraussetzungen einer humanitären und christlichen Gesinnung gehört. Das Quälen, Ausnutzen und schmerzhafte Halten von Tieren muß eine negative Dimension erhalten, die es schwer macht, sein Gesicht als Mensch zu bewahren. Je stärker Tierquäler und rücksichtslose Tiergeschäftemacher aus der Gesellschaft ausgegrenzt werden, je mehr die teilweisen kriminellen Handlungen von Tierhändlern, Hühner- und Eierfabrikanten, Tiertransporteuren, Qualzüchtern oder extremen Massentierhaltern aus den Pranger gestellt werden und auf den Index kommen, desto eher folgt ein allgemeines Umdenken in den Verbrauchergewohnheiten. Dies würde gleichzeitig diesen tierunwürdigen Haltungspraktiken den materiellen Boden entziehen, und es besteht die Chance, daß das Wohl der Tiere in diesen Bereichen verbessert wird. Die Untugend muß ausgegrenzt werden, als gesellschaftlicher Makel manifestiert tiefe Abneigung erfahren, damit die Tugend des humanen Umgangs mit den uns anvertrauten Tieren eine ethische Dimension erhält, die letztlich den schützenswerten Tieren zugutekommt. Die heute noch bestehende Rechtsunsicherheit kann so mittels dieser ethischen Kraft die bestehenden Mängel beim Tierschutz überwinden. Die Tugend der Tierliebe und des Tierschutzes muß sich als ein besonders liebenswertes Phänomen offenbaren, dem alle, die nicht gleichgültig sind und die sich gegenüber dem Wohlergehen des Tieres verpflichtet fühlen, nacheifern; Tierschutz ist auch eine Sache des Herzens. Den uns anvertrauten und zu Diensten seienden Tieren müssen wir ein sichtbares Wohlwollen entgegenbringen, das auch auf uns selbst und unseren Charakter in positiver Weise abfärbt. Grundlage und Inhalt dieses Wohlwollens ist dabei immer die Achtung, ja die Ehrfurcht vor dem Leben. Wer dieses Wohlwollen verinnerlicht hat, dem wird es schwerfallen, Fleisch von einem im dunklen, engen Zwangsstand gemästeten Kalb zu essen oder die Froschschenkel, die dem lebenden Frosch vom Leib gerissen wurden, als Delikatesse zu empfinden. Der wird aber auch seinen Nachbarn, der sich solcher grausamer Gaumenfreuden hingibt, mit Verachtung strafen. Es bleibt dann wahrscheinlich nicht aus, daß eine solche Bewußtseinshaltung den Tierschutz auch als ein religiös-weltanschauliches Vehikel auf dem Weg zur Achtung des Tieres als Teil der großartigen Schöpfung empfindet, was sich wiederum in Selbstachtung manifestiert. Tierschutz als gesellschaftliches Problem kann zur Chance für das eigene Ego werden, das sich in vielen Bereichen des Lebens äußert.

Aus dem Zusammenleben der frühen Zeit wurde ein sensibles, gegenseitiges Verhältnis, das die weltgeschichtliche Epoche mitgeprägt und eine enge Kongruenz im Tier-Mensch-Verhältnis entwickelt hat. Mensch und Tier sind aufeinander angewiesen. Das geht nur bei einem Mindestmaß an gegenseitiger Achtung; ja, auch das Tier empfindet gegenüber seinem Halter und Pfleger neben Zuneigung auch Achtung. Menschliche Selbstachtung ist aber im religiösen Sinne nur möglich, wenn die Achtung gegenüber dem Mitgeschöpf Tier, die Ehrfurcht vor dem Leben intakt ist. In manchen Zeiten des eruptiven menschlichen Aufbruchs in die Neuzeit ging die innere Bindung gegenüber den Tieren verloren. Das Tier wurde zum Produktionsmittel rein materieller Art. Die Beziehung zum Tier als Haustier und Mitbewohner war in der Krise. Das Fürsorgemoment verkümmerte zur Vorsorge für eine gewinnbringende Tierproduktion. Das Überziehen dieser Maxime hat vielerorts in der Gesellschaft zu einer Krise geführt, die sich im Aufbäumen der Tierschützer widerspiegelte. Die mit halbem Herzen und gespaltenem Verstand zusammengezimmerten Schutzmaßnahmen führten in vielen Fällen zum Versagen der Rechtsinstitutionen, die dem Schutz der Tiere dienen sollen. Nun aber beginnen die teilweise dramatischen Entwicklungen in der Tierproduktion einen Umdenkungsprozeß in Gang zu setzen. Das Mitgeschöpf Tier wird wieder mehr als das gesehen, was es ist: ein Lebewesen wie wir auch, angewiesen auf unsere Mutter Erde ebenso wie wir, im Rahmen der Schöpfung stehend wie wir auch, unter den neuzeitlichen Belastungen der Erde leidend wie wir auch, durch die Last der Überbevölkerung und des Landverbrauchs in seiner Existenz bedrohter Mitbewohner wie wir auch und im Kampf ums Überleben an den Rand gedrängt wie dies auch vielen Mitmenschen geschieht. Eine Chance zum Überleben besteht für Mensch und Tier nur gemeinsam. Dazu gehört der gemeinsame Diskurs innerhalb der Tierethik ebenso wie die Besinnung des Menschen auf die Grenzen bei der Ausbeutung unserer Erde. Tierschutz ist gleichzeitig ein Maßstab dafür, inwieweit wir Menschen die normative Kraft aufbringen, unseren Lebensraum zu erhalten und ihn mit den Tieren und Pflanzen brüderlich zu teilen. Der Schutz der Tiere ist ein Teil der Wegstrecke dahin.

TIERSCHUTZ BRAUCHT MUT

Eine funktionierende Gemeinschaft, schon gar ein demokratisches Zusammenleben, bedarf der Zivilcourage. Überall begegnen wir einem erheblichen Defizit an dieser Tugend. Weil die Spaziergänger nicht sehen wollten, wie der winselnde, verwahrloste Hofhund elend unter der eingewachsenen Kette litt, ist Harro an einer schmerzhaften Sepsis gestorben. Weil die Zollbeamten nicht eingriffen, als die Schafe im Viehtransportwagen jammervoll nach Wasser blökten, war fast die Hälfte der Tiere elendiglich verendet. Weil die Städter, die beim Aussiedlerbauern ihre Milch holen, nicht erkannten, daß die Klauen der Kühe ausgewachsen und wund waren, dauerte das Martyrium der Tiere endlos an. Weil das Mastkalb an einer viel zu kurzen Kette, in einem viel zu engen Stall angebunden und eingepfercht war, hatten sich die Vorderfußwurzelgelenke schmerzhaft verändert. Weil der Schlachthofverwalter am Sonntag zu bequem war, die aufgestallten Tiere zu tränken, brüllten sie den ganzen Tag vor Durst, aber keiner der Anwohner traute sich, die Polizei darauf aufmerksam zu machen ... Unter dem Mangel an Zivilcourage der Menschen leiden die Tiere, denn Tierschutz braucht vor allem Mut.

So und nicht anders sieht vielfach die Wirklichkeit aus. Tierschutz braucht, genauso wie der Menschenschutz, Mitleiden, Mitfühlen und vor allem Engagement und Mut. Das Nichts-Sehen, Nichts-Hören und Nichts-wahrhaben-Wollen ist eines der schwersten Übel unserer vordergründig materialistischen, angepaßten Zeit. Das Engagement, die Nächstenliebe hören vielfach dort auf, wo sie unter Umständen für einen selbst unangenehm werden könnte. Mut und Zivilcourage, ohne die unsere freie, demokratische Gesellschaft verkümmert, scheinen vielfach ausgestorben. Nur keine Unannehmlichkeiten, sich ja nicht in etwas hineinziehen lassen; auf keinen Fall als Zeuge zum Vorfall zur Verfügung stehen; auf gar keinen Fall Position beziehen und sich damit eventuell auf die Seite der Schwachen oder in Not Geratenen stellen. Dies könnte ja Unannehmlichkeiten oder gar die Rache der Täter mit sich bringen. Was uns nicht persönlich betrifft, geht uns nichts an; hier schließen wir Augen und Ohren, hier halten wir uns raus. Es geschieht genug Unrecht auf dieser Welt, wo kämen wir denn hin, wenn wir uns um die Angelegenheiten anderer Leute kümmern würden, und wenn sie auch noch so sehr nach Hilfe schreien und in Gefahr sind ...

Als Tierschützer muß man immer wieder diese Haltung erfahren und auch akzeptieren, was die gesamte Tierschutzarbeit unerhört erschwert. Selbst dem für den Tierschutz zuständigen Tierarzt fällt es oftmals schwer, tierschutzrelevante Vorfälle, zu deren Regulierung der betreffende Tierbesitzer, aus welchen Gründen auch immer, nicht ohne weiteres bereit ist, notfalls anzuzeigen. Ich selbst habe einen großen Rinderhalter und Züchter angezeigt, da der nicht bereit war, seinen Hofhund von der kurzen Kette zu nehmen. Die Anzeige mit Zwangsvollstreckung bewirkte, daß der Schäferhundmischling in einem einwandfreien Zwinger mit solider Hundehütte und langer Laufkette untergebracht wurde. Ich habe den maßgeblichsten Rinderzüchter als Klienten verloren, was über die Jahrzehnte gerechnet zu Einkommensverlusten meiner Praxis von vielen Zehntausend Mark geführt hat. Materielle Gründe dürfen aber nicht die ethische Verpflichtung des Tierschutzes in Frage stellen. Tierschutz ist unteilbar und keine verhandelbare Manövriermasse. Der Tierschutzidee muß man sich mit ganzem Herzen stellen und darf keine faulen oder bequemen Kompromisse zum Leiden des Tieres eingehen, besonders wenn man Tierarzt ist, der sich als Anwalt der Tiere versteht. Hier ist Wegsehen oder Gewährenlassen ein Frevel, der mit gelebter Humanität unvereinbar ist. Der Schutz und die Hilfe für die Abhängigen und Schwachen, wie es die Tiere durch unsere Domestikation und infolge unserer Willkür gegenüber den wildlebenden Tieren geworden sind, ist eine umfassende, vom Schöpfer vorgegebene Verpflichtung für das Leben, gleichermaßen, ob Mensch, Tier oder Pflanze.

Bei der Tierschutzarbeit dürfen uns auch nicht die engagierten und oftmals über das Ziel hinausschießenden Enthusiasten verwirren, die den Tierschutz oftmals mit fanatischem Sendungsbewußtsein begleiten. Jeder Fanatismus ist schlecht und schadet vielfach der guten Sache, das gilt für den Tierschutz ebenso wie in jedem anderen gesellschaftlichen Bereich, sei es in der Politik, in der Religion oder auf sonstigen Gebieten. Man braucht den enthusiastischen Einsatz im Tierschutz zwar ebenso wie die Liebe zum Tier und die Zivilcourage, um die vielen Hemmnisse, Trägheiten und Gleichgültigkeiten zu überwinden. Ohne Hingabe geht es ebensowenig wie ohne persönlichen Mut; man braucht aber vor allem auch die kommunikative Zusammenarbeit mit allen Menschen und Institutionen, die sich für den Schutz der Tiere einsetzen. Das angestrebte Ziel, das Leben und die Würde der Tiere zu schützen, läßt sich nur erreichen, wenn es zu einem Konsens aller Beteiligten kommt. Genausowenig nützt das vollmundige Bekenntnis zum Tierschutz, wenn man bei der geringsten Schwierigkeit feige zurückzuckt. Es kommt darauf an, Farbe zu bekennen, den Schutz der Tiere mit Sachkenntnis, Erfahrung und Wissen um die Zusammenhänge anzugehen und mit Zähigkeit weiterzubringen. Die verbalen Bekenntnisse, mit denen wir in unserer Gesellschaft bei allen Problemsituationen genervt werden, ohne daß etwas dabei herauskommt, erleben wir tagtäglich zur Genüge. Eine Sache erreicht man nicht durch schöne Worte, nein, es bedarf des entschlossenen Handelns. »Es gibt nichts Gutes, es sei denn man tut es«, sagte Erich Kästner. Nichts wird sich ändern oder gar verbessern, wenn wir nicht in großer Zahl aus der Deckung gehen, uns leidenschaftlich zum Schutz der Tiere bekennen. Wir müssen die Übel, die wir sehen und hören, beim Namen nennen. Man kann dies im persönlichen Gespräch tun mit denen, die mit dem Tierschutzrecht in Konflikt gekommen sind; nützt dies nichts, ist eine Anzeige erforderlich. Dabei braucht man sich nicht persönliche Unbill zuziehen oder gar in Gefahr zu bringen, ein Hinweis an die Polizei genügt. Die zuständigen Organe des Staates sind verpflichtet, der Sache nachzugehen und bei Verstößen die vorliegenden Mißstände abzustellen. Auch hier ist die Zivilcourage das tragende Element unserer demokratischen Gesellschaft; sie muß einfach sein, auch wenn sich unter Umständen einmal persönliche Unannehmlichkeiten ergeben sollten. Eine tierschutzrelevante Anzeige hat nichts, aber auch gar nichts mit Denunziantentum zu tun, sie ist immer ein Akt der Humanität und der Würde, und sie schützt nicht nur die Tiere, sondern gibt uns selbst innere Freiheit und Selbstvertrauen, ohne die der Tierschutz nicht erfolgreich möglich ist. Besonders die Jugend sollte dahingehend erzogen werden, sich für das Wohl der Tiere einzusetzen. Nur so wird eines Tages die Tierschutzidee alle Menschen umfassen; nur so sind die aus egoistisch-materiellem Streben entstandenen Massentierfabriken zu überwinden.

Deshalb will ich in diesem Kapitel über den Tierschutz nochmals die Grundthese, die zu den heutigen tierschutzrelevanten Ungereimtheiten geführt haben, wiederholen: Als der Mensch vor Urzeiten begann, Tiere zu jagen, zu essen, aus ihren Fellen Kleidung und aus Knochen und Gehörn Schmuck, Waffen und Werkzeug herzustellen, als der Mensch sich mit Gewalt, List, Geduld und auch Liebe die Tiere untertan und zu seinen Haustieren machte, als er den wildlebenden Tieren den Lebensraum nahm, begann die Verantwortung des Menschen für die Tierwelt. Der Mensch wurde zum Schicksal der Tiere! Er beherrscht in zunehmendem Maße alles Leben auf dieser Erde und nur die Nützlichkeit ist der entscheidende Grad, ob ein Tier weiterleben kann oder darf – oder sterben muß.

Der Drang des Menschen, sich die Erde untertan zu machen, ließ ihn zum Diktator über alle Geschöpfe werden. Diese Macht verpflichtet uns, nicht nur Herrscher, sondern auch Beschützer der Tiere zu sein. Tierschutz darf deshalb auch kein Beschluß sentimentaler Kaffeekränzchen, kein vordergründiges Schlagwort ehrgeiziger Politiker sein, sondern eine sittliche, humanitäre Verantwortung für uns alle. Er bedeutet Verpflichtung, dort einzugreifen, wo Tiere schutzlos sind, gequält werden oder gar der Vernichtung preisgegeben sind. So schwer der Tierschutz auch manchmal sein mag, so viel Mut man als Tierschützer vielfach aufbringen muß, so viele Unannehmlichkeiten er mit sich bringt, er schenkt uns auch das Glück der guten Tat. Der Schutz der Tiere ist überall gegenwärtig: Der Kettenhund, der in der Kälte erstarrt; der Esel, der unter dem zweieinhalb Zentner schweren Touristen fast zusammenbricht; der Singvogel der im Netz flattert und auf den Feinschmecker wartet; der Stier, der vor der sensationsgierigen Menge langsam zu Tode gequält wird; das Pferd, das der profitgeile Schinder im völlig überladenen Viehtransport zur Schlachtbank führt, das Legehennen-KZ, in dem der Hühnerbaron seine Eierproduktion maximiert: Überall ist Tierschutz gefragt, tut Tierschutz not. Wir sollten deshalb Kopf und Herz zusammennehmen, in Ehrfurcht vor dem Leben den Mut aufbringen, die Tiere vor der Willkür und Qual verantwortungsloser Menschen zu schützen, nach den Worten Albert Schweitzers und im Sinne des Schöpfers.

DIE FOLGEN DER MASSENTIERHALTUNG

Die Haustierhaltung hat ihren Namen von der Örtlichkeit der Haustiere im Anwesen der Besitzer, in engem Kontakt mit den Menschen, oftmals sogar im gleichen Raum. Das gibt es zwar heute auch, zum Beispiel im indonesischen Langhaus oder im afrikanischen Busch, selbst noch im modern und eher europäisch anmutenden Haus eines Immigranten auf den Kapverdischen Inseln, wo die Schweine im eigentlichen Wohnbereich ihre Ecke haben oder die Hühner auf dem Dachgebälk der Hütten sitzen. Selbst im europäischen Bauernhaus des vergangenen Jahrhunderts war der enge Kontakt mit den Tieren die Regel. Die Haustiere hatten alle Namen, die Kinder spielten mit ihnen, und das Schwein wurde bei strengem Frost schon mal mit in die gute Stube genommen. Die Menschen lebten mit und von ihren Tieren. Wenn es den Tieren schlechtging oder sie krank waren, wurden sie umhegt, denn ihre Leistungsfähigkeit und Gesundheit waren letztlich die Lebens- und Überlebensgarantie für ihre Halter und Besitzer; sie waren Reichtum und Aushängeschild. Sie waren Mitgeschöpfe, Partner und Haustiere zugleich.

Heute trifft dies nur noch in rein ländlichen Regionen der Dritten Welt zu. Besonders bei den nichtseßhaften Nomadenvölkern in den großen Steppen- und Savannengebieten, aber auch bei den Rentierherden der nördlichen Hemisphäre sind Mensch und Tier eine Einheit, bei Wind und Wetter aufeinander angewiesen.

Die heutige, sogenannte leistungsfähige Haustierhaltung ist zur rationalisierten Nutztierproduktion verkommen. Nicht mehr die nach Ansicht der Altvorderen von Gott gegebene Symbiose zwischen Mensch und Tier ist Ausdruck der tierhaltenden Landwirtschaft, sondern die bis ins letzte durchkalkulierte Tierproduktion. Immer weniger viehhaltende Familienbetriebe überleben und halten Kühe, Schweine, Geflügel und andere Tiere. Die Gegenwart und die Zukunft gehört der Massentierhaltung auf allen Ebenen. Immer mehr Tiere mit immer kürzerer Lebenserwartung, immer höheren Leistungsanforderungen, auf immer engerem Raum, mit immer stärker rationierter Fütterungsmethode werden bei immer enger werdenden genetischen Zuchtvorgaben und durch immer gezieltere Arzneimittelanwendung zur Milch-, Fleisch- oder Eierproduktion getrieben. Immer weniger Bauern sind selbst noch Besitzer dieses Produktionsfaktors Tier, sondern bekommen die Ferkel, Kälber und Legehennen frei Haus geliefert, versorgen sie als Lohnmäster, solange sie Leistung bringen oder bis sie schlachtreif sind. Alles soll so schnell, so rationell und so ertragsreich wie möglich über die Bühne gehen; es sind dieselben Produktionsfaktoren wie bei Ziegelsteinen oder Kochtöpfen, nur daß es eben lebende Geschöpfe sind. Die bäuerlichen Lohnmäster werden immer abhängiger und ärmer, die Tierproduzenten, vielfach sind dies Aktiengesellschaften oder Industrieunternehmen, setzen immer mehr Speck an. Die Bauernschaft verkommt zu Hilfsarbeitern und Kulis, vom Bauernstolz bleibt kaum noch eine Spur. Immer mehr Landwirte geben auf oder werden in den Ruin getrieben. Es sind also nicht nur die Tiere die leiden, nein, auch der einst staatstragende Bauernstand hat kaum noch eine reale Überlebenschance.

Die Rinder

Ein Kalb, das einst wochenlang an seiner Mutterkuh säugte und auf der Weide neben ihr herumtollte, wird nun schon nach wenigen Stunden von der Mutter entfernt oder kommt überhaupt nicht zum Ansaugen. Es erhält in einem modernen Kälbermaststall nach deutschem Recht einen »Lebensraum« von 1,5 Quadratmeter eingeräumt: ohne Stroh als Einstreu, mit Spaltenboden, durch den es seinen Mist in die unterirdischen Mistkavernen tritt, aus denen es meist zieht und eine Unzahl Fliegen und Krankheitserreger die Gesundheit des Kalbes gefährden. Die Mastkalbbox ist so schmal, daß es sich nicht umdrehen kann; der Stall ist abgedunkelt, was angeblich die Weißfleischigkeit fördert. Die Metallteile sind kunststoffummantelt, damit es keine Eisenspurenelemente aufnehmen kann. Die Fütterung besteht aus breiiger Flüssigkeit mit hohem Salzanteil, so daß das durstige Kalb, das kein Wasser erhält, immer wieder den Futterbrei trinkt, vielfach die doppelte Normalration. Dadurch wird es so schnell wie möglich mastreif. Der durch die winzige Boxengröße vorgegebene Bewegungsmangel trägt außerdem seinen Teil dazu bei.

Rauhfutter wie Heu, Stroh oder Gras, das das Kalb bei normaler Rinderhaltung, schon wenige Tage nach der Geburt zusätzlich zur Muttermilch aufnimmt und das zur physiologischen Entwicklung der Magentätigkeit absolut notwendig ist, wird überhaupt nicht angeboten. Das ganze Martyrium ist nur auf die schnellstmögliche Mast zur Schlachtreife angelegt, wobei darauf geachtet wird, daß das künstlich erzeugte feinfasrige, weiße Fleisch eine möglichst »junge« Konsistenz vorgaukelt. In breit angelegten PR-Kampagnen wird dies als besonders gesund und bekömmlich angepriesen, was einer groben Irreführung des Verbrauchers gleichkommt. Das sonst zarte, äußerst bekömmliche Kalbfleisch entartet zu einem aufgeschwemmten »Industrieprodukt«, das in der heißen Pfanne um die Hälfte zusammenschnurrt. Der Nährwert liegt weit unter dem eines natürlich aufgezogenen Kalbes. Kein Wunder, daß immer mehr Verbraucher zum Biobauern gehen, um sich nicht von der industrialisierten Mastkälberproduktion übers Ohr hauen zu lassen.

Es ist schon schlimm genug, daß eine vordergründig auf Gewinnmaximierung ausgerichtete industrielle Kälberproduktion die bewährten Normen der herkömmlichen Tierhaltung übergeht. Noch schlimmer ist es aber, daß diese Tierproduktion alle Kriterien der art- und tiergerechten Haltung ignoriert, um in eklatant tierschutzwidriger Weise ihr Geschäft zu machen. Es ist auch wenig hilfreich, wenn die staatlichen Aufsichtsbehörden exakte Mindestmaße vorgeben. Ein Kalb in einem 1,5 Quadratmeter großen Zwangskäfig ist nicht tierschutzgerecht untergebracht; sowenig wie eine Legehenne in einem vorgeschriebenen Batteriekäfig oder ein Zirkuslöwe in dem 3,5 Quadratmeter großen Eisenverlies. Eine solche Massentierhaltung kommt einer Vergewaltigung der tierischen Psyche gleich; sie kann durch nichts gerechtfertigt werden. Außerdem kommen die Mastkälber erst in einem Alter zur Schlachtbank, in dem sie fast nicht mehr in ihre Mast- und Aufzuchtbox passen und fast absolut unbeweglich gehalten werden. Der Tierschutz und die humane Gesellschaft sollte deshalb unverzüglich vom Gesetzgeber ultimativ fordern, die Mastkalbboxen generell zu verbieten. In anderen zivilisierten Ländern ist dies bereits geschehen. Das Grundrecht des Schutzes der Tiere darf nicht auf dem Altar merkantiler Gewinninteressen geopfert werden, zumal der Nutzen dieser tierschutzwidrigen Maßnahmen kaum der erhaltenswerten, bäuerlichen Tierhaltung zugute kommt und auch nicht den Qualitätsinteressen der Verbraucher dient.

Daß bei diesen nach industriellen Grundsätzen produzierten Kälbern, auch die Vermarktung im argen liegt, ist durch die Berichte der Presse und der Printmedien schon langsam Allgemeingut geworden. Natürlich bringt es die Massierung großer Mastkälberbestände mit sich, daß nicht das einzelne Kalb, wie es heute noch in vielen bäuerlichen Betrieben die Regel ist, zum nächstliegenden Metzger oder Schlachthof gefahren wird. Die große Zahl der Tiere soll auch letztlich zu einem großen Geschäft führen. Das hat zur Folge, daß täglich Tausende von Kälbern über große Strecken, bei Hitze und Kälte, über Stunden und Tage, lebend dorthin gekarrt werden, wo sie am meisten Profit bringen. Die steif und fast unbeweglich gewordenen Kälber erleiden in vielfach überladenen, ungeeigneten Viehtransportern ein zweites Martyrium.

Es sind aber nicht nur die Kälber, die unter dieser tierungerechten, rationalisierten, gewinnorientierten Kalbfleischproduktion leiden. Auch der weitere Lebensweg der Rinder krankt genauso daran. Der Mastbulle, der einst auf der Weide seiner Schlachtreife entgegenwuchs, wird ebenso in engen, vielfach überbelegten Mastboxen gemästet. Die Bewegungsarmut ist nicht nur die Folge dieser intensiven Aufstallung, sondern einkalkuliert und gewollt, um sowenig wie möglich Bewegungsenergie aufkommen zu lassen, die immer auf Kosten des Masterfolges geht. Das Futter ist ebenfalls hoch konzentriert, eiweißreich und weist einen Mangel an verdauungswichtigen Rohfasern wie Heu oder Stroh auf. Eingestreut wird nur in seltenen Fällen; die meisten Mastbullen und Mastrinder stehen auf arbeitssparenden Spaltenböden mit den bekannten physiologischen Nachteilen und gesundheitsschädigenden Folgen. Die mit hohen Nahrungskonzentrationen gefütterten Masttiere sind mit Energie aufgeladen und können ihre Kraft im engen Stall nur im gegenseitigen Gerangel kompensieren, was wiederum zu zahlreichen Verletzungen führt. Alles in allem eine völlig unnatürliche Haltungsweise, die sich in Aggression und psychischer Belastung, in Streß bis hin zur Krankheit auswirkt. Obwohl diese Masttierhaltung tierschutzwidrig ist, wird sie von den Agrarlobbyisten hochgelobt und als die Haltungsform einer erfolgreichen Tierproduktion bezeichnet. Daß die Tiere nie gestriegelt werden, daß sie teilweise voll mit gehärteten Kotbrocken sind, die zäh und kaum entfernbar besonders die Hinterschenkel, den Bauch und die Kruppe bedecken und damit die so wichtige »Hautatmung« unterbinden, sei nur nebenbei erwähnt.

In der Kuhhaltung gibt es gute, schlechte und miserable Verhältnisse, was die Haltungsweise und den Tierschutz angeht. Dem Milchvieh bei der Weide- und Almwirtschaft geht es gut; leider ist dies ein immer geringer werdender Milchkuhanteil. Bei der Großzahl der Kühe herrscht aus Arbeitseinsparung und Leistungssteigerung die gleiche unerbittliche Rationalisierung vor wie bei der Kälbermast. Die Bestände werden immer größer, der zur Verfügung stehende Raum immer kleiner. Die Tiere stehen auf einem Kurzstand, der sie zwingt, so nah am Freßgitter zu stehen oder zu liegen, daß sie nicht einmal einen kleinen Schritt nach vorn oder hinten machen können. Der Sinn dieser Einschränkung: Der Mist muß auf die Kotrinne fallen, wo er mechanisch weggeschoben wird. Die Abbindung mittels längeren Ketten ist einem Anbindegatter aus dicken Rohrrahmen gewichen, bei dem die Tiere den Kopf kaum nach links oder rechts biegen können. Sie können nicht einmal mit der rauhen Zunge die Flanken oder den Rücken lecken, wenn sie dort von Parasiten geplagt werden. Der Schwanz, mit dem die Kühe die Fliegen vertreiben möchten, ist natürlich aus »hygienischen Gründen« angebunden. Eine Einstreu aus frischem Stroh gibt es aus Ersparnisgründen nicht, dafür aber den bereits erwähnten Spaltenboden mit seinen negativen Folgen. Die Klauenpflege wird vielfach vernachlässigt, ebenfalls aus Kostengründen, was natürlich zum schmerzhaften Stehen auf den ausgewachsenen Klauen führt. Die Reinigung und das Striegeln der Tiere, das ein wichtiger Faktor für das Wohlbefinden ist, entfällt meistens. Die enge, fast bewegungslose Aufstallung führt oftmals zu erheblich schmerzhaften Erkrankungen an den Extremitäten, besonders den Gelenken und Klauen, was mehr oder weniger als unvermeidliche Folgen des Haltungssystems hingenommen wird. Wenn die Schmerzen zu groß werden und dadurch die Milchleistung in den unrentablen Bereich sinkt, geht die Kuh zum Schlachthof. So einfach ist dies. Die Zahl der Landwirte, die als Biobauern eine grundsätzliche andere Einstellung zur Milchviehhaltung haben und ihren Tieren einen Boxenlaufstall bieten, in dem sich die Kühe frei bewegen können und nur zum Schlafen ihren offenen Liegeplatz aufsuchen, nimmt zwar zu, ist aber immer noch ein ganz geringer Teil der landwirtschaftlichen Kuhhaltung. Ein solche natürliche Aufstallung der Kühe erfordert natürlich einen erheblich höheren Arbeitsaufwand und damit höhere Kosten, was sich letztlich im Milchpreis widerspiegelt. Solange der Verbraucher nicht bereit ist, für qualitativ höherwertige tierische Nahrungsmittel entsprechend höhere Preise zu bezahlen, wird sich an den bedenklichen Haltungssystemen wenig ändern. Man kann sagen, daß der Verbraucher durch sein Zahlungsverhalten indirekt mitschuldig ist an dieser Tierschutzmisere.

Wohin die Rationalisierung und damit die Gewinnmaximierung führen kann, zeigt sich bei den amerikanischen Rindermästern, wo Mastherden von bis zu 30 000 Tieren in knapp bemessenen, vegetationslosen Arealen gehalten werden, in denen tierärztliche Versorgung kaum vorkommt, das Wort Tierschutz ein absolutes Fremdwort ist, und die eng zusammengedrängte Herde mittels Hubschrauber aus der Luft kontrolliert wird. Verendete Tiere werden mit dem Gabelstapler aus den Pferchen entfernt und verbrannt. Und da spricht man noch vom Tier als einem Geschöpf Gottes. Bei jeder Industrieproduktion wird sorgfältiger mit dem verarbeiteten Material umgegangen als bei dem »Material Tier« in vielen Massentierhaltungen.

Das Erschreckendste dabei ist, daß diese »modernen« Tierhaltungsmethoden weltweit als das erstrebenswerte Zukunftmodell anerkannt und vielfach – z. B. von der EG – finanziell gefördert werden.

Die Schweine

Das Hausschwein, seit Urzeiten eines der wichtigsten Haustiere, ist nicht nur besonders intelligent, sondern auch sehr robust; zumindest war es dies, bis der Mensch die fabrikmäßige Massenproduktion entdeckt hat und für dessen vorgezeichnetes, angepaßtes Leben Schweine mit ganz besonderen Eigenschaften entwickelt und gezüchtet hat. Das »moderne« Schwein schnüffelt und wälzt sich nicht mehr in der Suhle. Es grunzt auch nicht im geräumigen Stall mit seinen Mitgenossen um die Wette. Nein, es ist ein Produkt des schnellen Umsatzes und des durchkalkulierten Gewinns. Als es das Hausschwein gab, gab es unzählige, der jeweiligen Landschaft, dem vorherrschenden Klima und der regionalen Landwirtschaftsform herausgezüchtete Rassen. Jetzt hat es seine genetische Vielfalt, die gleichzeitig das Genreservoir für schwierige Zeitläufe bildete, verloren und ist auf wenige Monokulturtypen reduziert, bis hin zum alles beherrschenden Hybridschwein. In den Massentierbeständen der ganzen Welt vegetiert kaum noch eine Handvoll Schweinetypen, was bei grassierenden Seuchengängen das gesamte Zuchtpotential zusammenbrechen lassen kann. Vorsorgliche Züchter erhalten deswegen noch zahlreiche, widerstandsfähige Hausschweinerassen, um für den jederzeit möglichen Ernstfall ein gewisses Zuchtpotential zu haben. Das bäuerliche, individuelle Zusammenleben mit den Schweinen, die von den Kindern alle einen Namen bekamen und die jeder kannte, ist lange vorbei. Ebenso ist die Zeit vorbei, in der das Schwein fast ein Jahr lang gemästet wurde und der Schlachttag ein Schlachtfest war, an dem man, trotz der harten Realität für das Schwein, seiner bei Kesselfleisch und Brühwurst achtungsvoll gedachte.

Heute wird die anonyme Massentierhaltung praktiziert. Schon die Mutterschweine werden, nach der künstlichen Befruchtung, in ein vorkalkuliertes Haltungs- und Fütterungskonzept gepreßt. Grundsätzlich gilt auch hier: so viele Schweine wie möglich, auf so wenig Raum wie nötig, mittels der sparsamsten, ausgeklügelsten, möglichst computergesteuerten Futterration, so schnell es nur irgendwie geht, schlachtreif zu machen, wobei das Schlachtgewicht an den Anforderungen des Marktes orientiert ist. Es wird das genormte Schwein in der gewünschten Fleischqualität gefordert und geliefert. Die Tierhaltung ist zur perfekten, industrialisierten Marktnorm verkommen. Wenn auch die Schweineproduzenten und Vermarkter dies so nicht gelten lassen, ist das Haustier Schwein meilenweit von seiner ursprünglichen Lebens- und Haltungsweise entfernt. Es ist von A bis Z durchkalkuliertes Kunstprodukt! Da es aber trotz allem ein lebendiges Tier geblieben ist, bleibt es nicht aus, daß nicht alle Tiere der Norm entsprechen, einige zu kümmerlich oder auch zu schwammig heranwachsen, einige krank werden, einige Mangelerscheinungen erleiden oder hochgradig rachitisch sind. Wie in der industriellen Produktion sind solche Schweine Ausschußware, die in der Regel als Schrott auf den Müll, das heißt in die Abdeckerei kommen. Die Einrichtung von Krankenbuchten, wo diese »Kümmerer« besonders gepäppelt werden, ist zu arbeitsaufwendig und zu teuer. Die menschliche Fürsorge für die Schwachen und Kranken oder gar die Ehrfurcht vor dem Leben findet nicht statt; es zählt nur der erzielbare Gewinn.

Wiederum ist die Bewegungseinschränkung ein wesentlicher Grundstein der Tierproduktion. Schon die Muttersauen werden in der Abferkelbox in ein System gepreßt, das ihnen kaum noch die geringste Bewegungsmöglichkeit gibt. In einer engsten Rohrrahmenkonstruktion, in der sie faktisch kaum aufstehen können und sich nur unter größter Schwierigkeit von der einen auf die andere Seite herumwälzen können, vegetieren sie dahin und säugen ihre Ferkel. Sinn dieser tierfremden und tierschutzwidrigen Zwangshaltung ist es, zu vermeiden, daß die infolge chronischen Bewegungsmangels schwerfälligen und nahezu unbeweglichen Schweine ihre Jungen beim Hinlegen zum Säugen erdrücken, was trotzdem häufig vorkommt. Dem entgegen steht die Tatsache, daß dies bei wildlebenden oder in Auslaufarealen gehaltenen Schweinen praktisch nie vorkommt. Reicht der Zwangsbügel nicht aus, werden die Muttersauen mittels eines Brustgurtes gefesselt, so daß ihre Bewegungsfähigkeit gleich Null ist. Kein Wunder, daß Menschen, die diese unnatürliche Fesselung zum ersten Mal sehen, unwillkürlich an Galeerensklaven erinnert werden, die, an ihre Sitzbank gekettet, bis zu ihrem kläglichen Ende produktiv sein müssen. Natürlich haben die Schweinebuchten, auch die Abferkelbuchten, keine Stroheinstreu. Das kostet Geld und macht Arbeit. Die Tiere liegen auf blankem Beton oder gar auf dem berüchtigten Spaltenboden. Das einzige, was bei dieser Zwangshaltung als positiv zu bewerten ist, ist die Fütterung, die zwar meilenweit von der natürlichen Ernährung entfernt ist, dafür aber die erforderlichen Nährwerte, Spurenelemente, Mineralsalze und Vitamine enthält, natürlich in chemischer Substanz; das Ziel der Produktivität darf ja nicht vernachlässigt werden, es geht ja schließ-

---

Eine immer stärker befürwortete Rinderhaltung ist die Mutterkuhhaltung, wo das Kalb von Anfang an bei der Mutter bleibt, bei ihr aufwächst und möglichst die beiden die meiste Zeit gemeinsam auf der Weide verbringen.

Für den Tierschutz sind die Legebatterien in der Geflügelhaltung ein nicht hinnehmbarer Verstoß gegen jede tier- und artgerechte Hühnerhaltung, die so schnell wie möglich von Boden- und Volierenhaltung abgelöst werden muß.

lich nur um den Gewinn. Das Tier, so erscheint es dem Betrachter, ist ja eigentlich kein Wert an sich, es ist eine lebende Manövriermasse im Produktionsverfahren Schweinefleisch. Von tiergerechter Haltung kann hier ja nun wirklich keine Rede mehr sein, und der Tierschutz wird in grausamer Weise mit Füßen getreten – allen wissenschaftlichen Untersuchungen und Versicherungen gelehrter Fachleute zum Trotz. Schließlich waren sie bei der Entwicklung dieser Schweineproduktionssysteme maßgeblich beteiligt. Ihr Hauptargument, daß die zwangsaufgestallten Schweine ja »gesund« aussehen und gut fressen, daß sie durch die vielfach übermäßige Verabreichung von Arzneistoffen wie Antibiotika und Anthelmintika gegen Infektionen und Parasiten besonders geschützt sind, daß sie einen rundum zufriedenen Eindruck machen, klingt für mich als Tierarzt, der sich sein langes Leben lang um das Wohlergehen solcher Tiere bemüht hat, geradezu pervers. Wenn man schon glaubt, bei der Tierproduktion das Wesen des Tieres völlig außer acht lassen zu können, sollte man wenigstens auf solche pseudowissenschaftlichen Rechtfertigungen verzichten. Ein Glück, daß es auch hier eine zunehmende Zahl von Landwirten gibt, die ihre Schweine wieder tiergerecht halten, unter Umständen sogar in großen Zuchtschweinegehegen mit Liege- und Abferkelhütten. Wenn sich viele Produzenten mit einer natürlichen Hausschweinehaltung aus Tierschutzgründen so schwer tun, sollten wenigstens die Verbraucher aus Qualitätsgründen solche Schweinezüchter bevorzugen. Leider ist von den Landwirtschaftsbehörden, die voll unter dem Druck der Schweinefleischlobby stehen, hier wenig Abhilfe zu erwarten, und die Anklagen der Tierschützer verhallen wie das Rufen des Propheten in der Wüste. Massenproduktion ist angesagt, gleichgültig, ob die betroffenen Tiere darunter leiden. Das Lebewesen Tier hat keine Lobby, es ist nur ein Kalkulationsfaktor in diesem Geschehen, das sich ja eigentlich ganz um sich selbst dreht.

Ein Ferkel, das kaum auf der Welt ist, bekommt diese Zwänge schnell zu spüren. Bereits am ersten Lebenstag werden ihm die Zähne abgepfetzt, damit es die Zitzen der Mutter nicht verletzen kann. Am dritten Tag wird ihm der Schwanz kupiert, das heißt mit

Beim Barrierespringen lassen selbst Eingeweihte die Vermutung zu: hier wird der Partner Pferd zum Sportgerät degradiert.

der Zange abgeschnitten, damit es aus psychischer Aggressivität in der qualvollen Enge des Aufzuchtsstalls nicht zum blutigen Schwänzeabfressen kommt. Nach zehn Tagen werden die männlichen Tiere kastriert, natürlich ohne Betäubung, was ja wiederum Geld kosten würde. Nach weiteren vier Wochen werden sie vom Muttertier abgelegt und kommen in die Vormastbucht. Natürlich stehen sie dort so dicht gedrängt wie möglich, ohne Einstreu auf blankem Beton und ohne Sonne und Licht. Mit einem Gewicht von 20–30 Kilo geht es dann in die Mastbox im Dunkelstall, wo die Beschäftigung nur aus Fressen besteht, bis sie in weniger als fünf Monaten schlachtreif sind und damit der Sinn ihres Daseins erfüllt ist. Alles rational, ja perfektioniert, wie bei jeder Massenproduktion. Das Wesen Tier bleibt ungeachtet, die Einwände vieler Tierärzte können am System wenig ändern, die Tierschützer werden als unwissende Ignoranten ausgelacht und zu unverbesserlichen Idealisten abqualifiziert. Wie überall ist die Macht der materiell ausgerichteten Produktivität die alles dominierende Richtschnur. Tiergerechte Tierhaltung ist zwar in aller Munde, aber was tiergerecht ist, wird von Interessen diktiert. Viele Beispiele, besonders auch aus der benachbarten Schweiz, machen deutlich, daß man wirtschaftlich erfolgreiche Schweinehaltung auch humaner durchführen kann, ohne das Wesen des Tieres vollständig unter das Diktat der rationalen Erzeugung zu stellen. Die Bedürfnisse der Schweine bestehen eben nicht nur ausschließlich im Fressen und Schlafen. Auch bei uns gibt es detaillierte Vorschriften zum Schutz der Schweine in Intensivhaltungen, wie etwa die Verordnung zum Schutz der Schweine bei Stallhaltung vom 1. Juni 1988. Hier wird angeordnet, daß die Zwangshaltung der Mutterschweine durch Geburtsbügel- oder Anbindevorrichtungen höchstens vier Wochen dauern darf. Sie schreibt vor, daß die fensterlosen Dunkelställe täglich mindestens acht Stunden mit 50 Lux beleuchtet werden müssen. Mindestanforderungen, die aber selten eingehalten werden und noch seltener kontrolliert werden. Das vom deutschen Tierschutzbund geforderte Verbot von Spaltenböden, das grundsätzliche Verbot jeder Form der Anbindung von Mutterschweinen und das Verbot der einstreulosen Boxenhaltung konnte sich allerdings gegen die Interessen der Massentierhaltungslobby nicht durchsetzen, obwohl dies viele Politiker – vor der Wahl – auf ihre Fahnen geschrieben hatten. Die EG-Vorschriften zum Schutz von Schweinen in Intensivhaltungen – gemeint sind die Massentierhaltungen – ist nur ein bescheidener Anfang bei der Besserstellung der Zucht- und Mastschweine in Haltungsformen, die sie dazu verdammen, fast regungslos in überfüllten Dunkelställen ihr kurzes Dasein zu verbringen.

Der Transport zum Schlachthof rundet das Martyrium des Schweinelebens in oftmals grausamer Form ab. Nicht der nächste regionale Schlachthof ist das Ziel, sondern die vielfach überladenen und oftmals ungeeigneten Viehtransporter fahren von Holland bis Sizilien, von Bayern bis Griechenland, von Mecklenburg bis in die Schweiz. Die Versorgung der Tiere mit Trinkwasser sowie die Gesundheitsüberwachung stehen meist nur auf dem Papier, die eingerichteten Tierkontroll- und Versorgungsstationen werden weiträumig umfahren, und der Transportfahrer ist selten geschult und selten seiner Verantwortung gewachsen. Auf- und Abladen geschieht unter Zeitdruck, geeignete Rampen fehlen vielfach; die Folgen sind Verletzungen und Knochenbrüche. Über eine halbe Million Schweine verenden dabei in Deutschland jährlich. Ein Martyrium und eine Schande!

Um diese volkswirtschaftlich enormen Schäden geringer zu halten wird nicht etwa der Transport verbessert, die Aufsicht verstärkt und die Überlandstrecken auf höchstens zwei Stunden Fahrt verkürzt, sondern es werden den Tieren vor dem Transport ins Schlachthaus Beruhigungsmittel, sogenannte Tranquilizer oder auch Betablocker verabreicht. Das fängt schon bei den Ferkeltransporten an und endet erst vor der Schlachtung. Zwischenzeitlich hat es sich eingebürgert, den intensiven Gesundheitsgefahren der Intensivhaltung mittels hoher Arzneimittelgaben entgegenzutreten. Hormone, Antibiotika, Sulfonamide u. a. werden intensiv gespritzt und ins Futter beigegeben. Die Arzneimittel stammen großteils vom Schwarzmarkt, der von einer Tierarzneimittelmafia gesteuert wird. Wie radikal das Geschäft dabei abgewickelt wird, zeigt die Ermordung eines Tierarztes, der versuchte, diesen Schwarzmarkt in seinem Zuständigkeitsgebiet zu stoppen. Telefonische Drohungen solcherart haben schon zahlreiche Tierärzte erhalten. Den brutalen Geschäftemachern ist auch die Gesundheit der Verbraucher gleichgültig. Viele Substanzen wirken sich als Rückstände auf die menschliche Gesundheit aus. So wurden zum Beispiel Spuren von Chloramphelicol, das in der Humanmedizin grundsätzlich verboten ist oder nur in ganz bestimmten Fällen unster strenger Kontrolle angewendet werden darf, anläßlich einer Kontrolle in jedem vierten Schwein nachgewiesen. Die Folge des Genusses solchen kontaminierten Schweinefleisches kann zu einer Antibiotikaresistenz führen und im Ernstfall unter Umständen tödliche Folgen haben. Das gleiche gilt für hormonverseuchtes Fleisch, dessen Genuß schwerwiegend in das menschliche Hormonsystem einwirken kann. Eine exakte Kontrolle dieser Vorgänge ist bei ca. 35 Millionen geschlachteter Schweine jährlich in Deutschland kaum durchzuführen. Es geht darum, das Verantwortungsverhalten der Schweineproduzenten zu ändern. Das bedeutet natürlich in erster Linie die Interessenverbände und auch die staatliche Überwachung zum Umdenken zu veranlassen. Wie schwer ein solches Vorhaben ist, zeigen die Vorgänge um den BSE-Skandal in England überdeutlich. Millionen Rinder müssen geschlachtet und unschädlich beseitigt werden, weil eine Lobby alle notwendigen Maßnahmen verdrängt hat und eine Administration die Gefahren nicht sehen wollte. Wie groß die Schäden noch werden, wie viele Rinder noch sterben müssen, weiß keiner; niemand weiß, wie hoch die Todesfälle bei den Konsumenten sein werden. Auch hier ist die Nichtbeachtung der tiergerechten Haltung und des Tierschutzes ein Teil der Verantwortung, für die, wenn das Kind in den Brunnen gefallen ist, keiner zuständig sein will.

Die Hühner

Bei der Hühnerhaltung haben sich die Philosophen der Massentierhaltung so richtig ausgetobt. 100000 Legehennen, Millionen Masthähnchen in einem einzigen Geflügelbestand sind keine Ausnahme, sondern fast die Norm. Die Betriebsbesitzer sind zu über 90 % Unternehmer, Aktiengesellschaften, Konzerne und Genossenschaften. Nur noch wenige wirkliche Landwirte halten zu gewerblichen Zwecken Hühnerbestände. Dies sind dann Bestände, bei denen die Größe und Anzahl sich noch in vertretbarem Rahmen bewegen. Das Huhn ist ein uraltes Haustier, ein Vogel, der noch fliegen kann und der sein Futter scharrenderweise im Auslauf oder auf der Wiese aufpickt. Hühner sind in geselliger, munterer Schar ständig in Bewegung und geradezu liebevoll um ihre kleinen Küken bemüht. Sie haben innerhalb der Hofgemeinschaft keinerlei Angst vor dem Menschen.

10 Jahre oder mehr legen sie ihre Eier, um dann in den Kochtopf zu wandern. Dieses Huhn wurde in geradezu radikal-hemmungslosester Form vergewaltigt und mitleidlos zu einem Gegenstand ohne Recht degradiert. Aus dem munteren Vogeltier wurde eine in engen Drahtkäfigen gehaltene Eierlegmaschine oder ein Broiler. Alle Kriterien der tiergerechten Haltungsform und des Tierschutzes wurden über Bord geworfen. Das Tier wurde zur lebenden Materie, die nur den Sinn hat, Rendite zu bringen, natürlich unter der Maxime, die bei jeder Massentierhaltung zutrifft: auf engstem Raum, in der größtmöglichen Anzahl, mit dem geringsten Arbeitseinsatz, in der kürzesten Zeit und mit den geringsten Kosten, sprich Futter- und Wartungsaufwand. Was dabei herauskam, sieht folgendermaßen aus:

Über 90 Prozent der ca. 140 Millionen in Deutschland geschlüpften – die Fachwelt spricht von »erzeugten« – Küken kommen in industriemäßigen Brutmaschinen zur Welt. Etwa 50 Millionen Küken werden bereits am ersten Lebenstag vergast, da die männlichen Küken in der Legehennenzucht nicht zum Masthähnchen geeignet sind. Zur Hähnchenmast werden eigens hierfür gezüchtete Fleischrassen verwendet. Die getöteten Küken werden meist zu Schweinefutter verarbeitet. Trotz eindeutigen Vorschriften für die Tötung der aussortierten Küken werden aus Kostengründen und weil die notwendigen Einrichtungen zur Vergasung nicht vorhanden sind, die männlichen Eintagsküken einfach in die Futtermühle gekippt, lebend zermahlen und an die Schweine verfüttert. Natürlich ist die Massentötung von ca. 50 Millionen ein Teil des Eierproduktionsprogramms, von den Hühnermanagern ausgetüftelt und von der Administration genehmigt. Auf Anfrage sagt das BML: »Auf dem Gebiet der landwirtschaftlichen Nutztierhaltung stellt sich die Frage nach der Rechtmäßigkeit der Tötung von Eintagsküken auf Grund ihres Geschlechts. Bei den heutigen Zuchtlinien mit einer scharfen Trennung zwischen eier- und fleischerzeugenden Rassen wird bei Legehennenrassen die Tötung der männlichen Küken trotz ethischer Bedenken als gerechtfertigt angesehen.« So einfach ist das. »Zuerst kommt das Fressen – und dann die Moral«, sagte schon Bert Brecht, warum soll da eine Bundesbehörde, die für den Tierschutz zuständig ist, der Ethik zu ihrem Recht verhelfen?

Die weiblichen, für das Los der Batteriehenne ausersehenen Küken werden mit Spezialfutter aufgepäppelt. Damit sie im späteren engen Käfig, aus Bewegungsmangel und aufgrund ihres psychischen Zustandes, nicht immer aufeinander einhacken, werden ihnen am zehnten Tag erstmals die Schnabelspitzen abgeschnitten, ein schmerzhafter Vorgang, da der Schnabel ein sensibles, von peripheren Nerven durchzogenes Tastorgan ist. Da die Tätigkeit wegen der großen Menge der Küken schnell gehen muß und das Personal in solchen Massentierhaltungen selten besonders qualifiziert ist, fehlt vielen Hühnern oftmals der halbe Oberschnabel, oder auch mehr. Große Hühnerhaltungen haben für die Prozedur des Schnabelkürzens eigens Schnabelabschneidemaschinen entwickelt, wobei das Messer heiß ist, um so die mögliche Blutung zu vermindern. Das bereitet zwar den Tieren zusätzliche Schmerzen, aber sie können schneller wieder Nahrung aufnehmen, was bedeutet, daß der Produktionsprozeß beschleunigt wird.

Nach kurzem Wachstumsprozeß in enger Massenbodenhaltung, kommen die Junghennen in die besonders ausgeklügelten Käfige der Legebatterien. 12 bis 15 Monate verbringen sie da ihr kurzes, aber höchst produktives Leben. Auch hier hat der Gesetzgeber nicht etwa ein Veto gegen eine solche Vergewaltigung des Flug- und Scharrvogels Huhn eingelegt, sondern gibt detaillierte Maße für den Käfig vor. Die Bodenfläche, ein schräger Gitterrost aus dünnem Draht, muß mindestens 450 cm² haben. Die Käfighöhe muß mindestens 45 cm betragen. Das heißt, die Bodenfläche ist so groß wie ein DIN-A4-Blatt, die Höhe läßt gerade ein ausgewachsenes Huhn darin aufrecht stehen. Dieser Käfig, über dessen Mindestgröße sich die Tierärzte, die Landwirtschaftsbürokraten und die Verbandsfunktionäre sowie die einzelnen Länder der EG jahrelang gestritten haben, ist aber nicht für *ein* Huhn gedacht, sondern dient mindestens drei, oftmals auch vier oder fünf Hühnern zum lebenslangen Gefängnis. Dicht gedrängt stehen sie auf den schrägen Gitterrosten; kein Flügelschlagen, Scharren, Umdrehen oder Hinlegen und kein Bad im Sande, nein, nur Fressen und Eierlegen, und das möglichst täglich. Der Gedanke der Tiergerechtigkeit kann hierbei gar nicht erst aufkommen, und wenn es Eierfunktionäre gibt, die diese Eierproduktion als eine höchste Stufe der Hühnerzucht loben, die nur möglich ist, weil die Tiere sich im Grunde wohl fühlen, gesund sind und die Haltung im weitesten Sinne auch artgerecht ist, kann man an soviel vordergründiger Ignoranz verzweifeln. Man darf aber niemals dabei vergessen, daß die obersten staatlichen Tierschützer diese Haltungsform als tierschutzgerecht beurteilt haben! Da sage noch einer: das Tier ist ein Mitgeschöpf Gottes und das Haustier ein Lebewesen, das der Fürsorge des Menschen anheim gestellt ist! Es finden durch Geflügelgesundheitsdienste regelmäßig Überwachungen und Kontrollen statt. Dabei wird die Belegungszahl der einzelnen Käfige kontrolliert, der Gesundheitsstatus begutachtet, das Stallklima gemessen, und die, natürlich obligate, vorbeugende Arzneimittelzumischung im Futter überwacht sowie die Gesamthygiene beurteilt. Auch diese »Fürsorge« ist im Grunde für ein Huhn, das zu lebenslanger Haft auf allerengstem Raum verurteilt ist, geradezu ein Hohn. Es klingt genauso wie die barbarische Überlieferung, nach der der Stauferkaiser Friedrich II. seinem Sohn, den er 28 Jahre im finsteren Kerker, bis zu dessen Tod, gefangenhielt, jeden zweiten Monat einen Medikus zur Begutachtung seiner Gesundheit in den Kerker schickte, was von den Bewunderern dieses hochgebildeten Herrschers als ein besonders hoch zu lobender Akt der Humanität registriert wird. Nein, gerade hier wird wieder demonstriert, wie wenig das Wesen des Tieres beachtet wird, wenn es um den materiellen Erfolg geht. Wie wenig findet Ethik und Kultur im menschlichen Handeln bei der Tierproduktion Beachtung und wie gleichgültig schieben Mitbürger, Konsumenten, aber auch Fachleute in diesem Geschehen die Interessen des Tierschutzes beiseite!

Natürlich sind bei dieser Massenproduktion, die in Ställen ohne Fenster minutiös ausgeklügelt ist, die Tiere einem künstlichen Biorhythmus unterworfen, der die Eierproduktion auf Hochtouren halten soll. Dunkelheit soll Aggressivität der eng zusammengepferchten Tiere dämpfen, die automatisch gesteuerte schwache Beleuchtung soll den Tieren einen Biorhythmus vortäuschen, um die Legezeiten zu steuern und die schrägen Drahtgitter des Bodens sollen die Eier in die Laufbänder rollen lassen. Verletzungen, Federfressen, Schwielen an den Füßen, Knochenbrüche, Infektionskrankheiten trotz aller Medikamente im Futter, gibt es zu häufig. Die unglaubliche Legeleistung von 250 und mehr Eiern pro Jahr laugt den Organismus der Tiere aus. Moribunde, entkalkte Knochen führen zur sogenannten »Käfiglähme«, lückenhaftem Federkleid, Hautgeschwüren, Flügelbrechen und zahlreichen anderen Schädigungen. Am Ende ihrer Legezeit sehen die Mehrzahl dieser Hühner geradezu erbärmlich aus. Ihre Biologie ist ausgebrannt, sie sind am Ende. Das Ende bestimmt der Belegungsplan. Die Legehennenhaltung, in der bis zu vier Millionen Hühner, mit jeweils 20 000 bis 30 000 Hennen in einem Stallkomplex gehalten werden, ist eine Rein-raus-Methode. Alle Tiere werden am gleichen Tag aufgestellt und am gleichen Tag zur Schlachtung abtransportiert. Der Abtransport der abgewrackten Tiere ist das gleiche Martyrium. In enge Drahtkäfige werden so viele Hennen wie möglich hineingestopft (anders kann man dies nicht bezeichnen) und zum nächsten Geflügelschlachthaus oder auch zu Liebhabern in südliche Abnehmerländer gefahren. Die Todesquote liegt bei diesen Unternehmen in ungünstigen Fällen bei bis zu 30 Prozent. Beim Schlachten werden die Hühner an den Hinterbeinen in einen Haken am Fließband eingehängt, elektrisch betäubt und in einer unglaublichen Massenprozedur ausgeschlachtet. Auch wenn der Wert dieser Tiere als Lebensmittel nicht mehr sehr hoch ist, die Masse muß es bringen. Tote und kranke Tiere sind Schrott, und die als so gesund gepriesene Geflügelwurst ist dann die letzte Stufe einer rationell bis ins letzte durchkalkulierten Geflügelproduktion. Ich glaube, daß so mancher Konsument gerne auf diese Delikatesse verzichten würde, wenn er Einblick in das Leben eines solchen Huhnes genommen hätte. Und die bundesdeutsche »Verordnung zum Schutz der Legehennen bei der Käfighaltung« ist in meinen Augen eine Farce, die den Tierschutzgedanken mit Füßen tritt.

Wie immer und überall in der Massentierhaltung gibt es aber auch immer mehr Geflügelhalter, die eine tiergerechte Haltung anstreben. Großversuche mit Volierenkäfigen haben gezeigt, daß man eine tiergerechte Haltungsweise, die dem Wesen und der Natur der Hühner näherkommt, durchaus wirtschaftlich führen kann. Das Ei kostet dabei zwar ein paar Pfennige mehr, was aber für jeden nachdenkenden, naturnahen und tierfreundlichen Menschen kein Grund sein sollte, diese Produkte einer neuzeitlichen, tierschutzgerechteren Haltungsmethode nicht zu bevorzugen. Hier beginnt der Tierschutz. Je mehr Verbraucher der Massentierproduktion den Rücken drehen, desto schneller wird das unglaubliche Elend dieser Tiere überwunden. Hühnerbaronen, mit ihrer lebensverachtenden tierschänderischen Gier nach immer größeren Betrieben und höheren Gewinnen, gehört das Handwerk gelegt und sie an den Pranger gestellt. Hoffen wir, daß die Bevölkerung, vor allem aber die Politiker, dies bald erkennen und danach handeln.

Bei den Broilern, den Masthähnchen, gibt es keine Trennung zwischen männlich und weiblich; alle Küken werden zu Masthähnchen stilisiert und produziert. Es sind Intensivzüchtungen, deren Lebenssinn nur im möglichst schnellen Wachstum zu einem ansprechenden, fleischreichen Hendl liegt. Küken mit dieser Bestimmung wachsen in einer Bodenhaltung auf und verbringen auch ihr kurzes Leben am Boden. Selbstverständlich befinden sie sich wieder in fensterlosen Hallen, so eng wie möglich zusammengepfercht, hochkalorienreich gefüttert, mit allen Arzneimittelzumischungen versorgt. Durch eine Dauerbelichtung wird ihr Biorhythmus zu ständigen Wachstumserfolgen angeregt. Sie dürfen nur 40 Tage leben, wenn sich das Unternehmen lohnen soll; dann haben sie das errechnete und erwünschte Ertrags- und Verkaufsgewicht und werden zur Schlachtung abtransportiert. Die Verhältnisse im Schlachthaus sind dieselben wie bei den Legehennen, ebenso widerlich und tierungerecht.

Diese drei Beispiele von Rindern, Schweinen und Hühnern in der Massentierproduktion machen deutlich, wie weit wir von einer tierverständigen Nutztierhaltung abgekommen sind. Dies gilt auch bei vielen anderen Massentierhaltungen, wie beispielsweise bei der Pelztierzucht oder den immer stärker aufkommenden Meeresfischzuchten. Die Verhältnisse sind überall ähnlich, die Tierethik ist ausgesetzt, der Tierschutz tut sich äußerst schwer oder findet nicht statt.

Trotzdem ist Massentierhaltung nicht gleich Massentierhaltung. Obwohl durch die Erfahrung und durch intensive Untersuchungen bewiesen ist, daß die Konzentration großer Tierpopulationen auf relativ eng begrenzte Areale stets zu einer zusätzlichen Gesundheitsgefährdung und zu einem evidenten Mangel an menschlicher Fürsorge für das Tier führt, gibt es durchaus große Tierhaltungen, die man nach der Zahl der Tiere in die Kategorie der Massentierhaltungen einstufen kann und die trotzdem den Grundsätzen des Tierschutzes entsprechen. Das gilt für sehr große Rinderhaltung mit Boxenlaufställen, für Legehennenhaltung mittels Großvolieren, für Ferkelaufzuchtbetriebe mit Sauenhaltung im Freilandbetrieb ebenso wie für die Haltung von Tausenden von Straußen in den riesigen Straußenfarmen Südafrikas. Es ist höchste Zeit, das Ruder herumzuwerfen. Es gibt viele tiergerechte Großhaltungen, die sich bewährt haben. Der etwas höhere Preis der Lebensmittel tierischer Herkunft darf kein Hinderungsgrund zum Umdenken und zum Handeln im Sinne der Tiere sein, zumal tierische Produkte heute teilweise kostengünstiger sind als vor 20 Jahren. Die Tierethik und der Tierschutz müssen zur Grundlage auch bei der Massentierhaltung werden. Fangen wir damit an! Womit wir allerdings auch anfangen müssen, das ist die Beseitigung der teilweise schwerwiegenden Folgen des Gülle und Mistanfalls. In Regionen mit vielen Massentierhaltungen ist nicht nur die starke Geruchsbelästigung, sondern auch der direkte Schaden auf die Kulturflächen infolge der konzentrierten, faserstofffreien Düngung. Trotz mehrerer Modelle ist bis jetzt noch kein gangbares und bezahlbares Patentrezept gefunden worden. Naturschützer haben nachgewiesen, daß in besonders belasteten Landstrichen die biologischen Nischen der so notwendigen und nützlichen Kleinlebenwesen radikal ausgedünnt wurden. Dieser Hinweis soll deutlich machen, wie notwendig ein Umdenken über den anhaltenden Trend zur Massentierhaltung in der Tierproduktion geboten ist und wie sehr der Erhalt der bäuerlichen Familienbetriebe not tut. Dieses Umdenken bringt den unentbehrlichen Tierschutz wieder näher an die so segensreichen Haustiere heran.

Es gilt die Gefahren der Massentierhaltung für Tier und Mensch glasklar zu erkennen und aus dieser Produktionsart artgerechte Tierhaltungen zu entwickeln. Die Beispiele des Boxenlaufstalles, der Hüttensauenhaltung oder der Legehennenvolieren zeigen den Weg. Der Tierschutz kommt mit radikalen Forderungen, die manchmal so weit gehen, die Nutztierhaltung ganz zu verbieten und alle Menschen zu Vegetariern zu machen, nicht weiter. Man muß sich mit Nachdruck hinter die Reformer der derzeitigen Massentierproduktion stellen. Die Tierschutzbewegung muß sich an die Spitze dieser Reformbewegung stellen und mit Argumenten und Negativnachweisen die Verbraucher über das Elend von tierungerechten Massentierproduktionen hinweisen und aufklären. Nur mit einer großen Phalanx aufgeklärter Menschen kann Druck ausgelöst werden, damit die Tierproduzenten ihre rein materiell ausgerichteten, grausamen Methoden verlassen und zu tiergerechter Haltung zurückkehren. Der Tierschutz darf sich nicht nur auf Anklage und auf Jammern verlassen, nein, er kann durch die Entwicklung und Unterstützung tiergerechter Haltungssysteme die derzeitige Not der Tiere beenden helfen.

DAS GRAUSAME ELEND
BEI TIERTRANSPORTEN

Wenn ein Reiter in Norddeutschland sein Pferd verlädt, um in Süddeutschland ein Turnier zu besuchen, das ihm aufgrund der Ausschreibung besonders liegt, mutet er seinem Pferd einen besonderen, über viele Stunden dauernden Transportstreß zu. Er transportiert sein Pferd aber in einem besonders gefederten Hänger oder LKW, dessen Bodenbelag griffig, dessen Ständer pferdgerecht und ringsum gepolstert sind. Er sorgt für gleichmäßige Lüftung, bandagiert die Beine und die Schweifrübe seines Pferdes und deckt es, je nach Witterung, leicht oder warm ein. Er hängt ihm ein Heunetz vor und tränkt es auf dem Transport regelmäßig. Fängt das Pferd an sich aufzuregen, scharrt es mit den Beinen oder ist sonst eine Auffälligkeit zu bemerken, hält er an, beruhigt es und schaut nach dem Rechten. Trotz der langen und weiten Fahrt wird das Pferd sach- und fachgerecht versorgt, um mögliche Folgen des Transportstresses zu vermeiden.

Der Pferdehändler, der einen Transport von Schlachtpferden von Brest-Litowsk nach Marseille transportiert, hat meist einen für den Pferdetransport nur notdürftig präparierten LKW; Ermittlungen haben ergeben, daß weniger als 10 Prozent der Transporter spezielle Pferdetransporter sind. Die Pferde werden bei verschiedenen Bauern gesammelt, sie kennen sich also nicht, werden in der Regel gegen den natürlichen Widerstand auf den Wagen hinaufgeprügelt. Schläge gegen die Augen und auf die Hüfthöcker sind am beliebtesten, weil sie am wirkungsvollsten sind, ebenso ist das Knebeln der Beine gang und gäbe. Der LKW wird meist überladen, selten stehen mehr als 65 cm Platz pro Pferd zur Verfügung. Die Anbindung ist so kurz wie möglich, irgendwelche Schutzmaßnahmen gegen Kronentritte und dergleichen gibt es nicht. Die Lüftung besorgen die undichten Stellen des Transporters, gleichgültig ob es 30 Grad über oder 20 Grad unter Null ist. Dann geht es los. Die meist einzige Fahrzeugkontrolle ist an der polnischen Westgrenze, alle übrigen Kontrollen stehen auf dem Papier. Versorgungsstationen, die es zwar auch, aber in absolut ungenügender Zahl gibt, werden weitläufig umfahren. An

Tränken oder Füttern der Pferde ist gar nicht zu denken. Zum einen läßt dies das meist unzweckmäßige Fahrzeug und die zusammengepreßte Verladung von außen nicht zu und zum andern ist der Fahrer, der praktisch nie ein gelernter Pferdepfleger ist, überhaupt nicht in der Lage, die Pferde aus- und wieder aufzuladen.

Werden die Pferde unruhig oder bricht gar ein Pferd zusammen und liegt im Bereich der Hufe anderer Pferde, wird entweder gar nicht reagiert oder der Fahrer versucht mit Eisenstangen oder Viehtreibern einigermaßen Ruhe zu schaffen. Dies sind keine Horrorgeschichten, sondern ist der normale Transportalltag bei Schlachtpferdetransporten. Die Transportdauer liegt bei dieser Strecke zwischen zwei und fünf Tagen, ohne Tränke, Fütterung oder gar Versorgung der entstandenen Wunden. Es ist keine Seltenheit, daß am Ankunftsort eines oder mehrere Pferde in der Agonie oder gar verendet sind. Man geht nicht fehl, wenn man diese Transporte als einen Verstoß gegen den Tierschutz, als ein einziges Martyrium bezeichnet. Die gesetzlich vorgeschriebenen Kontrollen finden entweder nicht statt oder werden bewußt umgangen. Die tierärztliche Überwachung ist überfordert, und wenn nicht etwas Besonderes passiert, werden die Mängel einfach nicht zur Kenntnis genommen. Im Juni 1993 kam ein polnischer Schlachtpferdetransport nach viertätiger Fahrt in Marseille an; von den 17 Pferden waren 11 verendet. Ein Skandal, der besonders auch die veterinärämtliche Überwachung diskreditiert. Konsequenz: keine.

Bei den übrigen Tiertransporten sieht es nicht besser aus. Regionale Schlachthöfe werden, mit aktiver Beihilfe der EG, bald der Vergangenheit angehören. In Europa werden jährlich ca. 50 Millionen Tiere mittels Transporter zur Schlachtung gefahren. Von Westfalen nach Sizilien, vom Hannoverschen in die Türkei oder nach Tunesien. Der Transport erfolgt wie bei den Pferden vielfach in ungeeigneten Fahrzeugen, meist überladen, fast immer ohne Tränken und Füttern. Das Auf- und Umladen ist, wie Vertreter des Bundes gegen den Mißbrauch der Tiere dokumentiert haben, eine einzige Knüppelei. Die Verladung folgt meist in völlig ungeeigneten Lastschiffen, in dunklen, ungelüfteten Unterdecks. Ein nicht unwesentlicher Teil der Lebendtiere wird mit starken Verletzungen und Knochenbrüchen mittels Lastkran und Gabelstapler an Land gehievt. Auch hier ist die EG maßgeblich verantwortlich für die Schlachttier-Lebendtransporte, indem sie diese subventioniert. Auch die neue EG-Richtlinie für Tiertransporte sieht keine zeitliche Beschränkung vor. Für die auf Gewinnmaximierung eingestellten, teilweise mit mafiösen Methoden arbeitenden Transportunternehmen ist das lebende Tier wie eine x-beliebige tote Ware, mit der, mit Hilfe der EG, gutes Geld verdient wird. Der Tierschutz ist in der täglichen Praxis kein Thema, über die gesetzlichen Auflagen setzt man sich großzügig hinweg, das Transportpersonal ist restlos überfordert, teilweise unglaublich verroht, und die behördliche Aufsicht kann man angesichts der unglaublichen Vorfälle als hilflos bezeichnen. So kommt es vor, daß vor laufenden Fernsehkameras, vor den Augen der Weltöffentlichkeit, Hunderte von Tieren elendiglich verenden, weil am Brenner-Paß die Zollbeamten streiken. Keine Veterinärbehörde sieht sich veranlaßt, die Tiere abladen, einpferchen oder aufstallen zu lassen, zu füttern und zu tränken! Auch die Tiertransporte in die regionalen Schlachthöfe sind alles andere als tierschutzgerecht. Viele Fahrzeuge sind für diese Anforderungen ungeeignet. Verladerampen fehlen fast überall. Die Tiere werden mit Viehtreibern und Schlagstöcken auf die LKW's geknüppelt und oftmals mit ebensolcher Gewalt an der Endstation wieder heruntergezerrt. Allein in der Bundesrepublik verenden jährlich über eine halbe Million Schweine auf dem Transport zum Schlachthof. Dieser unglaubliche, auch volkswirtschaftliche Verlust wird ohne Wimpernzucken akzeptiert, die Versicherung zahlt. Der Tierschutz bleibt außen vor, abgesehen von der Minderung der Fleischqualität, die solche Methoden zur Folge haben.

Die ungenügende Richtlinie der EG für Schlachttiertransporte muß unübertretbare Beschränkung der Transportzeit und der Transportentfernung enthalten. Schlachttiere dürfen höchstens 200 Kilometer und längstens vier Stunden transportiert werden. Die Transportfahrzeuge müssen bestimmte Eignungsvoraussetzungen erfüllen, ebenso muß das Transportpersonal im Umgang mit Tieren erfahren oder geschult sein. Die polizeiliche und tierärztliche Überwachung muß jeden Verstoß gegen diese Transportbegrenzungen als Verstoß gegen das Tierschutzgesetz zur Anzeige bringen und den Weitertransport untersagen. Nur so kann der unglaublichen Tierquälerei auf den Straßen Einhalt geboten werden.

Das richtige Ausmaß des Problemes erkennt man erst dann realistisch, wenn man die Zahl der jährlich über die Grenzen Europas transportierten Tiere kennt. Es sind über 250 Millionen Tiere, die auf LKWs, mit der Bahn oder auf Schiffen von West nach Ost, von Nord nach Süd oder in umgekehrter Richtung gekarrt werden. Transporte über 2000 Kilometer sind keine Seltenheit, und die Routen von Rußland nach Frankreich und Italien für Schlachtpferde, von Dänemark nach Griechenland oder in die Türkei für Rinder, von Holland nach Spanien für Schweine, oder Mecklenburg nach den Kanarischen Inseln für Kälber sind tägliche Routine. Es sind in der Großzahl Schlachttiere, die solche Strecken transportiert werden. Sie werden lebend transportiert, weil der Lebendtransport billiger ist als der Transport von Frischfleisch im teuren Kühlwagen. Sie werden aber deshalb auch lebend transportiert, weil in manchen Ländern das Schächten, also die Entblutung am unbetäubten Tier, durchgeführt wird. Sie werden aber vor allem lebend transportiert, weil die EG für diese internationalen Transporte Zuschüsse gewährt, ein barer Unsinn und ein eklatanter Verstoß gegen den Tierschutz, dem aber die Bürokraten in Brüssel auf Druck der Tiererzeuger- und Viehhändlerlobby Gesetzeskraft gegeben haben.

Hier kann es nur eine Lösung geben – und die Tierschutzverbände fordern dies seit Jahren: Alle Tiere, die der menschlichen Nahrung dienen, müssen im nächstliegenden Schlachthof ihres Erzeugungsstandortes geschlachtet werden. Beim Transport von Zuchttieren wie Ferkeln, Kälbern, Färsen, Zuchtbullen oder auch Reitpferden wird der Transport im allgemeinen sorgfältiger durchgeführt, da der Abnehmer ein gesundes, leistungsfähiges Tier haben will, was den Händler auch zu verbesserter Transportqualität zwingt. Trotzdem passieren auch da immer wieder erhebliche Mißstände, besonders wenn es Transporte sind, die beispielsweise von Ostdeutschland nach Tunesien gehen, da diese weite Strecke eine unglaubliche Streßsituation auslöst.

Das Hauptaugenmerk ist deshalb auf die Überwachung der Schlachttiertransporte zu richten, bei über 250 Millionen Transporttieren ein schier unlösbarer Anspruch. Die Kontrollstellen und auch die veterinäramtlichen Kontrollbehörden sind restlos überfordert und vielfach auch sachlich und personell unterbesetzt. Um meine Ausführungen zu verdeutlichen, sei als Beispiel der slowenisch-italienische Grenzübergang bei Szecana-Fernetti genannt, an dem ein Teil der Transporte von Osteuropa nach Italien abgefertigt wird.

Die amtlichen Zahlen sprechen für sich; hier die verendeten Tiere:
Im März 1988: 369 Tiere tot, davon 26 Pferde, 297 Schafe, 18 Rinder, 28 Kälber,
im März 1989: 207 Tiere tot, davon 13 Pferde, 147 Schafe, 16 Rinder, 31 Kälber,
im März 1990: 315 Tiere tot, davon 79 Pferde, 169 Schafe, 17 Rinder und 51 Kälber,
im März 1991: 317 Tiere tot, davon 51 Pferde und 217 Schafe, usw. usw.

Monatlich verendeten zwischen 1988 und 1991 etwa 300 Tiere auf dem Transport, registriert eine Grenzübergangsstation im Osten. Die Tiere sind zusammengebrochen, niedergetreten, verletzt, verblutet, verdurstet und erdrückt worden, haben also einen unglaublich schrecklichen Tod erleiden müssen. Allein die Bilanz eines solchen Grenzüberganges ist erschreckend und zeigt die Rücksichtslosigkeit, mit der dabei gegen das Recht der Tiere verstoßen wird. Ein schreiender Verstoß gegen den Tierschutz, der mehr oder weniger hingenommen wird oder an den man sich leider mittlerweile gewöhnt hat. Wenn das Tier vielfach kein Recht hat, erkennt man dies hier, bei solchen Vorkommnissen. Hier liegt sehr vieles im argen: das Hineinprügeln der Tiere in die vielfach ungeeigneten Transportfahrzeuge, die fehlende Versorgung mit Wasser und eventuell auch Futter, die ungeschulten Fahrer, die Unfähigkeit und auch vielfach Unmöglichkeit, bei Zwischenfällen einzugreifen oder gar heilend zu helfen. Die ungenügende amtliche Überwachung, das fehlende Fachpersonal hierbei, die riesigen Transportwege bei den unterschiedlichsten Klimabedingungen und vieles andere mehr. Ein Geschäft, das in kultivierten Gesellschaften eigentlich unmöglich sein sollte. Hier müssen sich alle tierliebenden Menschen und Tierschützer mit voller Kraft dagegenstellen und diese Praktiken anprangern, die auch auf das Konto der Überwachungsbehörden und auf nicht entschlossen genug handelnde Politiker zurückgehen. Es darf keine weitere Duldung dieser Tierquälerei geben, das sind wir nicht nur dem Tier als Mitgeschöpf schuldig, sondern auch unserem humanen Selbstverständnis. Hier muß man wirklich sagen, Tierschutz tut not. Gleichgültigkeit oder bewußtes Wegsehen und Nichtwissenwollen darf es bei den schrecklichen Mißständen bei Tiertransporten nicht mehr geben. Alle sind aufgerufen sich zu bekennen. Den Tiertransportquälern muß das Handwerk gelegt werden.

Die Verluste, die durch die auf Transporten grausam zu Tode gekommenen Tiere entstehen, sind einkalkuliert. Allein die halbe Million Schlachtschweine, die jährlich in Deutschland auf den Transporten zum Schlachthof verenden, kosten ein Volksvermögen. Da jedoch leistungsfähige Versicherungen mit im Spiel sind, vielfach sogar Versicherungsträger von Erzeugerverbänden, ist die Sache wasserdicht abgedeckt. Der Gewinn ergibt sich aus den teilweise großen Wertdifferenzen, zum Beispiel bei Schlachtpferden in Polen und dem Schlachtpferdepreis in Paris. Auch hier ist das Tier kein Lebewesen, sondern eine kalkulatorische Größe, die in ein Handelskonzept eingebracht und verschachert wird. Es ist halt immer noch wesentlich günstiger und ertragreicher, wenn Pferde auf schrottreifen Lastwagen von ungeeignetem Personal transportiert werden und dabei auch immer wieder einige Tiere verenden, als wenn geschultes und teures Personal auf vorschriftsmäßig geeigneten aber deswegen auch teuren Transporten, wo Füttern und Tränken möglich ist und auch die Gesundheit der Tiere kontrolliert werden kann, zum Ziel fährt. (zitiert aus: Tiere als Ware, Karremann/Schnelting, Fischer) Lieber sollen immer wieder einige Tiere dabei verrecken. »Was soll man darum auch so ein Gedöns machen«, gab mir einmal ein Betroffener zur Antwort, »die Tiere werden ja so oder so getötet.«

Auch kann die Verantwortung für solche tierunwürdigen Transporte beim Grenzübertritt nicht abgegeben werden, auch wenn sie eigentlich nur Transfers sind. Der Schutz der Tiere kennt keine Grenzen und darf sich hier nicht aus der Verantwortung verabschieden. Der lückenlose Ablauf jedes über weite Strecken führenden Tiertransportes ist festzuhalten und muß kontrollierbar sein. Immer wieder haben Veterinäre lange Tiertransporte begleitet, um ihre Kriterien festzustellen. Die Berichte darüber könnten jedem Tierfreund die Zornesadern anschwellen lassen. Gleichgültig ob Rinder, Pferde, Schafe, Schweine, bei langen Transportwegen sind Verletzungen, Erstickungen, Verdurstungen an der Tagesordnung. Wenn

Die Vorführung von Tanzbären ist ein widerlicher Verstoß gegen den Tierschutz. Hier sind ein weltweites Verbot und harte Strafen angezeigt und notwendig.

die Tiere dann auch noch umgeladen werden müssen, zum Beispiel auf ein Schiff, nimmt das Unglück seinen Lauf, und zahlreiche Tiere kommen nur noch tot am Bestimmungsort an. Die Behandlung der Tiere beim Ein-, Um- und Ausladen ist alles andere als zimperlich. Elektrotreiber und Stockschläge sind die Regel, überall wird den geschockten, verängstigten, teilweise traumatisierten Tieren mit äußerster Brutalität begegnet. Die Erfahrung zeigt, daß die hier tätigen Transporteure werder zartbesaitet noch besonders tierlieb sind und nach kurzer Zeit über die negativen Folgen ihrer Tätigkeit nicht mehr nachdenken. Ein Grund für den Tierschutz, diese Transporte stetig anzuprangern und auf deren Beseitigung zu pochen.

Die amoralische Ignoranz mancher Züchter haben die Zucht der englischen Bulldogge teilweise zu einer Qualzucht verkommen lassen, die nur noch per Kaiserschnitt geboren wird, die Augenlider nicht mehr schließen und kaum noch atmen kann.

Die seewasserdurchfluteten Seaworldanlagen, die in Kalifornien oder in Australien teilweise imponierende Ausmasse haben, können über die vielen, tierschutzwidrigen »Delphinarien« in mittelmäßigen Freizeitparks nicht hinwegtrösten. Hier ist der Tierschutz in hohem Maße gefordert.

KONTROLLKONZEPT FÜR TIERTRANSPORTE

Die nationale Tierschutztransportverordnung, die dem Bundesrat zur Zustimmung vorliegt, sieht vor, daß die EG-Veterinärkontrollrichtlinien in nationales Recht übernommen werden und stichprobenartige Überprüfungen am Bestimmungsort, Verdachtskontrollen während des Transports, die lückenlose Registrierung der Transportunternehmen und EG-einheitliche Maßnahmen bei Beanstandungen beim Tiertransport vorgenommen werden. Zusätzlich sollen nach der zukünftigen Tierschutztransportverordnung während des Transports jederzeit tierschutzrechtliche Inspektionen durchgeführt werden können. Der jeweilige Transportplan muß der überwachenden Behörde zur Kontrolle vorgelegt werden und muß die Fahrtroute, die Ruhezeiten, das Füttern und Tränken und die sonstige Versorgung der Tiere enthalten. Bei Ausfuhr der Tiere in Drittländer werden Transporte, die bis zur Erreichung der EG-Außengrenze bereits länger als acht Stunden unterwegs waren, nochmals von der zuständigen Veterinärbehörde eingehend überprüft. Zudem können Sachverständige der Europäischen Kommission in Zusammenarbeit mit den zuständigen Behörden der Mitgliedsstaaten vor Ort Kontrollen durchführen. Die EG-Mitgliedsstaaten sind dabei verpflichtet, sich bei Verstößen gegen die Tierschutztransportverordnung gegenseitige Amtshilfe zu leisten und die Einhaltung der tierschutzrechtlichen Vorschriften zu gewährleisten.

Wenn die gesetzlichen Maßnahmen die Problematik der Lebendtiertransporte quer durch Europa auch noch nicht in optimaler, tierschutzrechtlicher Weise regeln, ist es doch ein wesentlicher Schritt in die richtige Richtung, der hoffen läßt, daß die Quälereien beim Lebendtiertransport eines Tages der Vergangenheit angehören werden. Tierschutz ist auch hier der schwere Weg der kleinen Schritte. Allerdings weist die Tierschutztransportverordnung einige, für den Tierschutz nicht hinnehmbare Lücken auf. So fehlen eine zeitliche Begrenzung der grenzüberschreitenden Tierschutztransporte. Auch mangelt es an Vorschriften für die Ausstattung der Transportfahrzeuge und Versorgungsstationen. Auch gibt es keine Regelung, um die Einhaltung der Tierschutzanforderungen in den vom Transport berührten Drittländern und im Bestimmungsdrittland sicherzustellen. Die Tierschützer müssen deshalb die Bundesregierung auffordern, die fehlenden Gemeinschaftsregelungen durchzusetzen, da sonst der Transport in Drittländer aus Tierschutzgründen zu untersagen ist.

Der positive, allerdings noch nicht ausreichende Erfolg dieser neuen Tierschutztransportverordnung ist die Begrenzung des Transports von Nutztieren auf grundsätzlich acht Stunden. Eine Fortsetzung des Transports ist dann erst nach einer Ruhepause von mindestens 24 Stunden zulässig. Auch auf den innerdeutschen Schlachttiertransporten in Normalfahrzeugen gilt eine Begrenzung auf acht Stunden. Das heißt, daß diese Tiere auch nach einer Pause nicht länger transportiert werden dürfen. Ein längerer Transport von Nutztieren ist nur in Spezialfahrzeugen zulässig. Dann gelten neue zeitliche Beschränkungen. Bestimmte, von der Verordnung vorgeschriebene Zeitabstände für das Tränken und Füttern sowie Fahrt- und Ruhezeiten sind immer einzuhalten. Ferner muß nach einer Übergangszeit jeder im Inland ansässige gewerbliche Beförderer dafür sorgen, daß der Tiertransport von einer entsprechend sachkundigen Person durchgeführt oder begleitet wird.

TIERVERSUCHE – KULTURSCHANDE?

Schon die Frage macht deutlich, wie weit die Meinungen über Tierversuche auseinandergehen und wie brisant die Diskussion bei diesem Thema geführt wird. Es besteht gar kein Zweifel, daß niemand den Tierversuchen aus vollem Herzen zustimmen kann, denn für die Versuchstiere sind sie sicher keine segensreiche Notwendigkeit, sondern eine grausame Quälerei und bedeuten immer deren Tod. Andererseits registriert die medizinische Forschung, ebenso wie die angewandte Heilkunde, Erfolge, die ohne Tierversuche nicht denkbar und machbar gewesen wären. Kommt die Sprache darauf, beginnen viele am Wert oder Unwert der Tierversuche zu zweifeln, denn keiner will auf eine lebensrettende Herzklappenimplantation oder eine perfekte Chirurgie bei einem Aortenaneurysma verzichten; beides konnte nur mittels ausgiebiger Tierversuche praxisreif entwickelt werden. Sicher ist die Haltung, alle Tierversuche grundsätzlich als Kulturschande abzulehnen, dem Menschen das Recht der Forschung an lebenden Tieren abzusprechen, lobenswert. Der Ehrfurcht vor dem Leben des Mitgeschöpfes Tier in jedem Fall den Vorrang einzuräumen, bedarf der höchsten Achtung. Sie ist aber eine Einstellung, die in der Realität zum Scheitern verurteilt ist, auch wenn sich noch so viele engagierte Tierschützer hierfür stark machen. Ebenso, wie es bei der Massentierhaltung nicht gelingen wird, diese Tierproduktionsform ganz abzuschaffen. Aus diesem Grunde sehe ich nur dann eine Chance, diese unmenschlichen Praktiken der Tierversuche zu minimieren, wenn die Kriterien der Auswahl und ihre Durchführungspraxis an Haupt und Gliedern reformiert werden. Die Tierschützer, die das vorgefaßte Ziel haben, alle Tierversuche zu verbieten, mögen mich wegen dieser Meinung steinigen, aber mein lebenslanger Einsatz als Tierarzt für den Schutz der Tiere hat mich zu der Erkenntnis kommen lassen, daß hier nur die subtile Reform eine echte Chance zur Durchsetzung hat.

Die Pharmaindustrie gibt an, daß in Deutschland jährlich etwa 2,7 Millionen Versuchstiere geopfert oder, wie es so schön im Amtsdeutsch heißt, »verbraucht« werden; mit sinkender Tendenz. Die

Tierversuchsgegner sprechen zwar von wesentlich mehr Tieren, konnten aber den gültigen Nachweis hierfür nicht bringen, so daß man von den amtlichen Versuchstierzahlen ausgehen muß. Aber auch die sind in dieser Höhe für jeden Tierfreund erschreckend. Die Tierversuchsinstitutionen machen geltend, daß von diesen »verbrauchten« Versuchstieren etwa 90 Prozent Ratten und Mäuse sind, die extra für die Tierversuche gezüchtet werden. Tiere also, die mancher Tierschützer in seinem Haus mit der Falle fängt, die der Mensch in freier Wildbahn mit Mäuse- und Rattengift zu dezimieren versucht und die im Gleichgewicht der Natur wiederum Nahrungsgrundlage der Beutegreifer und Raubsäuger sind. Eine Erklärung oder gar eine Entschuldigung für die Tierversuche ist dies nicht. Auch Ratten und Mäuse sind Lebewesen, Mitgeschöpfe, die ihre feste Funktion in unserer Natur haben. Sie mögen für uns Menschen lästige Plagegeister sein, die den Ertrag unserer Ernten dezimieren. In vielen Bereichen haben wir ihre natürlichen Feinde teilweise ausgerottet und durch unsere Intensivlandwirtschaft ihre Futtergrundlage, die wir ihnen aber nicht zugestehen wollen, enorm vergrößert. Gibt uns diese Überlegung aber das Recht, an Millionen von Tieren die Wirksamkeit von Arzneimitteln und die Gefährlichkeit von Chemikalien zu testen? Oder haben wir das Recht, ebensolche Versuche mit Katzen, Hunden, Schweinen, Affen und Pferden durchzuführen, also Tieren, die oftmals unsere Gefährten sind? Wo liegt die Grenze zu Menschenversuchen, wie sie die Nazis und nicht nur diese bedenkenlos vorgenommen haben? Von den Befürwortern der Tierversuche hört man immer wieder, daß gerade, weil der Mensch als Versuchsperson absolut tabu sein muß, der Tierversuch unverzichtbar sei, um Risiken und Gefährdungen im Bereich der Medizin auszuschließen. Gegner antworten darauf mit dem Argument, daß die Erprobung eines Medikaments an einer Maus niemals eine gültige Aussage für die Wirksamkeit beim Menschen sein kann. Dasselbe Medikament habe sogar im winzigen Organismus einer jungen, vitalen, sechs Wochen alten Maus eine fundamental andere Wirkung als bei einer achtzigjährigen Frau, deren Organe, Lymphsystem, Kreislauf oder Bindegewebe in einem nicht mehr regenerationsfähigen Stadium sind. Wie auch immer, das Für und Wider bei Tierversuchen ist eine nicht endende, leidenschaftlich geführte Diskussion, deren Argumenten von beiden Seiten es an überzeugender Kraft fehlt.

Versuche mit und an Tieren hat es eigentlich schon seit eh und je gegeben. Es war nicht erst der Pawlowsche Hund, der zu Aufregung und Schlagzeilen führte, nein, schon die alten Ägypter haben bei Katzen Trepanationen (Chirurgische Gehirnöffnungen) durchgeführt und dabei Instrumente entwickelt und Erfahrungen gesammelt, die sie dann wiederum bei Menschen mit mutmaßlicher Erkrankung des Gehirns vornahmen. Die Anatomie versuchte, sich am Tier über die menschlichen Organe zu informieren, und der Kaiserschnitt wurde zuerst als Geburtshilfe beim Tier ausgeführt, bevor man ihn beim Menschen wagte. Zwar konnte man dabei fast immer das Kind retten, die Mutter aber wurde meist geopfert und starb.

Ohne Tierversuche gäbe es heute keine funktionierende und sichere Narkose, keine Mikrochirurgie, keine Intensivmedizin. Dies sind alles medizinische Errungenschaften, die heute im Ernstfall keiner missen will. Ohne Tierversuche wäre es nicht möglich, die Arzneimittel in ihrer Anwendung so differenziert einzusetzen, daß ein Höchstmaß an Wirkung mit einem Minimum an Nebenwirkungen verbunden ist. Ohne Tierversuche wäre auch die Entwicklung der allgegenwärtigen Röntgenologie, der Sonographie, der Wärme- oder Magnetfeldtherapie und aller anderen medizinischen Hilfsmittel nicht zu verwirklichen gewesen. Sogar die Homöopathie kann nicht ganz auf Tierversuche verzichten, und auch andere alternative Heilverfahren bedienen sich teilweise der Tierversuche oder brauchen, wie zum Beispiel die Zelltherapie, den Extrakt der Thymusdrüsen frisch geschlachteter Kälber.

Man kann es drehen wie man will, für beide Seiten gibt es Argumente, die die Entscheidung für oder gegen Tierversuche nicht leicht machen. Lehnt man aus ethischen Gründen alle Experimente am Tier ab und ist man davon überzeugt, daß die Medizin ohne Erprobungen und Erkenntnisse der Tierversuche ihren Weg gehen wird, dann macht man es sich ein wenig zu leicht. Weltanschauliche Positionen können eingenommen werden, aber sie kommen ins Wanken, wenn man sich dabei von den Realitäten des Lebens ab- oder über sie hinwegsetzt. Tierliebe und Tierschutz sind so hohe Güter, daß man damit unter Umständen alle sachlichen Argumente für die Notwendigkeit der Tierversuche verdrängen kann. Wenn man aus überzeugter Tierliebe keine Eier von in Batterien gehaltenen Hühner ißt, weil man der berechtigten Meinung ist, daß mit der

Käfigbatterienproduktion ein permanenter Verstoß gegen den Tierschutz einhergeht; auch wenn man auf Fleisch und Milch verzichtet, weil man in den modernen Aufstallpraktiken Zwangseinrichtungen sieht, die tierungerecht und ein Verstoß gegen den Tierschutz sind. Alle diese Argumente sind ehrenwert und gerecht, und je stärker sie von einer großen Zahl von Mitbürgern eingenommen werden, desto eher gelingt es, die Zwangsmethoden der Massentierproduktion zu überwinden. Bei den Tierversuchspraktiken ist die Situation jedoch vielfach anders und differenzierter, und bei der Diskussion des Für oder Wider beginnt sehr schnell das Dilemma der Wertefindung.

Ganz allgemein kann man jedoch feststellen: Die immer kritischer werdende Haltung großer Bevölkerungskreise muß dazu führen, die Tierversuchspraxis von Grund auf zu überdenken. Es besteht gar kein Zweifel, daß die hohen Zahlen des Tierverbrauchs, die zum Vorwurf der Kulturschande geführt haben, so nicht mehr hingenommen werden können. Die Politik ist als Entscheidungsträger gefragt; vor allem aber auch die Tierärzte, die als »Anwälte der Tiere« für die Überwachung der Tierversuche mitverantwortlich sind.

Das Chemikaliengesetz bedeutet für Millionen Tiere den qualvollen Tod. Hier ist zu fragen, ob die vorgeschriebenen und vorgegebenen Versuchsreihen nicht durch eine weltweit anerkannte Normierung, durch eine Auflistung qualifizierter Standards der chemischen Substanzen, ganz wesentlich verringert werden könnten. Das gleiche gilt für die nahezu unüberschaubar gewordene Flut der Arzneimittel. Über 70 000 Medikamente gibt es auf dem Markt. Humanmediziner und Tierärzte sind bei diesem Angebot genauso überfordert wie das gesamte Gesundheitswesen.

Nicht das Tierversuchsergebnis allein kann der Indikator für die Zulassung von Arzneimitteln sein, die bestehende Erfahrung ist ebenso wichtig, auch wenn sie, wie in der Homöopathie, nicht exakt gemessen werden kann. Jeder, der mit Tierversuchen beschäftigt ist, weiß, wie ungenau die Tierversuchsergebnisse oftmals sind. Manchmal bringt schon eine veränderte Wetterlage oder Abweichungen im Biorhythmus die unterschiedlichsten Ergebnisse. Trotzdem werden Unmengen von Versuchstieren verbraucht, um sich in einer Sicherheit zu wiegen, die vielfach fragwürdig ist und oftmals den Erfahrungswerten widerspricht. Die allgemein zu beobachtende Tierversuchsmanie hat die Wissenschaftler dazu verleitet, erworbene Erfahrungen und das Vertrauen auf eigene Fähigkeiten auf die Versuchstiere zu projizieren und sich auf die Versuchsergebnisse als ultima ratio voll zu verlassen; die Genehmigungsbehörde tut dies sowieso, sie ist das größte Hindernis beim Zurückschrauben der Zahl der geopferten Versuchstiere. Geht man davon aus, daß der Tierversuch im Interesse des medizinischen Fortschritts und der menschlichen Gesundheit, aber ebenso auch der Veterinärmedizin nicht ganz verzichtbar ist, erscheinen mir die folgenden Maßnahmen unentbehrlich und richtig:

1. Der Gesetzgeber muß seine Forderungen nach tierversuchlicher Untermauerung der Wirksamkeit und Unschädlichkeit neuer Arzneimittel, Chemikalien, Behandlungsmethoden, diagnostischer Maßnahmen usw. neu überdenken und drastisch einschränken.
2. Die Tierversuchslabors müssen von der Routine wegkommen. Jeder Fall muß als Einzelfall eingestuft und sehr genau geprüft und überprüft werden, ob gerade dieser Versuch wichtig und unentbehrlich ist oder ob das angestammte Wissen über den speziellen Fall ausreicht oder beweiskräftig ist.
3. Alle Tierversuche müssen weltweit wissenschaftlich normiert, austauschbar und in einer zentralen internationalen Datei gespeichert werden mit dem Ziel, Zweit- und Mehrfachversuche weitgehend auszuschließen.
4. Die Alternativen, wie zum Beispiel das Gewebekulturverfahren, müssen intensiver erforscht und häufiger angewendet werden. Die neueren erfolgversprechenden Forschungsergebnisse zeigen, daß dieser Weg in absehbarer Zeit den Tierverbrauch ganz entscheidend minimieren kann.
5. Die tierärztliche Überwachung muß wesentlich verstärkt werden und auf die Vermeidung von Tierversuchen ausgerichtet sein. Der Tierschutz muß sich an die Spitze des Verlangens nach Reduzierung und schließlich dem Ende der Tierversuche stellen, er muß alle tierlieben Menschen in unserem Land für diese gute Sache mobilisieren und somit Druck auf die wissenschaftlichen Akteure und die Entscheidungsgremien ausüben.

Nur so kann die große Zahl der Tierversuche radikal verringert werden und auf ein Minimum beschränkt werden. Befürworter wie

Gegner sollten am gleichen Strang ziehen, um gemeinsam und mit viel Engagement die derzeitige unerträgliche Praxis zu überwinden. Nach Schätzungen kompetenter Fachleute ist bei konsequenter Beachtung dieser Forderungen der weltweite Tierverbrauch auf zehn Prozent der heutigen Horrorzahlen zu reduzieren, ohne daß hierbei Wissenschaft, Medizin und Gesundheit darunter leiden würden. Eine Wohltat, nicht nur für die Tiere, sondern auch für die Arzneimittelproduktion und die völlig überforderten Genehmigungsausschüsse. Ein Schlußstrich sollte auch unmittelbar unter die unsinnigen Versuche im Rahmen der medizinischen Ausbildung gezogen werden. Bei den heutigen Möglichkeiten visueller Techniken lassen sich physiologische Reaktionen unvergleichlich besser darstellen als durch manche antiquierten Methoden, wie dies zum Beispiel das Köpfeabschneiden an lebenden Fröschen durch die Studenten ist.

Jedem aktiven Befürworter der Tierversuche möchte ich wünschen, einmal in einer Versuchstieranlage ein Rudel Beagle, einer der meistgebrauchten Versuchshunde, zu besuchen. Dieser alte englische Jagdhund, der durch seine Anhänglichkeit und Treue berühmt wurde, kann einem sehr leid tun, wenn man sieht, wie er oftmals zu Versuchen mißbraucht wird, deren Sinn auch nicht durch hartnäckiges Hinterfragen plausibel erklärt werden kann. Oder könnten diese Leute doch einmal in einer großen Versuchsanlage zu den Primaten, unseren nächsten Verwandten im Tierreich, gehen und sich das Verhalten eines Schimpansenkindes ansehen, wie es hustet oder niest, in der Nase bohrt oder am Daumen lutscht. Menschlicher kann sich auch ein Kind nicht verhalten – und so ein Geschöpf Gottes soll einfach geopfert werden?

Was ich mit diesen Ausführungen sagen will, ist folgendes: Die unerhört große Zahl der Tierversuche muß radikal gesenkt werden. Die immer kritischer werdende Gesellschaft wird den eminent hohen Tierverbrauch so nicht mehr hinnehmen. Ich meine, zu recht. Wir alle sind als Tierfreunde angesprochen, dafür Sorge zu tragen, daß Tierversuche nur in unverzichtbaren Einzelfällen zum Schutz der Gesundheit für Mensch und Tier angewendet werden. Wir müssen uns alle um die drastische Verringerung und die baldige Überwindung der Tierversuche bemühen. Wir müssen alle organisatorischen, technischen und wissenschaftlichen Möglichkeiten ausnützen, die uns hier erlauben, dieses Ziel zu erreichen. Hier geht es um praktischen Tierschutz, hier gilt es, die Würde des Tieres als Mitgeschöpf zu bewahren und ethisches Handeln unter Beweis zu stellen.

Eine große Hilfe bei der Verminderung der erschreckend hohen Zahl der Tierversuche bietet die ZEBET*, die Zentalstelle zur Erfassung und Bewertung von Ersatz und Ergänzungsmethoden zum Tierversuch im ehemaligen Bundesgesundheitsamt. Sie hat die Aufgabe, Ersatzmethoden und Ergänzungsmethoden zu Tierversuchen zu erfassen und zu dokumentieren, deren Einsatzmöglichkeiten in der Praxis zu bewerten und, was besonders wichtig ist, deren Anerkennung herbeizuführen und in die praktische Tätigkeit der Tierversuche einzubringen. Das Ziel der ZEBET ist es, dazu beizutragen, daß

1. die vom Gesetzgeber vorgeschriebenen Tierversuche soweit wie möglich vermieden werden und
2. Wissenschaft und technische Forschung mit tierversuchsfreien Methoden neue Erkenntnisse gewinnen, die wiederum zu einer hoffentlich drastischen Verminderung der Tierversuche führen.

Im Rahmen dieser Aufgabe führt die ZEBET auch eigene Forschungen durch und vergibt entsprechende Forschungsaufgaben an andere wissenschaftliche Institutionen, um neue Methoden zu entwickeln, die die Tierversuche verringern oder ersetzen können. Und, was besonders wichtig ist, die ZEBET veröffentlicht weltweit in den entsprechenden wissenschaftlichen Organen und stellt ihre gesammelten Informationen und Erfahrungen den Behörden, der Wissenschaft, der Industrie und der interessierten Öffentlichkeit im In- und Ausland zur Verfügung; selbstverständlich auch den Tierschutzorganisationen, die sich für die Sache der Reform des Tierversuchswesens einsetzen. Die ZEBET wurde bereits im Jahre 1989 im Bundesgesundheitsamt errichtet, damit die Forderungen des Tierschutzgesetzes schneller und besser erfüllt werden können. Das heißt, den Tierverbrauch bei den Tierversuchen so schnell als möglich zu reduzieren und durch alternative Untesuchungsmethoden zu ersetzen. §7 des Gesetzes verlangt vom Forscher die eingehende Prüfung, ob Tierversuche durch andere Methoden ersetzt werden

---

* ZEBET, Robert von Ostertag Institut, Berlin, aus TVT, 1/1995, S. 18

können. Nach §9 müssen Tierversuche auf das unerläßliche Maß beschränkt werden. Im Vollzug des Tierschutzgesetzes ist die Genehmigung oder die Versagung von Tierversuchen auf das unerläßliche Maß zu beschränken. Die Genehmigung oder Versagung dieser Versuche ist Aufgabe der zuständigen Behörden der Bundesländer und ZEBET hilft ihnen bei dieser schwierigen Entscheidung; besonders auch durch Informationen aus der ZEBET-Datenbank und anderen speziellen Datenbanken sowie durch Erstellung von Gutachten und Empfehlungen bei der Entscheidungsfindung, wie ein Tierversuch nach dem Tierschutzgesetz zu bewerten ist und ob er genehmigt werden darf oder abgelehnt werden muß. Dabei ist allerdings zu berücksichtigen, daß ZEBET nicht routinemäßig in die Entscheidungen hierfür eingebunden ist. Denn die Landesbehörden nehmen ihre Aufgaben, die den Tierversuch betreffen, eigenverantwortlich wahr, wobei sie sich relativ häufig der Möglichkeit der Amtshilfe bedienen. Nach meiner Kenntnis sind hier neben den Tierschutzbeauftragten der Länder und der tierärztlichen Überwachung der Tierversuche, zahlreiche engagierte Tierschützer mit eingebunden, so daß man davon ausgehen kann, daß die Minimierung der Tierversuche auf gutem Wege ist.

Neben den im Rahmen der Grundlagenforschung im Einzelfall beantragten Tierversuchen gibt es aber solche, die im Rahmen des gesetzlichen Verbraucherschutzes der Industrie gesetzlich vorgeschrieben sind. Dazu gehören unter anderem Prüfungen zur Giftigkeit von Arzneimitteln, Chemikalien oder Pflanzenschutzmitteln. ZEBET berät den Gesetzgeber, bei der Festlegung solcher Prüfungen soweit wie möglich evaluierte und validierte Alternativmethoden zu berücksichtigen, was normalerweise auch eine Änderung der gesetzlichen Vorschriften nach sich zieht. Dies geschieht besonders dann, wenn die Sicherheit der Arzneimittelproduktion usw. auch ohne den Tierversuch mit dem Leiden der Versuchstiere gewährt werden kann, und der notwendige Verbraucherschutz gewährleistet ist.

Der aktuelle Stand dieser Bemühungen zeigt, daß ZEBET derzeit schon über 200 Ersatz- und Ergänzungsmethoden erfaßt hat, die auf den verschiedensten Fachgebieten, wie zum Beispiel Pharmakologie, Toxikologie, Virologie, Bakteriologie, Parasitologie, Immunologie, Neurologie, Krebsforschung und der allgemeinen Tierproduktion stammen. Die Dokumentation dieser Ersatzmethoden umschließt deren Anwendung, die zusammenfassende Darstellung ihres Grundprinzips und ihre Bewertung sowie bis heute schon über 2000 Dokumente über ihre weltweite Verbreitung in der Fachliteratur.

Um als Tierschützer hier mitreden zu können, ist es notwendig, einiges über die Bewertung einer Ersatz- und Ergänzungsmethode zu wissen.

Hierbei muß die Methode des Tierversuchersatzes mindestens eine der drei Anforderungen, die an sie gestellt wird, erfüllen; das sind:

1. Replacement, das heißt Ersatz einer tierexperimentellen Methode,
2. Reduktion, sie gibt Auskunft über die Auswirkung der Methode, das heißt über die Verminderung der Anzahl der Versuchstiere,
3. Refinement, das ist das Faktum der Verminderung der Leiden, die die Versuchstiere während eines Experiments erdulden müssen.

Die Datenbank dokumentiert auch, inwieweit die Methode bereits in der Praxis eingesetzt werden kann. Bewertet wird dabei die Verläßlichkeit der Methode sowie die Beziehung der gewonnenen Daten zu dem zu ersetzenden Tierversuch. Beides sind zentrale Schritte zur Anerkennung der Ersatzmethode.

Um das Vorgehen besser verstehen zu können, möchte ich ein Beispiel erläutern: Seit 1988 koordinierte und begleitete das Bundesgesundheitsamt ein Validierungsprojekt, dessen Ziel es war, den schmerzhaften Draize-Test am Kaninchenauge durch den sogenannten HET-CAM-Test am brüteten Hühnerei und durch Tests an Rinderaugen aus dem Schlachthof zu ersetzen. Der Draize-Test dient dazu, das Reizpotential eines Stoffes festzuhalten. Es zeigt sich, daß es unter industriellen Bedingungen im Falle stark reizender Stoffe durch den HET-CAM-Test ersetzt werden kann. Die Aktivitäten von ZEBET sollen dazu führen, daß diese neuen Erkenntnisse über den Ersatz von Tierversuchen in den Alltag des Forschers, in die Praxis von Zulassungsbehörden und in die Aktivitäten des Gesetzgebers einfließen und die wissenschaftlichen Standards verbessert werden.

Der HET-CAM-Test ist als Ersatzmethode zur Prüfung stark reizender Stoffe auf nationaler Ebene anerkannt. Da die Industrie aber ihre Produkte international verkaufen will, geht es darum, diesem Ersatztest weltweit zur Anerkennung zu verhelfen, da sonst für den Export auch in Deutschland auf Verlangen der jeweiligen Importländer weiterhin Tierversuche durchgeführt werden müssen. Deshalb ist es wichtig, daß das Bundesgesundheitsamt, bzw. dessen Nachfolgeorganisationen, im Rahmen der OECD, der EG und der WHO seine Erkenntnisse weitergibt und darauf dringt, Ersatz- und Ergänzungsmethoden international anzuerkennen. Dies gilt nicht nur für dieses spezielle Beispiel, sondern für alle Bemühungen, durch solche Tests Tierversuche überflüssig zu machen und die Zahl der »verbrauchten« Versuchstiere zu senken.

Das Bundesgesundheitsamt arbeitete schon seit Beginn der achtziger Jahre daran, die Tierversuche in behördlichen Anforderungskatalogen weltweit zu verringern. Erreichen konnte es im Rahmen der GECD unter anderem, daß der sogenannte LD-50-Test für Chemikalien an der »Acute Toxis Class«-Methode ersetzt werden kann, wenn die Giftigkeit eines Stoffes bestimmt werden soll. Bei dem neuen Prüfkonzept kann zwar noch nicht vollständig auf Versuchstiere verzichtet werden, doch im Vergleich mit dem alten LD-50-Test werden in einer Prüfung »nur« noch sieben Tiere eingesetzt, während vorher die fünf- bis zehnfache Anzahl an Versuchstieren daran glauben mußte.

Grundsätzlich ging das Bundesgesundheitsamt davon aus, daß sich in Zukunft die Zahl der Tierversuche verringern läßt durch neue molekularbiologische Methoden, die in vitro, also im »Reagenzglas stattfinden«. So entwickelt sich die Toxikologie, die Lehre von den Giften, in zunehmendem Maße zu einer zell- und molekularbiologischen Wissenschaft, die mit neuen Methoden arbeitet, wie zum Beispiel mit monoklonalen Antikörpern oder gentechnisch veränderten Zellkulturen. Die monoklonalen Antikörper sind dabei gewissermaßen die Arbeitspferde der modernen Medizin, an deren Erfolgen wir alle partizipieren wollen. Auch in der modernen Pharmakologie, der Lehre von den Arzneistoffen, und in der allgemeinen und speziellen medizinischen Forschung geht der Trend weg vom Tierversuch und hin zum Test im Reagenzglas und in der Petrischale.

ZEBET koordiniert dies alles nicht nur, sondern führt auch eigene Forschungen durch, zur Entwicklung neuer Ersatz- und Ergänzungsmethoden zur Vermeidung von Tierversuchen. So untersuchen derzeit Wissenschaftler im eigenen Labor für Zell- und Gewebekultur, ob sich mit Hilfe differenzierungsfähiger Stammzellen aus Mäuseembryonen eine Alternativmethode für die Prüfung der embryotoxischen Eigenschaften von chemischen Stoffen entwickeln läßt. Dies ist ein ganz wichtiger Test, mit dem sich Gefahren von toxischen Stoffen auf das Erbgut der Menschen verhindern lassen. In einem anderen Projekt geht es darum, bestimmte Zellkulturen als dreidimensionale Modelle der menschlichen Haut zu nutzen. Diese Organkulturen, die im Ausland entwickelt wurden und in Deutschland erst etabliert werden müssen, weisen die wichtigsten Schichten der menschlichen Haut auf. Sie besitzen Barrierefunktionen und Stoffwechseleigenschaften ähnlich den Zellen der Haut und versprechen deshalb vielfältige Einsatzmöglichkeiten, die wiederum zu vielfacher Einsparung von Tierversuchen führen wird.

Ein weiteres Beispiel für die Aktivitäten von ZEBET ist die Entwicklung von Geräten, in denen mit Zellkulturen monoklonale Antikörper hergestellt werden können. Bisher wurden diese in Ascitis-Mäusen, bei denen künstlich eine Bauchwassersucht erzeugt wurde, gewonnen. Dies war für die Versuchstiere sehr schmerzhaft. Mit der sogenannten Technomouse ist ein Ersatztest möglich und das Leiden der Versuchsmäuse ist nun zu Ende.

Deutschland hat mit der ZEBET das erste staatlich-wissenschaftliche Instrument zur Minimierung von Tierversuchen geschaffen. Etwas Vergleichbares bestand nirgends auf der Welt. Inzwischen haben andere Länder in Europa ähnliche Institutionen geschaffen, zum Beispiel die SIAT in der Schweiz und NCA in den Niederlanden. Auch die europäische Union richtete mit ECVAM in Italien ein europäisches Zentrum für die Erforschung und Realisierung von Zellkulturversuchen als Ersatz der Tierversuche ein. Österreich und Dänemark planen ähnliche Institutionen.

Mancher Leser mag sagen: Was soll diese wissenschaftliche Abhandlung in einem Beitrag über die Praxis der Tierversuche und deren Überwindung?

Reform ist angesagt. Bei der Massentierhaltung wie bei den Tierversuchen. Die ZEBET zeigt den richtigen Weg. Das Engagement der Mitarbeiter ist äußerst stark, es sind vielfach leidenschaftliche Tierschützer am Werk, die das Los der Versuchstiere verbessern sowie die Zahl der Tierversuche auf ein Minimum reduzieren wollen. Sie gilt es von seiten des Tierschutzes zu unterstützen. Nur dieser Weg bringt uns in unserer chemiebelasteten Welt weiter und hilft das grausame Los der Versuchstiere zu überwinden.

Diese realistische Sicht bei der Reduzierung und schließlichen Überwindung der Tierversuche kann natürlich den engagierten Tierversuchsgegner nicht überzeugen. Sein Ziel ist, alle Tierversuche, ohne jede Ausnahme, abzuschaffen. Ihn stört auch nicht, daß die Tierversuche alle eine gesetzliche Grundlage haben, die nicht nur die Praxis der Tierversuche erlaubt, sondern sie kraft staatlicher Auflage unverzichtbar anordnet. Das gilt nicht nur im weiten Bereich der medizinischen Forschung, wo keine Arzneimittelanwendung erlaubt ist, bevor nicht der Nachweis erfolgt ist, daß das Medikament keine unerlaubten negativen oder schädlichen Nebenwirkungen oder Gesundheitsbelastungen hat, die die Anwendung in vitro ausschließt. Das gilt besonders bei den zahllosen chemischen Reagenzien, denen wir in fast allen Bereichen unseres Lebens ausgesetzt sind. Bei aller Fragwürdigkeit der tierversuchlichen Praxis, gibt es bis heute vielfach keinen Ersatz bei der Testung dieser Stoffe.

Für den überzeugten Tierversuchsgegner sind dies alles keine Argumente. Ihm geht es darum, alle Tierversuche an den Pranger zu stellen und radikal zu verbieten. Für ihre Haltung gibt und gab es immer schlüssige Argumente. So schrieb der bekannte deutsche Arzt, Wolfgang Bohn, schon im Jahre 1912 in den ärztlichen Mitteilungen:

»Der angestrebte Zweck der Vivisektion ist bisher nirgends erreicht worden und wird vermutlich auch weiterhin nicht erreicht werden. Die Vivisektion hat aber im Gegenteil sehr viel Unheil angerichtet, Tausenden den Tod und Elend gebracht. Wir besitzen schließlich eine große Zahl ausgezeichneter Heilmittel und Heilmethoden, welche ohne Tierquälerei gewonnen wurden und deren Kenntnis und Erweiterung nur deshalb unterblieb, weil die Vivisektionsmethode die heutige Forschergeneration ausschließlich in Anspruch nimmt. Die weitere Ausbreitung der Vivisektion hat immer nur eine Vermehrung der wissenschaftlichen Menschenquälerei im Gefolge gehabt. Es ist anzunehmen, daß diese Steigerung anhält, ja die zwangsläufige Folge der Vivisektion überhaupt ist.« Ein Glück, daß Dr. Bohn die Erfüllung seiner Voraussicht nicht mehr in der menschenverachtenden, ja verbrecherischen Praxis der Nazis erleben mußte.*

Aber auch heute ist nicht nur Vivisektion beim Tier in millionenfacher Auflage Alltagsroutine, sondern auch die Versuche am Menschen nehmen weltweit zu. Nicht nur die wissenschaftlichen Versuche an lebenden Feten sind gang und gäbe, sondern der Verkauf südamerikanischer und thailändischer Kinder als Organspender für reiche Kranke nimmt weltweit zu. Die Achtung vor dem Leben, wie Albert Schweitzer sie verstand und vorgelebt hat, wird bei der heutigen Praxis der Tierversuche ausgeblendet. Die Moral ist nicht gefragt; oder versteckt sich hinter der Fülle gesetzlicher Auflagen, die vordergründig den Anspruch stellen, dem Tierschutz zu dienen, in Wirklichkeit aber in dessen Namen millionenfach den Versuchstieren grausame Schmerzen zufügen.

Wie immer steckt hinter dem hehren Vorwand der immer besseren und wirkungsvolleren Arzneimittel zum Wohle der Menschen das ganz große Geschäft der pharma- und chemischen Industrie. Über 100 000 Arzneimittel im Handel sind weder für den Arzt noch für den Patienten eine handhabbare Größe. »Je mehr Pillen wir schlucken, desto kränker sind wir«, hat schon im vergangenen Jahrhundert der große Arzt August Bier gesagt. Die heutige Tierversuchspraxis ist eine Sackgasse, aus der wir so schnell wie möglich herausfinden müssen, sagen die Verbände der Naturheilärzte und belegen dies mit ihren therapeutischen Erfolgen im Rahmen der sanften Medizin. Selbst Professor Croce, der jahrzehntelang ein wissenschaftlicher Verfechter der Tierversuche in der Medizin war, hält heute die Tierversuche für einen grundsätzlichen Fehler in der medizinischen Forschung, der von falschen Voraussetzungen ausgeht. Nicht nur die körperlichen, sondern vor allem die seelischen Reaktionen zwischen Tier und Mensch provozieren geradezu falsche Ergebnisse und Täuschungen. Ja, er glaubt heute, daß sich Vivisektion und Wissenschaft diametral entgegen stehen.

* zitiert von Hans Ruesch in »Tierversuch oder Wissenschaft«.

Das Tierheim ist oft die letzte, traurige Station von Hunden und Katzen, die einst als lebendiger Mittelpunkt familiären Lebens angeschafft wurden. Tierliebende Idealisten versuchen hier das Los der Tiere so gut wie möglich zu lindern und erträglich zu machen.

Ist es heute an der Zeit, sich die Argumente der überzeugten Tierversuchsgegner zu eigen zu machen? Ich glaube, ja. Das Ziel kann nur eine völlige Unterlassung aller Tierversuche sein. Ein schwerer Weg, ein utopischer Weg, aber ein Weg, der gegangen werden muß, um eines Tages das Ziel zu erreichen. Ich glaube, daß das wissenschaftliche, geistige und moralische Potential der Forschung diese Herausforderung eines Tages meistern wird. Bis dahin gehört den Utopisten einer tierversuchsfreien Welt unsere volle Unterstützung. Schon immer hat uns die Menschheitsgeschichte bewiesen, daß die Utopisten, die sich für das unmöglich Erscheinende eingesetzt haben, die wahren Realisten waren. Hoffen wir, daß mit den Methoden der ZEBET eine zügige Minimierung der Tierversuche erreicht werden kann und der Kampf der überzeugten Tierversuchsgegner uns eines Tages eine tierversuchsfreie Gesellschaft beschert. Jeder aufgeschlossene Tierfreund soll beim Lesen dieser Zeilen ermuntert werden, sich für die humanitäre Pflicht der Überwindung der Versuche an lebenden Tieren zu engagieren. Nur die breite Phalanx der Tierschützer bringt hier die bürokratischen Hürden ins Wanken.

Der traditionelle Stierkampf, der Millionen Zuschauer in Ekstase kommen läßt, ist in meinen Augen nichts weiter als ein vordergründiger, mit Schmerzen erkaufter, infantiler Männlichkeitswahn – ein Verstoß gegen den Tierschutz.

Beim heute in Amerika weitverbreiteten spanischen Rodeo, gehen Mensch und Tier nicht zimperlich miteinander um, obwohl strenge Regeln, sieht man vom Nierengurt ab, die Tiere weitgehend zu schützen versuchen.

»SCHÖNHEIT« AUS ZWEITER HAND

Schönheit war immer ein Ideal des Menschen, wobei der Schönheitsbegriff zu jeder Zeit in allen Kulturen und aus den verschiedensten Blickwinkeln heraus immer wieder neu definiert und auch stets vom individuellen Empfinden geprägt wurde. Schönheit hat wie kein zweiter Begriff die Menschen bewegt; es wurden um schöne Länder wie um schöne Frauen Kriege geführt, Vermögen verspielt und Hochleistungen vollbracht. Um dem Schönheitsideal nahezukommen, wird heute, wie im Altertum, mit Erfindungsgeist, Raffinesse und Bauernfängerei eine ganze Industrie aufrechterhalten. Gesichtswässerchen, Salben, Haarwuchsmittel, Schlankheitspillen und vieles mehr werden eingesetzt und immense Geschäfte gemacht, ohne daß je einer jung und schön geblieben wäre.

Wenn aber nun alles nichts hilft, wird in zunehmendem Maße die plastische, die sogenannte kosmetische Chirurgie bemüht. Sie ist durchaus in der Lage, den Busen einer Siebzigjährigen so zu straffen, daß er dem einer Zwanzigjährigen ähnelt, die liebenswerten Falten eines schönen Altersgesichts zu einer glatten, unpersönlichen Maske geradezuziehen oder auf die würdevolle Glatze eines alten Herrn neue Haare zu verpflanzen. Eitelkeit kennt keine Grenzen, und damit das Geschäft mit der Schönheit nicht erlahmt, werfen die Medien immer wieder neue, aktuelle Schönheitsideale in die Arena. Auch die Tierhaltung ist davon nicht befreit. Ja, die kosmetische Chirurgie ist für viele Hundezüchter Schnee von gestern. Aus diesem Grunde steht dieser Beitrag in einem Tierschutzbuch, denn der Tierschutz ist hierbei erneut betroffen.

Bis heute ist es nicht gelungen, einen Boxer mit Stummelschwanz und Stehohren auf die Welt zu bringen. Generationen von Boxerzüchtern würden sich im Grabe umdrehen ob eines solchen züchterischen Durchbruchs. So, wie sie einst nahezu geschlossen auf die Barrikaden gegangen sind, als immer mehr Tierschützer den Boxer mit natürlichen Hängeohren gefordert haben, bis schließlich durch das überarbeitete Tierschutzgesetz das Kupieren der Ohren generell verboten worden ist. Natürlich bedarf ein solcher modischer Eingriff in das »Zuchtziel« der Gewöhnung. Der Minirock hat, obwohl er bei schönen schlanken Beinen doch aller Welt gefällt, auch seine Zeit gebraucht, um sich durchzusetzen. Der Boxer mit Hängeohren ist heute noch für viele »Boxerfreunde« ein Verstoß gegen den Charakter des Boxers schlechthin. Als ob kupierte Ohren etwas mit Charakterzügen des Boxers zu tun hätten. Im Gegenteil: Unsere Boxer, die seit vielen Jahren zur Familie gehören, hatten immer Hängeohren, und ich meine, besser können sich Gemüt, Charakter und die anderen liebenswerten Eigenschaften eines Boxers nicht ausdrücken, als bei einem von Hängeohren umrahmten Boxergesicht. Mit der Rute ist es dagegen so eine Sache. Für mich ist es gar keine Frage, daß eine lange Rute dem Boxer gut zu Gesicht steht und ihm noch mehr Persönlichkeit und Würde gibt, aber dagegen kämpfen viele Boxerzüchter auch heute noch unerbittlich an. Der Kampf wird verloren gehen. Der Boxer der Zukunft wird ein »unverschönter« Boxer sein, so wie er das Licht der Welt erblickt. Oder können Sie sich einen Löwen mit Stummelschwanz vorstellen.

Vor Jahren, und das ist verbrieft, hatte einen alten Doggenzüchter beim Anblick einer nicht kupierten Dogge der Schlag getroffen. Heute, auch schon vor dem neuen Tierschutzgesetz, findet man nichts Außergewöhnliches mehr dabei. Ebenso kann ich nicht finden, daß ein nicht kupierter Schnauzer seinen Artgenossen an ästhetischer Schönheit irgendwie nachsteht. Man muß sich nur damit vertraut machen, den Wandel akzeptieren, und schon hat man sich daran gewöhnt, wie bei der Mode.

Ich weiß, daß viele passionierte Hundezüchter dem Gesetzgeber das Kupierverbot bis heute noch nicht verziehen haben und grollend nach dem Sinn einer solchen Diskussion fragen. Wie immer bringen sie auf diese Tierschutzmaßnahme »gewichtige« Gründe gegen das Kupierverbot. Gründe, die pseudogesundheitlicher Natur sind. Zunächst wird versichert, daß das Kupieren der Rute beim Welpen keine eigentlichen Schmerzen verursacht, die Tiere kaum stört und sehr schnell verheilt und vergessen wird. Diese These kann man so nicht stehenlassen.

1. Das Kupieren ohne Betäubung ist sehr schmerzhaft!
2. Es kommen immer wieder Hunde in die Tierarztpraxen mit erheblichen und chronischen Entzündungen infolge des Rutenkupierens.

3. Es entsteht nicht selten ein Neurom, eine Entzündung der kupierten Nerven, das lange Zeit das Tier schmerzhaft belästigt.

Das gleiche gilt auch, und eher in verstärktem Maße, für das Kupieren der Ohren. Die Rechtfertigung für diese Maßnahme, daß damit die berüchtigte Otitis verhindert wird, ist fadenscheinig. Die Otitis ist eine Erkrankung, die beim Hängeohr genauso häufig vorkommt wie beim Stehohr; sie hat ihre Ursache meist in mangelhafter Hygiene und Ohrenpflege, in Umwelteinflüssen oder in Stoffwechselfaktoren. Solche Argumente sind nicht haltbare Scheinrechtfertigungen, die vom Problem, d.h. von der wichtigen Tierschutzmaßnahme des Kupierverbotes, ablenken wollen, die den eigentlichen kosmetischen Effekt, oder wenn man will, den Modetrend, rechtfertigen oder vernebeln sollen.

Wenn es auch schwer sein wird, gerade in der Mode gegen den Strom zu schwimmen, darf man trotzdem keinen Zweifel daran lassen, daß Schönheit aus zweiter Hand bei unseren Hunderassen, wie auch bei zahlreichen anderen Tieren, nichts als eine perfektionierte Modeerscheinung ist. Dabei bin ich fest davon überzeugt, daß unsere Hunderassen so vielfältig im Aussehen, im Temperament und in ihren Eigenschaften sind, daß jeder Hundefreund das zu ihm passende »Modell« findet und getrost auf den letzten Schliff des Kupierens verzichten kann. Ja, wie schon gesagt, wenn es einmal einem leidenschaftlichen Züchter gelingen sollte, einen Boxer mit Stummelschwanz und Stehohren zu züchten, dann bin ich gerne bereit, dieses als natürliche Variante anzuerkennen. Ich würde aber meinen Boxer mit Hängeohren als den viel charmanteren Typ vorziehen. Solange der Stummelschwanz nur das Attribut einen sekundären modischen Eingriffs ist, bin ich aus grundsätzlichen Erwägungen und vor allem aus Tierschutzgründen dagegen.

In alter Zeit, und auch noch vor Jahren, begründete man das Kupieren bei Jagdhunden damit, daß eine aufgeregt wedelnde Rute beim Vorstehen das Wild aufmerksam machen und vertreiben kann. Jeder passionierte Waidmann weiß, daß sein Hund in der Phase des Vorstehens absolut unbeweglich verharrt. Mittlerweile läßt man die Rute länger, und es gibt viele Pointer- oder Münsterländerzüchter, die das Kupieren ganz ablehnen, ohne daß dadurch der jagdliche Gebrauchswert ihrer Hunde irgendwie nachgelassen hätte, im Gegenteil.

Auch hier hat sich jahrelang die Mode mit nicht haltbaren Begründungen und gegen besseres Wissen durchgesetzt. Denken wir nur an das gräßliche Schweifkupieren bei den Pferden, das nicht nur unnatürlich und geradezu häßlich aussieht, sondern den Pferden die Möglichkeit nimmt, die lästigen Mücken und Bremsen zu vertreiben. Allein dieser Umstand berührt den Tierschutz und ist Argument genug, eine solche Manipulation zu verbieten. Aber auch da ging der Streit, besonders bei den Kaltblutzüchtern, über Jahrzehnte, bis endlich das Kupieren des Schweifes grundsätzlich verboten wurde. Die immer wieder vorgebrachten Argumente der Pferdehalter waren genauso falsch wie die der Jagdhundebesitzer. Das »Leinenfangen« wurde ebenfalls ins Feld geführt. Das besagt, daß sich Pferde mit ihren langen, wedelnden Schweifen in den Führleinen verheddern und sich damit eine Gefahr für das Gespann bildet. Obwohl diese Meinung schon seit den alten Römern bei ihren Norikern in der Diskussion ist, konnte noch niemand nachweisen, daß das Leinenfangen tatsächlich ein Risiko bedeutet, oder in der Praxis relevant ist. Wenn man auf Hengstparaden oder auf Fahrwettbewerben Gespannpferde beobachtet, die einen langen gepflegten Schweif tragen, ist dies nicht nur ein besonders eleganter Anblick, sondern der sichtbare Beweis, wie wenig überzeugend die Argumente für das Schweifkupieren sind. Ein anderer Grund für diese Pferdeverstümmelung war, wie könnte es anders sein, die Mode. Besonders die Züchter schwerer Kaltblutrassen wollten ihre Pferde, und besonders deren Kruppen, noch breiter und mächtiger zur Schau stellen. Ihrer Meinung nach vermittelte ein derart kompakt wirkendes Pferd eine überdimensionale Kraft. Es gab Zeiten, da konnten die Kupiermethoden nicht kurz genug durchgeführt werden, so daß nur noch ein Stummel der Schweifrübe übrig blieb. Da dieses Schweifkupieren fast immer von Laienkupierern, sogenannten Viehkastrierern, ohne jede Betäubung ausgeführt wurde, war diese Prozedur ein Verstoß gegen den Tierschutz. Sie verhinderte lebenslang die Mücken- und Parasitenabwehr des Pferdes.

Heute verbietet das Tierschutzgesetz das Kupieren der Hundeohren. Ausnahmen sind nur bei besonderer medizinischer Indikation möglich und dürfen nur von einem Tierarzt unter Narkose durchgeführt werden. Das Kupieren der Rute ist beim über vierzehn Tage alten Welpen nur mit fachgerechter Betäubung erlaubt. Wer gegen diese Bestimmungen verstößt, macht sich nicht nur strafbar, sondern ist kein wirklicher Tierfreund.

Trotz dieser Regel, die das Tierschutzgesetz vor die hemmungslose »Verschönerung« von Haustieren geschoben hat, ist der Mißbrauch bei fast allen Tierzuchten gravierend. Als Beispiel möchte ich die Haltung und Zucht von Rassehühnern hier herausstellen:

Den leidenschaftlichen Züchtern hat es nie genügt, durch Einkreuzung exotischer und ausländischer Importtiere die heimischen Rassehühner in Körpergröße und Gestalt, Gefiederstruktur und Färbung allein zu verändern und neue »Zuchtziele« anzustreben. Was auf natürlichem Wege durch Intensivzucht und Mutationen nicht erreichbar ist, fällt dem Messer des »Schönheitschirurgen« zum Opfer, wobei besonders die Ausbildung der Hautanhangsgebilde, wie Kamm, Kehllappen und Ohrscheiben Ziel dieser absurden Aktivitäten sind. Obwohl das Tierschutzgesetz ganz klar definiert, daß solche Eingriffe nur bei tierärztlicher Indikation, das heißt auf Grund medizinischer Notwendigkeiten durchgeführt werden dürfen, wird immer wieder dagegen verstoßen. Um dafür eine Rechtfertigung zu konstruieren, wird behauptet, daß viele dieser natürlichen Hautanhangsgebilde als pathologische Strukturen anzusehen sind, was ein absoluter Nonsens ist. Speziell der Kamm erfüllt eine Reihe unterschiedlichster Aufgaben. So haben Kammgröße und -färbung großen Einfluß auf das Sozialverhalten des Huhnes und direkte und indirekte Auswirkungen auf die verschiedensten physiologischen Parameter. Den Kamm nunmehr »helmartig« zu kupieren, geschieht allein aus kosmetischen Gründen, um dem Tier, besonders bei Kampfhuhnrassen, weniger Angriffsfläche zu bieten; ein in sich verwerfliches Vorhaben. Auch die Ausdünnung des Gefieders ist beim sogenannten Kampfhuhn eine vordergründige Maßnahme: Sie läßt den Hahn jugendlicher, ja schüchterner aussehen, wodurch er zu schnellerer Kampfhandlung ohne verzögernde Drohgebärden gezwungen ist, was ganz gegen seine Psyche gerichtet ist. In der Natur werden die Rangkämpfe vielfach allein mittels Drohgebärden ausgefochten. Außerdem haben derart verunstaltete Hühner einen mangelnden Schutz gegen die Witterungsschwankungen und dem gesundheitlichen Befinden wird Schaden zugefügt. Das Bedauerliche ist, daß auch heute noch viele Geflügelzuchtverbände große Ausstellungen veranstalten, auf denen kupierte Kampfhähne »zur Förderung alten Kulturgutes« an exponierter Stelle zur Schau gestellt werden und großen Publikumserfolg haben, und als »Schönheitsideal« prämiert werden. Hier muß der Tierschutz energisch gegen diese tierschutzrelevante »Verschönerung« der Natur einschreiten.

Sind es bei den meisten Tierrassen »kosmetische« Gründe, die die Züchter und Halter dazu veranlassen, kommen immer mehr »wirtschaftliche« Parameter, wie zum Beispiel das Schnabelkürzen bei intensiv gehaltenen Flugenten oder neuerdings die prophylaktische Schwanzamputation bei Mastbullen dazu. Ursache ist nicht die vermeintliche Verschönerung der Tiere, sondern sind die tierungerechten Haltungsverhältnisse. Aus reinen Rationalisierungs-, sprich Gewinnmaximierungsgründen, werden immer mehr Mastbullen auf immer engerem Raum gehalten, was zu erheblichen psychischen Störungen führt und Erkrankungen begünstigt oder auslöst, wie beispielsweise die Schwanzspitzennekrose. Anstatt daß man nun umdenkt und die eigentlichen Ursachen, das heißt den engen, nicht tiergerechten Stall durch einen artgerechten, gesundheitsschonenden, geräumigen Stall ersetzt, in dem die Tiere bei ausreichender Bewegung gesund heranwachsen können und sich ihr Wohlbefinden und ihre körperliche Unversehrtheit bewahren, setzt man dem Unrechtsstatus noch einen drauf und kupiert den Bullen die Schwänze! Man hat den Eindruck, daß der finanzielle Erfolg alle Mittel rechtfertigt und das Recht und die Gesundheit des Tieres auf der Strecke bleiben. Allein die Rendite diktiert die Moral. Der Gesetzgeber drückt beide Augen zu, wenn der Tierhalter deutlich macht, daß Veränderungen beziehungsweise Verbesserungen in der Tierhaltung, das heißt eine Verminderung der Tierkonzentration auf der Fläche, unwirtschaftlich ist. Die Ideologen der immer konzentrierteren Nutztierhaltung kennen kein Erbarmen. Für sie ist das Tier kein Geschöpf Gottes, sondern nur ein Produktionsgut, das ungestraft in die ehernen Gesetze des Gewinne gepreßt werden darf. Wenn sich die Tiere gegenseitig tottrampeln, wenn die Schwänze der Mastbullen verletzt und zunehmend nekrotisch werden, werden sie einfach amputiert. Nicht die Ursache wird beseitigt, sondern die Folgen der erbarmungslosen Tierproduktion. Die Kluft zwischen den gesetzlichen Regelungen im Tierschutz und der Praxis innerhalb der Tierproduktion wird immer größer. Tierschutz oder gar Mitgefühl sind eher lästige Begriffe, die im harten Geschäft der sogenannten Tierproduktion nichts zu suchen haben. Das Schlimme dabei ist, daß auch die überwachenden Amtstierärzte über die Möglichkeit der prophylaktischen Schwanzamputation nachdenken, anstatt konkrete Auflagen zur Verbesserung der Tierhaltung zu erteilen.

WENN TIERZUCHT ZUR QUAL WIRD

Der junge Tierarzt an der Poliklinik der tierärztlichen Hochschule, kannte den Patienten schon, der kurz vor Mitternacht eingeliefert wurde. Zum dritten Mal kam die Pekinesenhündin zur Geburtshilfe in die Klinik, und zum dritten Mal würde keine andere Wahl als ein Kaiserschnitt möglich sein. Die Miene des Assistenten war alles andere als freundlich, und die vorwurfsvollen Worte, die der Tierbesitzer zu hören bekam, möchte ich lieber nicht aufführen. Aber alle Entrüstung über soviel Unvernunft, die auch gleichzeitig eine grobe Rücksichtslosigkeit gegenüber dem Tier ist, half nichts; das Tier war in großer Not und konnte seine Jungen nicht zur Welt bringen, also mußte sofort gehandelt werden.

Eine kurze Untersuchung genügte, eine normale Geburt war unmöglich. Die Köpfe der Welpen waren viel größer als der knöcherne Geburtsweg im Becken, und wenn nicht die Mutter mitsamt den Jungen sterben sollte, half nur ein Kaiserschnitt. Zum dritten Mal wurde das Tier betäubt, auf den Operationstisch gelegt, rasiert, gewaschen, desinfiziert und zum dritten Mal wurde das schon von den vorhergehenden Operationen ganz vernarbte Bäuchlein geöffnet, um vier kleinen Pekinesenwelpen auf die Welt zu helfen. Alles verlief glatt, fast routinemäßig. Die Gebärmutter, das Bauchfell, die Muskelschicht und die äußere Haut wurden wieder vernäht, und das Tierchen konnte seine Narkose in einer sauberen Aufwachbox ausschlafen. Die Kunst und Fertigkeit – auch das ist praktizierter Tierschutz – des jungen Tierarztes hatten die Sünde des Züchters ausgeglichen. Wieder konnte der Besitzer einen Wurf kostbarer Welpen aufziehen – der eigentlich nach dem Gesetz der Natur gar nicht leben durfte – und später für teures Geld verkaufen.

Daß bei Pekinesen solche Probleme gehäuft auftreten, dafür hatten schon vor Jahrhunderten die chinesischen Kaiser gesorgt. Der Pekinese war ein Hündchen, das niemand außer der kaiserlichen Familie in China besitzen durfte. Dieser liebenswerte Zwerg mit seiner Löwenmähne ist nur 15 bis 25 cm groß. Im kaiserlichen »Standard« hieß es: »Um seinen Hals trage das Löwenhündchen eine Krause, aufgeblüht von Würde, die Ohren wie die Segel einer Kriegsdschunke getragen, die Nase gerade wie die des Affengottes, die Vorderbeine seien gebogen, auf daß es keine Lust verspüre, die kaiserliche Residenz zu verlassen.« Die Generationen der Nachzüchter haben vielfach den Pekinesen immer kleiner gezüchtet, so daß das Löwenköpfchen zu einem echten Problem als Geburtshindernis wurde.

In der Zucht der nutzbaren Haustiere aber gilt als unumstößliches Gesetz, daß nur Tiere zur Zucht verwendet werden dürfen, die von Natur aus gesund, lebens- und leistungsfähig sind. Sie müssen in ihrer körperlichen Form so harmonisch sein, daß man eine leichte Geburt voraussetzen kann. Eine im Becken zu schmale Stute oder ein entsprechendes Rind wird auch bei bester Leistungsvererbungsanlage nicht zur Zucht zugelassen oder gar gekört. In der Hundezucht haben verantwortungslose Züchter dieses Gesetz leider immer wieder mißachtet und Tiere gezüchtet, die zwar wegen ihrer geringen Größe allerliebst anzusehen sind und sich auch deshalb meist zu sehr hohen Preisen verkaufen lassen. Daß sie aber trotzdem ein armseliges Leben verbringen, das nicht selten eine ständige Qual ist, läßt sich nicht verheimlichen und spiegelt sich in den Tierarztpraxen wieder. Ich habe Pekinesen gesehen, die so kurze Kiefer hatten, daß sie einfach nicht in der Lage waren, ihre Zunge in den Mund zu nehmen.

Einmal zog ein Klient in der Sprechstunde einen Chihuahua aus der Jackentasche, der wegen der winzigen Proportionen des Schädelknochens seine Augenlider nicht mehr schließen konnte und deshalb ständig entzündete Augen hatte. Ich habe Pinscherhunde in der Praxis behandelt, die konstitutionell so anfällig und schwach waren, daß sie von einer Mangelerscheinung, einer Krankheit in die andere taumelten oder auch Kropftauben, deren übergroße angezüchtete Kropfbildung fast die Nahrungsaufnahme unterband. Wohlbemerkt, diese wenigen Beispiele, die man endlos weiterführen könnte, sind keine normalen Züchtungen, die von den strengen Vorschriften der Zuchtverbände gebilligt werden. Es sind Qualzüchtungen verantwortungsloser Menschen, die sich mit ihren sogenannten »Zuchterfolgen« brüsten wollen und der Verrücktheit vieler Extremzüchter entgegenkommen wollen. Damit muten sie ihren Tieren lebenslange Qualen zu. Es war für mich immer eine Selbstverständlichkeit, bei Vorkommnissen der oben beschriebenen Art die jeweiligen Züchter zu ermitteln und sie wegen Tierquälerei anzuzeigen; nur so kann diesem Irrsinn Paroli geboten und solche Tierschutzübertretungen abgestellt werden; gutes Zureden alleine hilft nach meiner Erfahrung hier überhaupt nicht.

Den armen Tieren ist das ihnen aufgezwungene verkrüppelte Leben in vielen Fällen eine endlose Qual, die auch durch die liebevollste Pflege nicht beseitigt werden kann. Es ist eine Versündigung gegen die Natur, der wir Tierärzte leider, wie im Falle der Pekinesenhündin, aufgrund unserer beruflichen Verpflichtung Hilfestellung leisten müssen.

Die Zucht eines edlen Vollblüters und seine Bewährung im Rennen dienen letzten Endes der Verbesserung der Zucht, denn der Derbysieger gibt seine Leistungsfähigkeit, Härte, Zähigkeit und Ausdauer an die nachfolgenden Generationen weiter. Der Kampfstier dagegen dient nur noch der Befriedigung sensationeller und grausamer Menschenmassen, die beim unwürdigen Anblick des Todeskampfes eines Stieres scheinbar höchstes Glück empfinden. Von dem hochstilisierten, künstlichen Männlichkeitsritual des Matadors möchte ich hier nicht sprechen. Der extrem gezüchtete und selektierte »Kampfhund«, der sich hochgradig verhaltensgestört jenseits des normalen, artgerechten und kontrollierbaren Verhaltens befindet, dient ebenso verhaltensgestörten Hundehaltern als Potenzgehabe und als Einschüchterungsmittel. Der Hahnenkampf ist die Folge leidenschaftlichen und unverantwortlichen Züchterstrebens, das mit sensationsgierigen Vorführungen abstruse Bedürfnisse zu befriedigen versucht.

Das Kapitel der Qualzüchtungen ist so alt wie die Tierzucht selbst und spielt sich bei fast allen Tierarten ab. Deshalb soll in diesem Buch über den Tierschutz ein kleiner Überblick versucht werden, um die Tierschützer aufmerksam zu machen, denn man darf diese Qualzüchtungen nicht als harmlose Verwirrungen durchgehen lassen, sondern man muß sie als hervorstehenden Verstoß gegen den Tierschutz verdammen und ahnden.

Zahlreiche Tierschutzvereinigungen haben sich diesem Thema gewidmet, und es werden immer mehr, die darauf aufmerksam machen und den Irrwegen in der Zucht der Nutz- und Heimtiere den Kampf ansagen. Gerade im Hinblick auf neue Zuchtmethoden, wie dem Embryotransfer oder gentechnologischen Methoden, eröffnen sich der Tierzucht ganz neue Möglichkeiten, die sowohl in ethischer als auch in tierschützerischer Hinsicht diskutiert und überprüft werden sollten, um dem Gesetzgeber klare Richtlinien vorzugeben. Nicht nur weil die Anpassungsfähigkeit der Tiere, zum Beispiel in den neuzeitlichen Massentierproduktionen, nicht überfordert werden darf und der Würde der Kreatur Achtung zu erbringen ist.

Ebenso wie bei den Nutztieren besteht auch bei den Heimtieren ein dringender Handlungsbedarf. Es gibt nicht wenige Rasse-Standards bei praktisch allen Arten von Heimtieren, in denen man von Qualzucht sprechen kann und muß. Das Ziel muß sein, diese Qualzuchten zum Verschwinden zu bringen. Hier ist ein langer Umdenkungsprozeß vonnöten. Es sind nicht nur fanatische Tierzüchter, nein, es sind die gängigen Zuchtrichtlinien, die einzelne, klar ersichtliche, aber auch versteckte Rassemerkmale, wie zum Beispiel die Fontanellengröße bei gewissen Hunderassen, favorisieren, auch wenn diese aus tierschützerischen Gründen äußerst bedenklich sind und zum Teil in den Rassestandards gar nicht als Merkmal figurieren. Im Grunde fängt dies schon bei dem Hochzüchtungswahn an. Jeder verantwortungsbewußte Züchter weiß, daß hier sehr schnell die Grenzen erreicht sind, wenn das Tier als Lebewesen nicht auf der Strecke bleiben soll. Hier stellt sich vermehrt die ethische Frage, wann die Nutzung eines Tieres die Tiergerechtigkeit übersteigt und die Nutzung zu einer Ausnutzung bzw. Ausbeutung wird. Die Ausbeutung darf hier nicht nur in der Forderung nach übermäßiger physischer Leistung gesehen werden, sondern liegt auch in der Mißachtung artspezifischer Haltungsansprüche, durch die elementare Verhaltensweisen nicht mehr ausgeführt werden können. Der Mensch hat zwar das Recht, das Tier zu nutzen, aber er hat auch gleichzeitig die Verpflichtung, das Tier so zu nutzen, daß Wohlbefinden und Gesundheit nicht gestört werden, was in der engen Kälberbox oder im Legehennenkäfig nicht der Fall ist. Die Tierschutzrelevanz beginnt schon bei der Fragwürdigkeit der gentechnischen Einführung fremden Erbmaterials in Embryonen. Hier darf sich der Tierarzt nicht zum Vollzugsgehilfen der rein materiellen Ziele des Tierzüchters machen lassen, sondern muß dem Tier die Bedeutung zukommen lassen, die ihm aus der ethischen Verantwortung des Menschen zusteht.

Die Irrwege der Heimtierzucht sind überall evident. Als Beispiel sei der Teddy- und Angorahamster genannt, dem eine besondere tierschutzrelevante Disposition für Ektoparasitenbefall sowie Gliedmaßenstrukturen und Penisligierungen angezüchtet wurden. Bei den Zwergkaninchen führt die züchterische Selektion auf Rundköpfigkeit zur Häufung von Zahnstellungsanomalien (E. Isenbügel, Zürich, TVT-Nachrichten 2/1995). Eine Untersuchung an Kaninchen hat ergeben, daß 32% an Zahnfehlstellungen im Ober- und Unterkiefer litten, was zur Folge hat, daß die Kaninchenhalter immer wieder zum Tierarzt müssen, um deren lange Zähne abschleifen zu lassen, da die normale Regulation des Gebisses nicht mehr funktioniert. Entzündungen des Tränennasenkanals und der Augenhilfsorgane liegen in der veränderten Schädelmorphologie infolge Fehlzüchtungen. Den beliebten japanischen Tanzmäusen wurden tierschutzrelevante Innenohrdefekte angezüchtet, oder bei den Minishetlandponies, die auch eine extreme Modezucht sind, häufen sich die Fruchtbarkeitsstörungen. Wenn die Tiere sich nicht durch züchterisches Vorgehen anpassen lassen, werden auch tierschutzwidrig die Circumanaldrüsen bei Frettchen und Stinktieren entfernt um sie den gegebenen Haltungsbedingungen anzupassen. Kleine Schmuckschildkröten sind möglichst kühl zu halten, und es ist wenig Futter zu geben, um ihr Wachstum zu unterdrücken und die Kleinheit und damit die interessante Jungtierzeichnung zu erhalten. Die Tiere werden damit nicht nur klein gehalten, sondern leiden sehr bald an Rachitis und häufigen Erkrankungen des Augenapparates.

Bei den beliebten domestizierten Vögeln sind die extremen züchterischen Bemühungen ein beliebter Freizeitsport. »Immer vielfältiger und immer bunter« ist die Parole. Die intensiven Zuchtaktivitäten führen zu einer Übertypisierung (T. Bartels, TVT 2/1995) von typischen Einzelmerkmalen und damit zur Exzessivbildung, die mit Vitalitätsverlust einhergehen. »Viele Heimzüchter wollen das ideale Tier züchten und nehmen keinerlei Rücksicht auf die Tiergerechtigkeit, was dann meist zu einem tierschutzrelevanten Problem führt. Ein Beispiel dafür ist die Haubenbildung der Hausenten, wobei persistierendes Gewebe in den Schädel eindringen und das Gehirn in Mitleidenschaft ziehen kann, was zu Sinnesstörungen und plötzlichem Tod führen kann. Beim Haushuhn sind verschiedene Zuchtformen durch die Veränderung des Skelettsystems gekennzeichnet, die als ›Rassenmerkmale‹ hochstilisiert werden. So fehlen den kaulschwänzigen Hühnern einige Beckenwirbel und die gesamte Schwanzwirbelsäule. Die ausgeprägte Längenreduzierung der Hinterextremitäten ist zum charakterischen Rassekennzeichen der Chabos geworden. Die haubentragenden Hühner gab es schon im frühen Mittelalter; bei ihnen liegen tiefgreifende Schädelveränderungen vor. Beliebte Fehlzüchtungen sind auch die extreme Langschwänzigkeit, die Nackthalsigkeit, die ausgeprägte Federfüßigkeit, die Seidenfiedrigkeit oder das Struppgefieder, um nur einige zu nennen. Allen ist gemeinsam, daß sie teilweise erhebliche Einwirkungen auf die Gesundheit der Tiere haben, von erhöhtem Kükensterben, dem dominanten Letalfaktor, bis hin zur Verkürzung oder völligen Reduktion der Gehörgänge; Veränderungen, die alle tierschutzrelevant sind und das Leben und das Wohlbefinden der Tiere beeinträchtigen.«

Auch in der Rassetaubenzucht sind diverse Skelettveränderungen zu Rasseattributen erklärt worden. So sind zahlreiche Kropftauben zu hohem Stand und steil aufgerichteter Körperhaltung gezüchtet worden.

Dadurch entstehen nicht behandelbare Lokomotionsstörungen, die bis zur Bewegungsunfähigkeit führen können. Ursache sind angezüchtete Substanzverluste an den Knorpeloberflächen der Gelenke, die zu der steilen, unsicheren und schmerzhaften, abweichenden Beinhaltung führen, mit der daraus resultierenden Fehl- beziehungsweise Entlastungshaltung. Auch die modische, weitverbreitete Schnabelkurzzüchtung, die dazu führt, daß schon die Küken schlecht das Ei öffnen und schlüpfen können oder die Elternvögel mit ihrem kurzen Schnabel ihre Jungen nicht mehr füttern und aufziehen können. Die Folge ist, daß sie den hilflos gewordenen Tauben normalschnäblige Ammentauben zur Fütterung der Jungvögel beigeben.

Die Deutsche Schautaube wurde als Beispiel für den Rassewandel in der Geflügelzucht angeführt und ging als sogenannte Schönheitstaube in die Taubenzucht ein. Durch die bei der Zuchtform geforderte Schädelwölbung und Schnabelkrümmung können viele Schautauben nicht mehr zielgerecht nach ihrem Futter picken. Auch haben sie Schlupfprobleme, da durch die abweichende Schnabelform der Eizahn fehlpositioniert ist und dadurch die Küken nicht mehr die Eischale öffnen können. Als weitere Beispiele für fehlgeleitete Züchterarbeit sind die tumorartigen Schnabelwarzen und Augenringe der Warzentauben bekannt, die die Futteraufnahme und das Sehvermögen ganz wesentlich einschränken sowie die Atmung behindern. Also echte Qualzüchtungen. Noch ein Beispiel: Die Kropftauben wurden so extrem weitergezüchtet, daß ihr hypertrophiertes Balzverhalten zu weitgehenden Problemen führt und sie durch die künstliche ständige Überdehnung der Kropfwand Bindegewebserschlaffungen und chronische Entzündungen im Halsbereich erleiden, die schmerzhaft sind und oftmals zur Zersetzung des Kropfes führen. Die armen Tiere müssen darunter leiden oder gar sterben, weil der Mensch in seinem perversen Zuchtwahn »göttliche« Tauben, was immer man darunter versteht, schaffen will.

Besonders zahlreich finden sich bei den Rassetauben züchterisch erzeugte Befiederungsanomalien, wie extreme Federfüßigkeit und Wirbelbildung im Kopf- und Halsgefieder. Besonders die Federhauben und Perücken schränken so stark das Gesichtsfeld ein, daß den Tieren keine artgerechte Lebensweise mehr möglich ist. Dies macht sie zur leichten Beute der kleinen Raubsäuger und weitgehend lebensuntüchtig, eine Tierzucht, die nur aufgrund äußerlicher Attribute die Lebensgrundlage der Tiere zerstört.

Extreme Zuchterfolge sind nicht nur bei alten Hausgeflügelarten zu finden, sondern treten bereits bei neueren Haustieren wie den Wellensittichen auf. Die extreme Haubenzüchtung, die schon bei Embryonen zu Gehirnblutungen und zum Absterben führen kann, tritt immer häufiger auf und führt zu Gehirnschäden, Verhaltensstörungen und vielfach zum Tod. Auch die Extremzüchtungen der enormen Federfülle sind im Grunde Qualzüchtungen, da die Federn sich häufig in die Haut einrollen und zu Federbalgzysten führen. Weiterhin sind die beliebten Wirbelbildungen determinierte Zuchtdefekte, die bei den Sittichen, aber auch bei Käfigvögeln wie den Haubenkanarien, den Haubenzebrafinken oder den Japanischen Mövchen oftmals als Letalfaktor angesehen werden müssen. Zu den sogenannten frisierten, gebogenen Kanarienvogelrassen gehört der Gibber Italicus mit dem dominanten Zuchtziel eines Befiederungsdefizits. Wo die einen zuviel Federn angezüchtet bekommen, hat er viel zuwenig und zu dünne Federn und darüber hinaus zahlreiche kahle Stellen, besonders im Ohrbereich und an den Unterschenkeln. Dies stört natürlich die Thermoregulation erheblich, also wiederum eine Variante extremer Qualzucht.

Viele der bewunderten Rassen stellen Extremzüchtungen dar, denen die Fähigkeit zur artgemäßen und tiergerechten Lebensweise aufgrund erbhoher Zuchtdefekte und angezüchteter Anomalien abhanden gekommen ist. Schuld daran sind die Züchter und ihre Zuchtvereine, die der Sensation wegen immer wieder neue Kreationen, die im Grunde genommen Krüppel sind, vorstellen und deren Absonderheiten in die Musterbeschreibungen der Zuchtannalen aufnehmen; Qualzuchten, die gefördert und mit Preisen belohnt werden, zu Lasten der Gesundheit der Tiere. Der Tierschutz findet hier, trotz aller vordergründigen Bemühungen um ihre »Lieblinge« einfach nicht statt. Wer den schillerndsten oder verrücktesten Vogel züchtet, ist der Größte, der Stolz des Zuchtvereins. So absurd und grotesk kann das Züchterstreben entarten.

Der Trend der Rassezüchter, hauptsächlich nach dem äußeren Erscheinungsbild zu züchten, ist eigentlich bei allen Haus- und Heimtierarten vorhanden. Während aber bei den Nutztieren sich das Zuchtziel in erster Linie auf die Leistung, also den Nutzen bezieht, kennt die Gestaltungsvielfalt bei den Haustieren keine Grenzen. Am Beispiel des altbekannten Bernhardiners, der ein Nachfahre des sogenannten Küherhundes ist, der um 1600 als Wachhund gehalten wurde, sei dies nochmals nachdrücklich demonstriert. Englische Züchter wollten den typischen Wolfskopf zu ausdrucksvollen großen Köpfen umzüchten, was wohl bestens gelungen ist, da der heutige Bernhardiner oftmals mit einem mächtigen Haupt einherkommt. Was aber noch herausgekommen ist, ist ein deformierter Schädel mit verkürztem Nasenbein, ausgeprägtem Vorbiß und mangelhafter Zahnverankerung. Die Einkreuzung von englischen Mastiffs steigerte die Körpermasse so stark, so daß heutige Bernhardiner leicht 100 kg Körpergewicht haben, was ihre Beweglichkeit und besonders ihren Einsatz als Rettungshunde stark reduziert. Auch entstand das typische Bernhardinerauge mit mangelndem Lidschluß, dauerndem Tränen und häufigem Ektropium, einem pathologischen Einrollen der Augenlider, deren untere Lider auch häufig weit herunterhängen. Das gutmütige Gesicht des Bernhardiners ist

Die »gute alte Zeit«, wo der Bauer und sein Pferd wie Brüder miteinander und voneinander zusammenlebten, gemeinsam die Arbeit verrichteten und Leid und Freud miteinander teilten, gehört leider der Vergangenheit an.

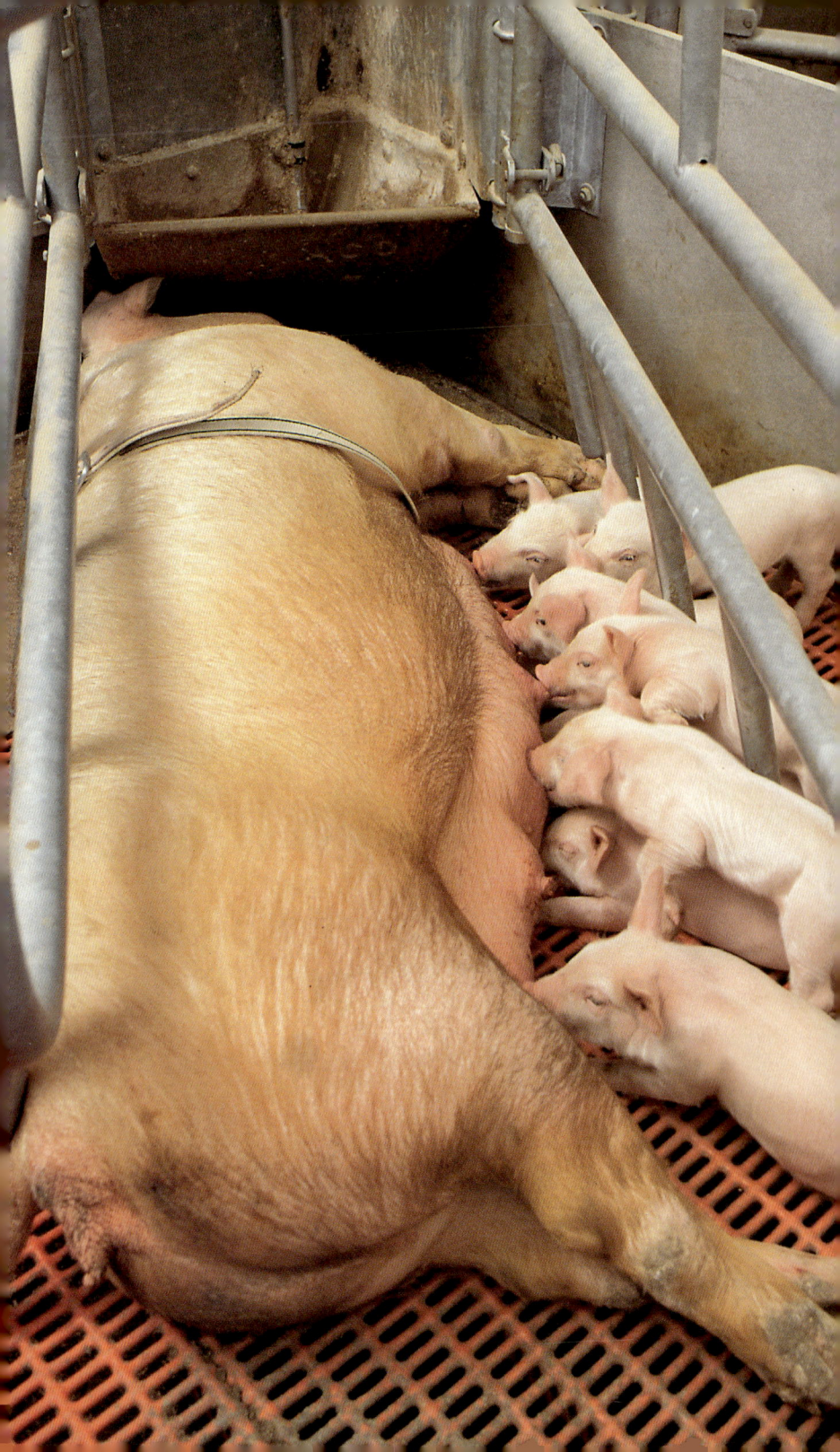

danach eigentlich eine Qualzüchtung, die dem Tier zeitlebens zu schaffen macht.

Vergleichbare Vorgänge als Zuchtfolge lassen sich bei einigen Rassen belegen: Die herabhängenden Augenlider der Bloodhounds, die schwerfällige Kurzläufigkeit der Bassethounds, die überlangen Hängeohren der Bassets, die Schwergewichtigkeit der Rottweiler usw. usw. Vielfach sind diese überbetonten Rassemerkmale nicht vom Rassetyp vorgeschrieben, sondern werden von enthusiastischen Züchtern bis zum Exzeß herausgezüchtet; begünstigt dadurch, daß der Rassestandard oftmals sehr unpräzise formuliert ist. So duldet zum Beispiel der Chihuahua-Standard eine kleine, offene Fontanelle, schweigt sich aber über deren Größe aus. So werden auf Zuchtausstellungen auch Tiere mit fast fehlender Schädeldecke mit dem Prädikat vorzüglich bewertet.

Die Nachzucht von Nackthunden leidet an erheblichen Wärmeregulationsstörungen und an frühzeitigem Zahnausfall. Oder die Merle-Zucht, in der die sogenannten »Weißtiger« oft parallel mit hochgradigen Augen- und Gehördefekten gehen. Ebenso ist die Zwergwüchsigkeit beim Chihuahua mit weniger als 1000 g Gewicht meist mit der Gebärunfähigkeit verbunden, während Mastino-Kolosse von 120 kg vielfach ständige Kreislaufbeschwerden haben.

Die Tierethik wird bei übertriebener Leistungszucht oder hyperaggressiven Kampfhunden links liegen gelassen und die Tierschutzrelevanz vieler Extremzüchtungen wird vielfach überhaupt nicht begriffen.

Viele dieser Qualzüchtungen, die als beliebte Freizeitbeschäftigung erfunden oder entwickelt wurden und als extreme Veränderungen im Exterieur, aber auch der Anatomie und Physiologie des Organismus geführt haben, sind tierschutzrelevant. Sie belasten das Leben der Tiere ganz wesentlich. Ein Zwerghahn mit einer über sieben Meter langen Schwanzfeder kann eben keine normalen Lebensabläufe vollziehen, sondern ist in wesentlichen Bereichen seines Daseins gehandicapt, auch wenn sein Züchter noch so stolz ist und von seinen Kollegen noch so viel Beifall erhält. Das Schlimmste ist, daß diese skurrilen Abnormitäten sehr schnell als Zuchtziele deklariert

---

Die, vom Diktat der Rationalisierung und der Gewinnmaximierung inspirierte, neuzeitliche Ferkelproduktion ist eine unerbittliche Zwangshaltung gegenüber der Art und dem Wesen der Tiere.

und als »Rassestandards« formuliert werden wollen, dessen »idealem« Typus möglichst auf breiter Basis nachgeeifert werden soll. So entstanden und entstehen unbeirrt weiter schwerwiegende Zuchtdefekte als Rasseattribute, wie zum Beispiel die Haubenbildung bei Hausenten, die Schwanzlosigkeit oder Ohrbommeln bei Haushühnern. Andere in der Rasse angelegte bestimmte Merkmale werden durch Übertypisierung zu Exzessivbildungen umgeformt, wie zum Beispiel Schnabelwarzen und unförmige Kröpfe bei Haustauben. Es kommt zu Verhaltenshypertrophien, die bei genauer Analyse, oftmals schon beim ersten Blick auf die Verhaltensmodalitäten, als Qualzüchtungen im Sinne des § 11b des Tierschutzgesetzes einzustufen sind.

Zu diesen anatomisch erkennbaren Fehlzüchtungen kommen die sich mehr auf die Psyche auswirkenden Ethopathien hinzu, die als angezüchtete, vererbbar mutierte, zentralnervöse Defekte die Tiere belasten wie beispielsweise die »Zitterhalsigkeit« bei Haustauben, das Flügelklatschen, Ringschlagen, Bodenpurzeln, Flügelstellen oder Flugrollen. Das gleiche geschieht bei extremer Federfüßigkeit oder der Heranzüchtung von starken Federhauben oder Federwirbel, die teilweise den Gesichtskreis der Tiere fast vollständig einengen und zur starken Behinderung führen sowie die Futteraufnahme hochgradig einschränken. Hier verlangt der Tierschutz, daß das Wohlbefinden der Zuchttiere nicht eingeschränkt werden darf (T. Bartels, DtW, 102, 3.95).

KAMPFHUNDE – HAMMER ODER AMBOSS?

Die Horrormeldungen nehmen kein Ende: »Kampfhund zerfleischt neunjähriges Kind.« »Alte Frau von Kampfhund angefallen!« »Zuhälter macht Abhängige mit Kampfhund gefügig.« »Sportwart vertreibt jugendliche Randalierer mit Kampfhund – schwerste Bißverletzungen!« So oder ähnlich sehen die Schlagzeilen der Boulevardzeitungen aus. Die Bevölkerung ist aufs höchste beunruhigt und die Hundezucht kommt in Verruf. Wenn man der Sache nachgeht, ist das tatsächlich Vorgefallene oftmals grundlegend anders. Trotzdem, das Thema ist hochaktuell, und es läßt sich auch bestens vermarkten. Jede dieser Veröffentlichungen findet Interesse, verbreitet Entsetzen, zerstört den Nimbus des Hundes als einem der treuesten Haustiere und Freund des Menschen und bringt auch die Tierschützer auf die Palme.

Die Problematik liegt jedoch in der Ursache und bei den meisten registrierten Fällen dieser Art nicht beim Hund, sondern beim Menschen, beim Hundezüchter und Hundehalter selbst. Wenn sich die Meldungen häufen, werden die Politiker aktiv. Sie können es sich nicht leisten, daß durch aus der Fasson geratene Hunde die allgemeine Sicherheit bedroht wird. Wenn im Haushalt, bei der Arbeit, auf dem Schulweg oder im Straßenverkehr Hunderttausende von Menschen jährlich verunglücken, verletzt werden oder gar sterben, wird dies fast nur mit Achselzucken hingenommen. Fällt jedoch ein Kampfhund einen Menschen an, verletzt ihn oder bringt ihn in ganz wenigen Fällen zu Tode, geht ein Aufschrei durch die Bevölkerung, der dringenden Schutz vor solchen Hunden fordert. Die Forderungen reichen vom Beißkorbzwang bis zum generellen Verbot jeglicher Hundehaltung. Selbst die Länderparlamente beschließen den »Führerschein« für alle Kampfhunderassen, und manche Bürgervereine verlangen ein Leumundszeugnis oder einen Befähigungsnachweis für die Halter solcher als sogenannte Kampfhunde eingestuften Hunderassen. Mit wenigen Problemhunden wird das Kind mit dem Bade ausgeschüttet, das heißt die Zucht und Haltung größer, mutiger oder von der Gestalt her beeindruckender Hunde in Frage gestellt. Alles, was nicht freudig mit dem Schwanz wedelt, was zurückhaltend ist, auch mal bellt und eine abwehrende Haltung einnimmt, gerät in Gefahr, als »Kampfhund« geortet und auf den Index gestellt zu werden. Die Tierschützer, die sich vielfach für solche gebrandmarkten Hunde einsetzen und versuchen, sich ein realistisches Urteil zu bilden, finden sich leicht als »Menschenfeinde« disqualifiziert. Die sogenannten Kampfhunde stellen demnach, besonders in der nicht informierten Öffentlichkeit, ein Problem dar, das es aufzuklären gilt.

Verschiedene Hunderassen sind tatsächlich in die Schlagzeilen geraten und ihr Verhalten hat in einzelnen Fällen Entsetzen ausgelöst. Es sind besonders die Rassen Bullterrier, Staffordshire, Terrier, Mastino Neapoletano, Mastin Espaniol, Fila Brasilieiro, Argentinischer Mastiff, Bullmastiff, Mastiff, Tosa Inu, Bordeaux Dogge, Bandoge, Pitbullterrier und verschiedene Kreuzungen davon. Alle diese Hunde zeichnen sich durch ihren Mut, ihren Einsatz, ihre relative Unempfindlichkeit gegen Schmerz und fast immer durch ihre kräftige, imponierende Statur aus. Sie sind ihrem Herrn besonders treu ergeben und sie verteidigen diesen gegen jede Gefahr von außen, notfalls bis zum Einsatz ihres Lebens. Sie wurden ursprünglich teilweise als Kampfhunde gezüchtet und wegen ihres kämpferischen Mutes bei Hundekämpfen eingesetzt, was für jeden Tierschützer eine grausame Sünde gegen die Fürsorgepflicht des Menschen in der Hundehaltung ist. Solche Kämpfe sind zwar als krasser Verstoß gegen den Tierschutz in fast allen zivilisierten Ländern verboten, werden aber trotzdem aus Sensations- und Geldgier veranstaltet. Dabei geht es neben dem Wetteinsatz immer um die Ehre, was auch immer Halter von Kampfhunden darunter verstehen mögen, und vor allem um Wichtigtuerei und Angeberei.

In einer Studie wurde festgestellt, daß ein Teil der Kampfhundehalter dem Rotlichtmilieu angehört. Der andere Teil gehört zu Menschen, die meist schwach sind, nicht beachtet, meist erfolglos und daher ohne Hund nicht für voll genommen werden. Der Hund also als Colt, als Waffe oder als Potenzersatz? So scheint es zumindest bei einem erheblichen Teil dieser Halter von Kampfhunden; wobei man die Liebhaber dieser Rassen aber mit den anderen auf keinen Fall über einen Kamm scheren darf. Ich kenne viele Halter solcher Hunde, die sehr ehrenwerte, mitfühlende Menschen sind und deren

»Kampfhunde« besonders treue, liebenswerte und kinderliebe Vierbeiner sind, friedlich innerhalb der Familie leben, ohne je negativ aufgefallen zu sein.

Es ist also der Mensch, der einen Führerschein für die Haltung solcher Hunde braucht. Nicht der Hund, sondern der Mensch sollte überprüft werden, ob er die charakterlichen Eigenschaften und vor allem die Fähigkeiten hat, einen solchen beherzten und kraftvollen Hund zu halten und zu führen. Wenn heute ein Teil dieser Hunde zu Problemhunden geworden ist, so ist dies einzig und allein Sache menschlichen Fehlverhaltens. Bei vielen der oben angesprochenen Rassen wurde seit Jahren, manchmal über Jahrzehnte, eine Negativauslese getroffen: Die friedlich erscheinenden Welpen wurden beseitigt, also getötet, die besonders aktiven und aggressiven in die Zucht genommen. Waren besonders Angriffslustige dabei, wurden diese als Zuchtrüden bevorzugt. Im Laufe der Jahre – bei bestimmten Rassen kann man sagen, der Jahrhunderte – entstanden Hunde, bei denen sich das dominante Angriffsverhalten so stark herausgemendelt hatte, daß sie zu echten Kampfhunden wurden. Hunde, die einem miesen Menschentyp, der ebenso aggressiv veranlagt ist, gerade recht waren. Diese angezüchtete Angriffslust kann natürlich, wiederum durch menschlichen Einfluß, schnell bösartig werden und außer Kontrolle geraten. Viele Hunde zeichnen sich auch durch eine immanente Unterordnung unter ihren Herrn aus. Das heißt und bedeutet, daß sie von der verqueren Bösartigkeit solcher Hundehalter leicht mißbraucht werden können. Wie immer führt die Spur direkt zum Hundehalter, und hier muß der Gesetzgeber ansetzen, ebenso wie bei den Extremzüchtern, wenn der entstandene Mißbrauch und Schaden vermieden und beseitigt werden soll.

Angriffslustig und böse kann man fast jedes Tier machen, besonders wenn es in die Enge getrieben wird. Es bleibt hierbei immer der Mensch, der die Verantwortung trägt. Ich habe viele temperamentvolle Pferde in meiner Praxis erlebt, die aber niemals bösartig oder gar gefährlich waren. Abartig waren sie nur dann, wenn auch ihr Ausbilder, Reiter oder Halter ein bösartiger Mensch war. Das gleiche gilt für die meisten Hunderassen. Ein Schäferhund, in der Hand eines bösartigen Besitzers, kann ebenso zur gefährlichen »Waffe« werden, wie ein auf Aggression gezüchteter Pitbull oder Staffordshire-Terrier.

Wird ein Tierarzt einmal bei einer Untersuchung und Behandlung eines Hundes gebissen, sind es fast immer kleine oder ängstliche Hunde. So eigentümlich es bei den liebenswerten Dackeln klingen mag: Kleine Dackel, die es nicht erlauben, daß ein Fremder an ihnen herumfingert, sind schon einmal bereit, ihr Mißtrauen durch schnelles Zuschnappen zu zeigen.

Die ganze Diskussion über die Kampfhunde zeigt aber eines sehr deutlich: zum Halten von Hunden gehört Verantwortung. Tiere sind nicht nur Begleiter und Spielkameraden, sie sind Geschöpfe, die uns anvertraut sind und für die wir Verantwortung tragen, auch im Sinne eines gelebten Tierschutzes. Deshalb sind wir alle zur Wachsamkeit gegenüber obskuren Hundehaltern aufgerufen.

Das bedeutet aber auch, daß wir gegen den bekanntgewordenen Mißbrauch der Hunde etwas unternehmen müssen, und wie immer sollte man nicht an den Symptomen, sondern an der Wurzel, an den Ursachen kurieren. Das Tierschutzgesetz gibt hierfür eine gute Handhabe, denn es ist nicht allein die angezüchtete Aggressivität, die dem Hund selbst keine Schmerzen bereitet, sondern es ist in erster Linie die Folge dieses Kampfverhaltens, das oftmals zu schrecklichen Verletzungen, bis hin zum Tode, führt.

Wer Hunde mit besonders aggressiver genetischer Disposition züchtet, die weitgehend ohne Beißhemmung und vielfach fast ohne natürliches Schmerzempfinden sind, Hunde also, die ohne jede Vorwarnung, wie Knurren und Zähneblecken, angreifen und trotz schwerster Verletzungen kämpfen bis zum Tod, begeht einen besonders schweren Fall von Tierquälerei. Untersuchungen ergaben, daß diese Hunde besonders empfindlich auf Betäubungsmittel reagieren. Der Grund hierfür sind vermutlich Endorphine, schmerzblockierende Substanzen, im Gehirn. Dies führt dazu, daß solche Hunde nicht mehr das natürliche, artgemäße Verhalten in der Begegnung miteinander kennen. Sie greifen ohne jede Vorwarnung an, scheren sich nicht um Wunden, kämpfen, ohne Laut zu geben. Sie befinden sich hierbei also jenseits des normalen, artgerechten und kontrollierbaren Hundeverhaltens. Die Zucht solcher Kampfhunde ist keine besondere Rassezucht, wie immer wieder emphatisch behauptet wird, sondern eine Entartung, deren Ergebnis ein im hohen Maße verhaltensgestörter Hund ist, also ein psychischer Krüppel, auch wenn er noch so stolz und selbstbewußt daherkommt. Sie ist ein besonders schwerer Fall von Tierquälerei; wohlgemerkt, nicht nur die Haltung und der Einsatz solcher Hunde, sondern schon ihre Züchtung zum Kampfhund, selbst wenn bei der Aufzucht alles relativ friedlich zugeht. Die Tierschützer müssen deshalb gegen die Extremzüchtung solcher aggressiven Hunde vorgehen. Sie müssen aber ihr Augenmerk auf das Umfeld und den Hintergrund dieser Züchtungen richten. Kampfhunde werden, ebenso wie Kampfstiere, nur gezüchtet, wenn es einen Absatz hierfür gibt; wenn es Menschen gibt, die mit dem Hundekampf ihr Geschäft betreiben, Menschen, die sich vom Hunde-, Hahnen- oder Stierkampf der Sensation willen animieren oder faszinieren lassen, Menschen denen die Wunden und die Todesqual dieser Tiere nichts bedeuten, sondern ihrer abstrusen Befriedigung und Unterhaltung dienen. Hier muß der Tierschutz bereits ansetzen und den Weg zu einem Umdenken in der Sensationsgier nach Tierkämpfen bereiten. Ein schwerer, aber gangbarer Weg, wie die Verbote solcher Tierkämpfe in vielen Ländern der Erde beweisen. Ich möchte auch die Justiz ermuntern, hier exemplarische Strafen zu verhängen, damit dieser Spuk, der der Hundezucht ganz allgemein schadet, hoffentlich bald vorbei ist.

PFERDEHALTUNG UND TIERSCHUTZ

Die Pferdehaltung, besonders der Pferdesport, kommt immer wieder in das Gerede der Tierschützer. Oft ist es Unwissenheit und Laienhaftigkeit, die bei einer großen Zahl engagierter Tierschützer zu einer Negativbeurteilung führt, oft sind es aber auch handfeste Gründe, die manche Praktiken, besonders im Reitsport, mit öffentlicher Empörung überschütten. Eines der drastischen Beispiele hierfür war die Diskussion über das Barren, die sich über Monate hinzog. Kaum ein Medium der Berichterstattung wurde ausgelassen, um Millionen Zuschauer und viele Freunde des Reitsports zu verunsichern und abzustoßen. Der Reiterei ganz allgemein wurde schwerer Schaden zugefügt, von dem sie sich bis heute noch nicht erholt hat. Es ging dabei nicht so sehr um die sachliche Darstellung, sondern eher um ein emotionsgeladenes Aufeinanderprallen unterschiedlicher Auffassungen und Kenntnisse. Hochverdiente Pferdesportler übersahen dabei, daß das Tierschutzbewußtsein großer Teile der Bevölkerung äußerst sensibilisiert ist und man nicht mit fachlicher Aufklärung oder Rechtfertigungsversuchen weiterkommt. Der Schutz des Tieres als Mitgeschöpf stand im Vordergrund. Das Pferd nicht mehr als Betriebsmittel oder Sportgerät, sondern als ein Geschöpf Gottes, das es vor dem Ehrgeiz oder Mißbrauch durch den Menschen zu schützen gilt! Nicht die Frage, ob das Barren oder bereits das leichte Touchieren mit einer dünnen Bambusstange dem Pferd Schmerzen bereitet, stand im Raum, sondern die Tatsache, daß der Mensch das ihm anvertraute Tier mit Schlägen, seien sie noch so leicht, seinem Willen unterwirft und seinen sportlichen Ambitionen gefügig macht. Diese Diskussion paßte exakt in das Bild der weitgefächerten Auseinandersetzung über die Frage der Tierdressur, über das Prinzip Zuckerbrot und Peitsche. Das Thema Pferdesport und Tierschutz hat einen zentralen Stellenwert, und kein Pferdehalter, Reiter oder Fahrer kann sich darüber hinwegsetzen. Die Pferdehaltung und der Pferdesport werden sich in Zukunft in vermehrtem Maße damit befassen müssen und alle, die Pferdefreunde sind, sind gut beraten, dieses Anliegen einer für den Tierschutz hochsensibilisierten Bevölkerung ernst zu nehmen, schon weil – und davon gehe ich aus – fast alle Pferdefreunde auch besonders engagierte Tierschützer sind.

Das Pferd, eines der ältesten Haustiere des Menschen, hat wie kein zweites die Entwicklung und Geschicke der Menschheit mitgeprägt und beeinflußt. Mit seiner Hilfe wurden die Brachen kultiviert, die Nahrungsmittelerzeugung vervielfacht, Länder und Kontinente erobert und erschlossen, Reiche gegründet und wieder verloren, Kriege geführt, riesige Wanderbewegungen der Völker ermöglicht und Kulturen zur Hochblüte gebracht und wieder verspielt. Überall hat das Pferd als Helfer des Bauernstandes und des Kriegshandwerkes, im Handel und Wandel und neuerdings, wie auch schon zu allen Zeiten, im Turnierkampf und im Sport eine dominierende Rolle gespielt. Für Ritter, Reiter und Bauern war das Pferd immer mehr als nur ein Haustier. Mensch und Pferd waren selten wie Herr und Knecht. Das Kriegsroß war Teil der Stärke des Ritters, das Bauernpferd war Arbeitskamerad und Stolz, ja Visitenkarte des Landwirts. Die Eleganz des Reitpferdes spiegelte die Position innerhalb der Gesellschaft wieder. Alexander der Große ließ seinem Lieblingspferd ein Denkmal setzen. Fürsten und Könige sind in der Erinnerung ohne ihre Pferde kaum denkbar. Bei den Feldherrn und Eroberern, den Herren und Fürsten ist das Pferd immer ein Teil ihrer Aura gewesen. Die Männer der Geschichte wurden immer von den Geschichten ihrer Pferde begleitet. Vielfach erzählt die Legende, wie ihnen die Pferde das Leben gerettet haben. Der Nimbus Mohammeds ist auch der Nimbus seiner edlen Stute, mit der er damals von Mekka nach Medine floh, und beim Anblick eines edlen Araberhengstes klingen jedem Pferdeliebhaber die Worte des Korans in den Ohren: »Und Allah schuf das Pferd und rief ihm zu: Dich habe ich gemacht ohnegleichen. Alle Schätze der Erde liegen zwischen deinen Augen. Du wirst meine Feinde werfen unter deine Hufe, meine Freunde aber tragen auf deinem Rücken. Dieser soll der Sitz sein, von dem Gebete zu mir emporsteigen. Auf der ganzen Erde sollst du glücklich sein und vorgezogen werden allen übrigen Geschöpfen: Denn dir soll die Liebe werden des Herrn der Erde. Du sollst fliegen ohne Flügel und siegen ohne Schwert.« Für alle Pferdehalter ist dieser Enthusiasmus verständlich, aber darüber hinaus sind Millionen vom Pferd begeistert, gehen Sonntag für Sonntag auf die Rennbahnen in aller Welt, besuchen die zahlreichen Turniere und verfolgen mit Spannung die Fernsehsendungen internationaler Reitveranstaltungen. Aber es gibt eben auch nicht wenige Menschen, die den Pferdesport als eine subtilere, elitäre Tierschinderei ansehen, die meinen, zum Spaß und Ehrgeiz der Reiter werden Pferde zu Leistungen gezwungen, die sie freiwillig auf keinen Fall erbringen würden; sie sehen in Kandare, Sporen und Peitsche keine reiterlichen Hilfsmittel, sondern Marterinstrumente, die verboten gehören. Sie gehen so weit, einen fair aufgebauten Parcours als eine Art Folterkammer für Pferde zu begreifen. Besonders eingeschossen haben sich gewisse Journale auf das Hamburger Derby, dem »schwersten Springparcours der Welt«, wie immer behauptet wird, und führen die relativ wenigen fehlerlosen Ritte als Beweis ihrer These an. Reine Pferdeschinderei, sagte mir einmal ein bekannter Journalist. Er hatte dabei vom tatsächlichen Sachverhalt kaum eine Ahnung. Dieser Parcours ist seit 70 Jahren unverändert und besteht nur aus Natursprüngen. Das heißt, daß in 70 Jahren keine höheren Anforderungen an diesen Parcours gestellt wurden, während überall im Sport die Devise »immer höher und schneller« gilt. Ich meine, der Pferdesport ist geradezu ein Beispiel dafür, natürliche Leistungsgrenzen zu setzen und Mensch und Tier nicht zu überfordern.

Man muß diese Kritiker aber ernst nehmen; man muß ihnen klarmachen, daß die Pferde für den Reitsport gezüchtet, daß sie in der Regel hoch trainiert sind und daß sie meist optimal gefüttert und versorgt werden. Man muß ihnen verdeutlichen, daß das Springen und die Dressur sich auf natürliche Eigenschaften des Pferdes aufbauen, daß auch bei kleinsten Erkrankungen und Verletzungen meist ein Tierarzt zugezogen wird. Bewegungsabläufe wie das Galoppieren liegt den Pferden im Blut. Hoch im Blut stehende Pferde brauchen die Bewegung wie Windhunde; sie sind auf Schnelligkeit, das heißt auch auf Höchstleistungen gezüchtet. Die Rennen dienen dazu, die schnellsten Pferde zu erkennen und sie nach Möglichkeit in die Zucht zu nehmen, damit sie ihre Schnelligkeit weitergeben können; die Rennen sind nicht nur Nervenkitzel und Volksveranstaltungen, sie dienen der Zuchtauswahl und der Verbesserung der Rasse. So wie in der Natur das schnellste Fluchttier – und das Pferd ist ein typisches Fluchttier – überlebt und seine Fähigkeiten an seine Nachkommen weitergibt, so wird durch Rennen und Turniere die

Pferdezucht ständig kontrolliert und verbessert. Auch hier hat der Mensch das natürliche Gleichgewicht, das Leben und Überleben außer Kraft gesetzt und muß, durch geeignete Maßnahmen, die natürliche Auswahl ersetzen. Auch dazu tragen Züchter, Pferdehalter, Reiter und Fahrer ganz wesentlich bei.

Lassen Sie mich noch schnell auf den erzieherischen Faktor der Pferdehaltung hinweisen. Die enge Beziehung, die der Pferdehalter und Reiter zu seinem Pferd hat, kommt in hohem Maße auch der Jugend zugute. Es sind vor allem die Mädchen, die sich in ihren Entwicklungsjahren zum Pferde hingezogen fühlen, und es gibt für die Heranwachsenden scheinbar nichts Schöneres, als im nahegelegenen Pferdehof oder Reitstall Pferde zu putzen und zu pflegen; und wenn sie dann die Pferde nach der Arbeit trocken reiten dürfen, sind sie einfach selig. Hier beginnt oftmals das Leben mit Pferden zu einer Leidenschaft zu werden, die sie ihr ganzes Leben nicht mehr losläßt. Das Sorgen für das Tier, die Pflege und die Arbeit für sein Wohlergehen bilden einen Grad der Verantwortung, der die Grundlage für ihr Leben innerhalb der Lebensgemeinschaft ist und nicht hoch genug eingeschätzt werden darf.

Ich hoffe, daß es mir gelungen ist, das Pferd als ein wichtiges Kulturgut unserer Gesellschaft darzustellen und ich hoffe, den Tierschutz als eine wichtige kulturelle Aufgabe von uns Menschen verdeutlicht zu haben. Eines gehört zum andern, Pferdehaltung ohne Tierschutz ist nicht denkbar. Aus diesem Grunde müssen wir uns ständig bemühen, unsere Pferdehaltung und den Pferdesport vor Vorwürfen der Tierschützer freizuhalten, ja, Pferdehalter und Pferdesportler müssen den Ehrgeiz haben, vorbildliche Tierschützer zu sein, sich zum Wortführer des Tierschutzes machen. Eine öffentliche Diskussion wie beim Barren darf es im Interesse des Pferdesports einfach nicht mehr geben. Lassen Sie mich deshalb zum Kern kommen: Ohne daß wir mit dem Herzen dabei sind, geht es nicht. Zum Sachverstand gehört die Identifikation mit der leidenden Kreatur. Ich mag auch die Leute nicht, die sich darüber amüsieren, wenn alte Menschen, in ihrer Einsamkeit oder nach vielen Enttäuschungen, ein Tier zum einzigen Lebensgefährten, zum Trost haben. Wir brauchen die Liebe eines anderen, der keine Gegenleistung fordert; Gesellschaft, ohne selbst Gesellschaft leisten zu müssen. Gehör, ohne selbst hören zu müssen. Tierschutz braucht aber auch Mut. Ohne Zivilcourage geht es nicht. Tierschutz heißt nicht wegsehen, sondern die Augen aufmachen, wenn Tiere gequält werden und eingreifen, wenn es notwendig ist. Das gilt auch in der Pferdehaltung und beim Reitsport. Nur wenn wir bereit sind, die Dinge, die nicht in Ordnung sind, zu erkennen und uns mit Entschlossenheit für ihre Verbesserung einzusetzen, können wir die Negativschlagzeilen überwinden.

Der Tierschutz in der Pferdehaltung beginnt schon bei der Geburt. Jeder Züchter sollte sich die Kenntnisse verschaffen, die bei einer normalen Geburtshilfe nötig sind, das heißt, er muß über die durchschnittliche Tragezeit und den normalen Geburtsablauf informiert sein. Die Box zum Abfohlen muß windgeschützt, wasserdicht und von der Größe ausreichend sein. Das klingt so selbstverständlich, aber meine jahrzehntelangen Erfahrungen als Pferdetierarzt haben mich immer wieder Situationen erleben lassen, in denen Stuten zugemutet wurde, in engen, zugigen Verschlägen, ohne genügend frische Einstreu ihr Fohlen zur Welt zu bringen. Es muß eine ausreichende Lichtquelle und fließendes Wasser vorhanden sein, damit notfalls, bei Geburtkomplikationen, ein Kaiserschnitt oder eine Embryotomie durchgeführt werden kann. Die Bretterhütte auf der Weide, auch das zeigt meine Erfahrung, ist kein geeigneter Kreißsaal, und es muß als ein Verstoß gegen den Tierschutz angesehen werden, wenn man gezwungen ist, eine schwergebärende Stute unter Umständen bei Nacht und Nebel zu verladen, um sie in den nächsten geeigneten Geburtsstall zu bringen. Der Züchter muß deshalb immer seine Stute, rechtzeitig vor der Geburt, in einen geeigneten Abfohlstall bringen.

Der Züchter sollte sich regelmäßig darüber kundig machen, ob bei der Trächtigkeit alles in Ordnung ist. Mit einer einfachen rektalen Untersuchung läßt sich durch den Tierarzt die Lage und Größe des Fohlens feststellen und die Weite der Geburtswege diagnostizieren. Bei zu eng gebauten Stuten, bei relativ großen Fohlen und beim Übertragen ist Vorsicht geboten. Es geht dabei nicht nur um das Fohlen, sondern auch um das Leben der Stute, und Nachlässigkeit in der Geburtsvorsorge kann leicht zu einem Verstoß gegen den Tierschutz führen. Auch hier habe ich in den über 40 Jahren als Pferdetierarzt Haarsträubendes erlebt, und ich sehe mich veranlaßt nochmals zu betonen, daß Pferdehaltung und Pferdezucht ein Hobby ist, das vielfältige Kenntnisse voraussetzt, die man sich vor

Beginn einer solchen Sache aneignen muß. Ich habe einmal erlebt, daß mich ein Pferdehalter zur Kastration eines Zweijährigen rief, der seit sechs Monaten nicht mehr aus seiner Box kam, weil sich keiner der Familienangehörigen traute, das Pferd herauszuführen. Er stand bis zum Bauch im Mist und als letzte Hoffnung sollte die Kastration das Pferd wieder umgänglicher machen. Daß hier ein eklatanter Tierschutzverstoß vorlag, ist jedem ersichtlich, und ich habe natürlich entsprechend reagiert. Ein anderes Beispiel ist ein Pferdehalter, der zwei gedeckte Vollblutstuten aus einem Gestütskonkurs erworben hatte, in einem Verschlag neben seiner Werkstatt mitten in der Großstadt hielt, ohne daß die Pferde auch nur einmal bewegt wurden oder Auslauf hatten. Die Erfahrung, die ich in solchen oder ähnlich gelagerten Fällen immer wieder machen mußte, ist, daß oftmals tierliebende Menschen, bar jeder Kenntnisse, sich den Wunsch nach einem Tier verwirklichen, ohne hierfür die notwendigen Voraussetzungen zu haben, beziehungsweise dazu geeignet zu sein. Da wird dann ein Leguan in der Badewanne gehalten, ein Graupapagei im Wellensittichkäfig auf dem zugigen Hof oder ein Vollblüter in einem Bretterverschlag im Stadtzentrum. Der Ausschuß Pferde der Deutschen Tierärzteschaft und die Arbeitsgruppe Tierschutz und Pferdesport haben deshalb für den Pferdesport Grundsätze festgelegt, die sicherstellen, daß im Umgang mit Pferden die Verantwortung des Menschen für das Tier als Mitgeschöpf zum Tragen kommt, so daß, wie es im § 1 des Tierschutzgesetzes heißt, »niemand einem Tier ohne vernünftigen Grund Schmerzen, Leiden oder Schäden zufügen darf. Lassen Sie mich deshalb einige dieser Grundsätze erwähnen: Verboten ist nach § 3 des Tierschutzgesetzes

– einem Tier, außer in Notfällen, Leistungen abzuverlangen, denen es wegen seines Zustandes offensichtlich nicht gewachsen ist oder die offensichtlich seine Kräfte übersteigen,

– ein Tier auszubilden, sofern damit erhebliche Schmerzen, Leiden oder Schäden für das Tier verbunden sind,

– ein Tier zu Filmaufnahmen, Schaustellung, Werbung oder ähnlichen Veranstaltungen heranzuziehen, sofern damit Schmerzen, Leiden oder Schäden für das Tier verbunden sind,

– an einem Tier bei sportlichen Wettkämpfen oder ähnlichen Veranstaltungen Dopingmittel anzuwenden.

Diese Leitlinien zeigen die Anforderungen auf, welche im Umgang mit Pferden an Ausbildung, Training und Nutzung von Pferden, insbesondere in Sport und Freizeit, unter den Aspekten des Tierschutzes zu stellen sind.

Für den Umgang mit Pferden bei der Ausbildung und Nutzung muß man wissen, daß das Pferd nur dann in der Lage ist, seine angeborenen Anlagen voll zu entfalten, wenn seine artgemäßen Lebensanforderungen erfüllt werden und es sich mit seiner Umwelt – das heißt auch mit dem Menschen – in Einklang befindet. Dieses Ziel zu erreichen, muß der Anspruch aller Ausbildung und Nutzung von Pferden sein, ohne sie dabei zu vermenschlichen, sondern ihre Eigenarten als Pferd voll zu respektieren. Das heißt:

Das Pferd hat ein seiner Natur entsprechendes Verhalten gegenüber räumlichen Strukturen, Reizen und Stoffen, das, über Sinnreize gesteuert, seine Bedarfsdeckung und Schadenvermeidung hinsichtlich möglicher Auswirkungen auf den Körper erfaßt und mit entsprechendem Verhalten beantwortet.

Körper und Verhalten des Pferdes entsprechen seiner hohen Eigenschaft als Fluchttier. Schreckhaft zu sein ist für Pferde natürlich und bewahrt sie vor Gefahren. Bei der Ausbildung und Haltung muß dies immer berücksichtigt werden. Pferde wegen ihrer Schreckhaftigkeit zu strafen, ist deshalb falsch, verstärkt nur deren Angst und Verspannung und kann als ein Verstoß gegen den Tierschutz bewertet werden.

Das Pferd ist ein Herdentier. Pferde fühlen sich nur in Gesellschaft von Artgenossen, oder als solche akzeptierte, sicher. Es gehört zu Pferdehaltung und Ausbildung, ihm diese Sicherheit außerhalb des Herdenverbandes durch das Verhalten der Pfleger zu vermitteln. Der Ausbilder, Trainer, Reiter, Fahrer, Pfleger oder Schmied muß das angeborene Verhalten von Pferden und ihr arttypisches Ausdrucksverhalten kennen und verstehen. Er muß aber auch das vom Einzeltier im Laufe seines Lebens erworbene Verhalten und die jeweils bestehende Handlungsbereitschaft des Tieres kennen und berücksichtigen.

Das Vertrauen des Tieres zum Menschen ist die Grundlage der Haltung und Ausbildung. Ziel beim Umgang mit dem Pferd muß es deshalb sein, daß es den Menschen als Lebewesen erkennt, demgegenüber keine schadensvermeidenden Reaktionen erforderlich sind und in dessen Gegenwart es sich auch in bedrohlich erscheinenden

Situationen sicher fühlt. Das Vertrauen des Ausbilders ist die Voraussetzung dafür, daß das Pferd die Zeichen und Hilfen versteht und annimmt.

Das Pferd begreift den Menschen als sozialen Partner, der, je nach dessen Verhalten, ranghöher, ranggleich, rangniederer sein kann, oder aber als Feind. Um eine wirksame Ausbildung durchführen zu können, muß sich der Mensch als Sozialpartner darum bemühen, eine ranghöhere Position durch Einfühlung und Zuwendung zum Pferd zu erreichen. Brutalität erzeugt nicht höheren Rang, sondern Feindschaft. Der Mensch muß begreifen, daß das Pferd nur dann Fehler macht, wenn es die Hilfen nicht versteht, es abgelenkt oder überfordert ist. Er muß aber ebenso wissen, daß solche Fehler und dementsprechend scheinbarer Ungehorsam eventuell aus körperlichen oder gesundheitlichen Mängeln, die oftmals die Folge früherer Überforderung sind, entstehen können.

Hilfengebung muß für Pferde verständlich und konsequent erfolgen. Sie müssen mit dem geringstmöglichen Aufwand an Einwirkung erreicht werden. Werden Hilfen stärker gegeben, als dies zur Auslösung der erwünschten Reaktion erforderlich ist, wirken sie als Strafe. Wirksame Hilfen dürfen keine Schmerzen verursachen und müssen dem Sozialverhalten des Pferdes angepaßt sein. Durch Strafen und Angst erzwungene Leistungen sind Scheinleistungen, die dazu führen, daß das Pferd sauer und als Sportpferd ungeeignet wird. Als wirksame Hilfen dienen die Stimmhilfen, die Körpersprache des Ausbilders, Gewichtshilfen, Berührungshilfen wie Schenkeldruck, Touchieren und Führungshilfen durch Longe, Zügel oder Leinen. Zur Verdeutlichung der Hilfen können geeignete Gerten bzw. Peitschen als verlängerter Arm benutzt werden, wobei Schlagen immer die Reithilfe zunichte macht und unter Umständen als Tierquälerei eingestuft werden muß. Die Sporenhilfe darf grundsätzlich nicht zu Verletzungen führen. Jedes Pferd, das mit blutenden Flanken zum Einsatz kommt, gehört von der Teilnahme ausgeschlossen. Das Barren ist bei Turnieren grundsätzlich verboten; es wird von Teilnehmern und Zuschauern als Tierquälerei eingestuft und schadet dem Pferdesport. Es muß gleichermaßen generell verboten werden, da niemand den Mißbrauch kontrollieren kann. Die bekanntgewordenen Barrgewohnheiten von Paul Schockemöhle haben Millionen Pferdefreunden die Freude am

Pferdesport verdorben. Das Interesse an Fernsehübertragungen ist rapide zurückgegangen. Es kommt dabei nicht darauf an, wie gebarrt wird. Die akademische Diskussion unter Tierärzten, ob dabei Schmerzen entstehen oder nicht, ist unwichtig, es zählt auch nicht das Argument, die Pferde durch Barren »sauber« zu machen, sie vor Schmerzen und Verletzungen beim Niedertreten schwerer Hindernisstangen zu bewahren, es zählt einzig und allein die Tatsache, daß der Reiter seinem Sportkameraden Pferd eine Stange vor die Beine schlägt, um ihn zu höherer Leistung anzuspornen; ein ganz klarer Verstoß gegen das Tierschutzgesetz. Und, seien wir doch ehrlich! Nur wenn das Pferd dabei erheblichen Schmerz empfindet, wird es entsprechend reagieren und die Beine hochziehen. Als Reiter, der seit fast 60 Jahren im Sattel sitzt, habe ich in meiner über 40-jährigen Pferdepraxis Schäden und Verletzungen infolge Barrens oftmals erlebt und behandeln müssen.

Das Tierschutzgesetz ist im Grunde genommen eine gute Ausbildungshilfe im Pferdesport, weil es Grenzen setzt und das Lernen durch Belohnung anstatt durch Strafen propagiert. Das Tier erfährt dabei, daß richtiges Verhalten mit einer Belohnung verbunden ist. Es wird sich um so mehr Mühe geben. Zurechtweisungen bei Ungehorsam oder Untugenden müssen immer sofort, in unmittelbarem Zusammenhang mit dem Falschverhalten erfolgen, ebenso wie die Belohnung konsequent durchgeführt werden sollte. Das Ziel der Ausbildung wird dabei durch den Genotyp der vorhandenen Bewegungs- und Verhaltensmuster vorgegeben. Jede Überforderung ist falsch und unter Umständen Tierquälerei. Die jeweiligen Schritte und Maßnahmen der Ausbildung müssen sich nach Alter und Entwicklungszustand des Pferdes richten; dabei müssen zum Beispiel beim Reitpferd Takt, Losgelassenheit, Anlehnung, Schwung, Geraderichten und Durchlässigkeit erreicht sein, bevor verstärkte Versammlung verlangt wird. Sinnvolle Ausbildungsstufen sind Voraussetzung für bestmögliches Lernen und schonenden Aufbau von Leistungsfähigkeit. Wenn talentierte Pferde Leistungen anbieten, die ihrem Entwicklungsstand voraneilen, muß der Tierlehrer dafür

Die Sauenhaltung auf der Koppel ist eine althergebrachte, traditionelle Schweinehaltung mit besten Voraussetzungen für die Zucht und Aufzucht der Jungtiere, die gesund und lebensfroh heranwachsen.

Sorge tragen, daß die körperliche Entwicklung des Pferdes mit seiner Leistungsbereitschaft Schritt hält. Damit die durch das Training bewirkten Veränderungen vom Körper und Verhalten des Pferdes physiologisch artgerecht sind, ist auf den richtigen Aufbau der Ausbildungseinheit zu achten. Versammelnde und lösende Übungen, Belastung und Erholung sollen im Wechsel erfolgen. Geschieht dies nicht und werden extrem einseitige Leistungen verlangt, ist dies als Verstoß gegen das Tierschutzgesetz zu beurteilen. Zu hohe Trainingsintensität, unangemessene Trainingsmethoden, harte oder ungerechtfertigte Strafen, eine ungeeignete, steinige, unebene, harte oder gefrorene Reitbahn, der Zwang zu nicht vorgegebener Leistung bei schlechter Tagesform oder gesundheitlichem Handicap ist oftmals mit erheblichen Schmerzen und Leiden verbunden und daher tierschutzwidrig.

Die Verantwortung des Menschen ist deshalb gegenüber dem Mitgeschöpf Pferd eine umfassende. Das fängt bei der artgemäßen und verhaltensgerechten Gestaltung des Haltungsumfeldes an und geht bis zur Ausübung des Pferdesports. Pferdehaltung verlangt ein hohes Wissen und Können. Es sollten deshalb nur gut ausgebildete Züchter, Reiter und Fahrer mit Pferden umgehen. Auch die nicht organisierten Reiter und Fahrer müssen sich die notwendigen Kenntnisse verschaffen und sich an die Richtlinien der FN über das Reiten und Fahren sowie an die Regeln der LPO halten. Eine der wichtigsten Voraussetzung eines gesunden, leistungsfähigen Pferdes ist vor allem die Zeit. Normalerweise ist ein Pferd erst mit sechs Jahren ausgewachsen.

Die vom Ehrgeiz diktierte zu frühe und zu schnelle Ausbildung ist immer vom Übel, sie schadet der Entwicklung des Pferdes, verkürzt die Leistung und das Leistungsalter. Und ist in vielen Fällen tierschutzwidrig. Ebenso soll der Ehrgeiz bei zu vielen Turniereinsätzen gebremst werden. Mehr als zwei Einsätze am Tag grenzen an Überforderung. Der Versuch, fehlende Ausbildung und mangelhafte Fähigkeiten des Reiters durch scharfe Gebisse, scharf beizäumende Hilfszügel, Kopfstangen, Ohrenstöpsel, Zungenbänder, Kreuzbeinriemen und dergleichen zu kompensieren, erhöhen die

Das Verhältnis zwischen Mensch und Tier erfährt schon in der Kindheit entscheidende Impulse.

Unfallgefahr, bereiten Schmerzen und sind tierschutzwidrig. Ebenso wie Manipulationen mit blistern (Bandagen, präpariert mit scharfen, ätzenden Flüssigkeiten) ein Verstoß gegen den Tierschutz darstellen. Das gleiche gilt natürlich für Elektrosporen oder Peitschen, Equitakt und andere stromführende Hilfsmittel. Reiter, die zu solchen Zwangsmitteln greifen, gehören vom Turniersport ausgeschlossen.

Natürlich ist auch der Parcoursaufbau oder die Geländestrecke so anzulegen, daß davon für die Pferde keine Verletzungsgefahr ausgeht. Die Hindernisse dürfen nicht aus scharfkantigen Gegenständen bestehen, es dürfen keine Vorsprünge herausragen, die die Pferde verletzen können, und sie müssen so befestigt sein, daß sie beim Mißlingen des Sprungs das Pferd nicht gefährden können. Bei Geländeprüfungen, Jagden und Fahrturnieren muß der Boden stets pferdegerecht sein. Knietiefe, morastige Strecken sind nicht nur gefährlich und schmerzhaft, sie sind für Reiter, Fahrer und Pferde eine Schinderei und gehören gesperrt. Es hat bei solch miserablem Geläuf schon zahlreiche Anzeigen und Ahndungen wegen Tierquälerei gegeben, und das mit Recht. Ebenso muß das Sattel- und Zaumzeug in Ordnung sein, keinen Dreck und keine Verletzungen veranlassen, ebenso wie Sportgeräte, wie Bälle, Poloschläger, Trailhindernisse sowie sonstige Gegenstände so gestaltet sein müssen, daß sich die Pferde nicht verletzen können und dadurch keine Schmerzen und Schäden zugefügt bekommen. Die von Pferden zu ziehenden Fahrzeuge müssen in fahrtechnisch einwandfreiem Zustand sein, eine korrekte Anspannung erlauben und, soweit es sich nicht um Renn- und Traningswagen des Trabrennsports handelt, mit funktionsfähigen Bremsen ausgerüstet sein und der Straßenverkehrsordnung entsprechen. Ihr Eigen- und Ladegewicht muß dem Leistungsvermögen der angespannten Pferde entsprechen. Trifft dies nicht zu, liegt ein tierschutzwidriges Verhalten vor.

Und noch ein Argument: Der Hufbeschlag muß in Ordnung sein. Immer wieder entstehen beim Pferdesport schwere Verletzungen am Huf und den Gliedmaßen durch schlechten oder überfälligen Hufbeschlag. Hier habe ich als Tierarzt Situationen erlebt, die durchaus als Tierquälerei zu bewerten waren. Rechtzeitiger Hufbeschlag gehört zur Sorgfaltspflicht jedes Pferdehalters.

Lassen Sie mich ergänzend ein Negativbeispiel der täglichen Praxis anführen, wo Ausbildung, Leistungsvermögen, Anforderungen und Reiterehrgeiz in geradezu katastrophaler Weise auseinanderklaffen, der Military in Luhmühlen eines Jahres:

Ein totes Pferd, 26 Stürze, zwei verletzte Reiter – ein Schlüsselbeinbruch und ein Beckenbruch mit schweren inneren Verletzungen – ist die traurige Bilanz der internationalen Military-Meisterschaft. Von 85 Teilnehmern gaben 33 vorzeitig auf, 13 aufgrund eines Sturzes. In §3 des Tierschutzgesetzes steht: »Es ist verboten, einem Tier außer in Notfällen Leistungen abzuverlangen, denen es wegen seines Zustandes offensichtlich nicht gewachsen ist oder die offensichtlich seine Kräfte übersteigen«. Haben die 40 Prozent dieser internationalen Meisterschaft, die vorzeitig ausgeschieden sind, gegen den §3 des Tieschutzgesetzes verstoßen? Welche Schuld trifft den Reiter Hubertus Ott, dessen Pferd Chicona am 13. Sprung tot zusammenbrach? Oder ist der Alleinschuldige der Parcoursbauer Wolfgang Feld, dessen Hindernisse so schwer aufgestellt und auch nicht unter Zeitverlust zu umgehen waren, daß es zu 26 Stürzen kam? Was ist mit dem Veranstalter und was mit den 20000 Zuschauern, die nicht nur wegen des Pferdesports kamen, sondern auch den Nervenkitzel, mit Sturz, Verletzung und Tod ins Kalkül zogen? Wenn ein Rennfahrer bei einem Formel-1-Rennen seinen Kopf riskiert, ist es eine Sache; aber hat ein Reiter das Recht, bei einem Sport das Leben seines Pferdes aufs Spiel zu setzen? Ich habe noch in schrecklicher Erinnerung wie ich als junger Veterinär die geschundenen, von Granaten zerrissenen, halbverhungerten, verräudeten Pferde im zweiten Weltkrieg behandelt habe und als die sinnlosesten Opfer – allein 2,7 Millionen Pferde sind auf deutscher Seite in diesem brutalen Wahnsinn auf der Strecke geblieben – sterben sah. Ist eine heutige Vielseitigkeitsveranstaltung die Fortsetzung des Krieges? Was soll man von all dem Tierschutzgerede der Deutschen Reiterlichen Vereinigung nach der Affäre Schockemöhle halten, wenn man den Verlauf der internationalen Military-Meisterschaft verfolgt? Grenzt dieser Sport, in solcher Weise durchgeführt, nicht an organisierte Tierquälerei, besonders wenn man hört, daß ein erheblicher Teil der gestarteten Pferde neurektomiert, also krank oder, wenn man will, Krüppel, waren? Muß man sich dann wundern, daß viele Pferdefreunde mit dem Turniersport ihre Probleme haben und bei den Reitturnieren die Zuschauer wegbleiben. Solche Negativschlagzeilen müssen aufhören. Der Pferdesport muß ein fairer Sport für Reiter und Pferd sein. Die FN muß klare Direktiven geben und hart durchgreifen. Ein zweites Luhmühlen können wir uns nicht leisten. Der Tierschutz muß Inhalt und Maßstab im Verhältnis von Reiter und Pferd sein. Vor allem muß die Ausbildung der Ausbilder, Reitlehrer, Berufsreiter weiter verbessert werden. Das heißt nicht, daß der Standard in dieser Beziehung heute schlecht ist, aber die sensibilisierte Aufmerksamkeit der Öffentlichkeit gegenüber dem Tierschutz erfordert eine noch bessere Pferdehaltung, Ausbildung und Sportpraxis. Das Turniergeschehen bedarf einer konsequenteren Überwachung, was den Tierschutz anbelangt. Grundsätzlich sollten nur gesunde, schutzgeimpfte Pferde zum Start zugelassen werden. Es ist auch ein Verstoß gegen den Tierschutz, wenn ein hochgradig an Influenza erkranktes Pferd bei einem Turnieraufenthalt eine ganze Reihe gesunder Pferde ansteckt. Die Überwachung auf dem Abreiteplatz sollte verstärkt auf Verstöße gegen den Tierschutz gerichtet sein; dazu gehört auch das Startverbot für Pferde, die offensichtlich nicht gesund sind oder Lahmheitserscheinungen zeigen. Das Richterkollegium sollte Pferde, die den Anforderungen des Parcours nicht gewachsen sind, abläuten. Der Parcours sollte auf seine Tierschutzrelevanz überprüft und erst dann freigegeben werden. Der gesamte Turnierablauf, einschließlich der Unterbringung der Pferde, sollte nach Tierschutzrelevanz geprüft und beurteilt werden. Wie kann man das erreichen? Durch einschlägige Vorschriften, wie zum Beispiel Impfnachweispflicht. Der Turniertierarzt müßte stärker in das Geschehen eingebunden werden. Wenn man pro Nennung einen zweckgebundenen Betrag von 2,– DM einfordern würde, könnte man den Turniertierarzt, der heute noch bei den meisten Veranstaltungen den Turnierdienst umsonst dem Verein zuliebe durchführt und dadurch vielfach nicht permanent anwesend sein kann, verpflichten, während der ganzen Dauer des Turniers anwesend zu sein. Er könnte weiter die Gesundheitsüberwachung, einschließlich von Impfkontrolle und Verfassungsprüfung vornehmen. Er könnte beauftragt werden, die Tierschutzrelevanz der Ställe und des Parcours zu überprüfen. Er wäre in Notfällen immer präsent, und das Aufbegehren der Zuschauer, wenn ein Pferd schwer stürzt und die dringende tierärztliche Hilfe auf sich warten läßt, wäre gegenstandslos. Er könnte in allen Tierschutzfragen zugezogen werden und Rat und Hilfe geben. Ich glaube, ein solcher zusätzlicher Service bei Pferdesportveranstaltungen hätte ein nicht zu unterschätzendes Echo bei den Tierfreunden ganz allgemein und würde den Reitsport vor manchen Negativschlagzeilen bewahren.

Ich glaube, wir sollten alles tun, um den Tierschutz im Pferdesport noch besser als bisher zum Zuge kommen zu lassen, und ich möchte alle interessierten Leser und Tierschützer bitten, nach Mitteln und Wegen zu suchen, hierbei einen Schritt weiterzukommen.

Diese etwas ausführlicheren, aber keineswegs erschöpfenden Zeilen zum Tierschutz im Pferdesport sollen das nötige Grundwissen vermitteln, bei Verstößen gegen den Tierschutz entsprechend einzugreifen. Es ist nun aber keineswegs so, daß beim Pferdesport besonders häufig gegen die Gebote des Tierschutzes verstoßen wird, im Gegenteil, kaum ein Tier wird so gepflegt und umhegt wie das Reitpferd. Trotzdem, der Reitsport ist in weiten Bereichen zum Volkssport geworden. Über eine Million Deutsche, jung und alt, gehen dem Sport und der Lust des Reitens nach. Schon aus diesem Grunde ist hier die Fürsorge und der Tierschutz besonders wichtig und braucht die Gesundheit, aber auch die Psyche des Pferdes einen umfassenden Schutz. Es gilt, die schwarzen Schafe im Pferdesport hart an den Pranger zu stellen, um diesem herrlichen Sport die Harmonie zwischen Reiter und Pferd zu sichern.

DIE PSYCHE DES PFERDES AUS ETHISCHER SICHT

Das Pferd ist für viele Tierfreunde die Krone der Schöpfung. Sein enges Zusammenleben mit dem Menschen ließ es zu einem Arbeits-, Lebens-, Sport- und Freizeitkameraden werden, von dem schon der berühmte griechische Arzt Hippokrates sagte: »Im Auge des Pferdes spiegelt sich der Glanz seiner Seele wieder.« Immer dann, wenn der Mensch mit Gewalt, Härte und Unerbittlichkeit – wir würden heute sagen, in tierschutzwidrigem Verhalten – sein Pferd zur Leistung zwang, brach das zarte Geflecht des gegenseitigen Vertrauens unerbittlich zusammen. Mit gestörter Psyche, mit wunder Seele kann kein Lebewesen, der Mensch sowenig wie das Pferd, seinem Alltagsgeschäft nachgehen, geschweige denn eine hohe Leistung erbringen. Tierquälerei ist der Tod jeder Leistung und das Ende einer ersprießlichen Tier-Mensch-Beziehung. Es ist nicht so sehr die äußere Haut oder die Muskulatur, die unter der groben Behandlung oder den Schlägen leiden, nein, es ist die Psyche, die Seele die zusammenbricht, die das Selbstverständnis, die Persönlichkeit des Pferdes zerstört. Und leider muß man feststellen, daß trotz aller »Affenliebe«, mit denen heutzutage viele Pferde gehegt und gepflegt werden, der unselige Ehrgeiz und der materielle Wahnsinn durch einen frühen Einsatz und durch den Drang zur Höchstleistung viele gute, gesunde und hochveranlagte Pferde zu psychischen Krüppeln macht. Diese sind für den Rest ihres Lebens nur noch bedingt als Gebrauchspferde einsetzbar. Als Pferdetierarzt begegnet man leider viel zu oft solchen verdorbenen, aus dem seelischen Gleichgewicht geworfenen, im Grunde armseligen Pferden. Deren Reiter, Ausbilder oder Besitzer sind sehr erstaunt, wenn man ihnen klarmacht, daß diese Misere von ihnen selbst provoziert und verschuldet wurde. Oftmals sind es sogenannte »Pferdekenner«, die dennoch noch nie etwas davon gehört haben, daß auch das Pferd eine empfindsame Seele, eine leichtzerstörbare Psyche hat. Deshalb ist der Tierschutz beim Pferdesport so wichtig und eigentlich unentbehrlich. Besonders die alten Reitervölker, denen das Pferd die eigentliche Lebensgrundlage war, hatten echtes Pferdeverständnis. Ihre Harmonie mit dem Pferd, ihre seelische Übereinstimmung mit seinem Wesen, ist vom heutigen, multifunktionalen und multibelasteten Menschen kaum nachvollziehbar. Sicher gingen diese Menschen mit ihren Pferden nicht unbedingt sanft um. Die Zeiten waren rauh, ebenso wie die Sitten; aber Tierquälerei, im weitesten Sinne auch immer, glich einer unverzeihbaren Sünde. Die vielen Überlieferungen, die es über die strengen Regelungen im Umgang mit dem Pferd bei den Tartaren, den Mazedoniern, den Persern und den Ägyptern gibt, zeigen ein hohes Maß an Schutz und Hochachtung dieser Reiter für ihre Pferde. Die Vorschriften, die vom Koran dem Araber und Beduinen für die Haltung und Achtung seines Pferdes vorgegeben sind, schließen jede Tierquälerei aus, ja sie ist, je nach Grad des Verstoßes, zum Teil ein todeswürdiges Verbrechen.

FOHLENBRAND UND TIERSCHUTZ

Seit Jahrtausenden ist das Pferd Haustier und Wegbegleiter des Menschen. Seit Jahrtausenden hat der Mensch das Pferd in seine Dienste genommen und es als Zugpferd, Reitpferd und Packpferd benützt. Das Pferd war vielfach eines seiner höchsten Güter, das er nicht verlieren wollte. Aus diesen Gründen wurde ihm ein Besitzerkennzeichen eingebrannt. Das Brennen der Fohlen und jungen Pferde ist wirklich so alt wie die Domestikation des Pferdes überhaupt. Sie ist, wenn man so will, fast ein kultureller Akt, eine Besitzergreifung. Im Fohlenbrand kommt auch der Stolz des Besitzers oder des Zuchtverbandes über den Besitz und die Züchtungsbemühungen zum Ausdruck. Mit ihm wird das Pferd in eine oftmals priviligierte Kaste aufgenommen, die auch die Achtung vor dem Geschöpf Pferd beinhaltet und die dem Leben des Pferdes durchaus positive Impulse gibt.

In neuerer Zeit treten immer mehr Tierschützer auf den Plan, die den Fohlenbrand als grobe Tierquälerei qualifizieren. Hochwissenschaftliche Gutachten unterstreichen diese Tierschutzrelevanz. Von sehr schmerzhafter Verbrennung dritten Grades und groben Zwangsmaßnahmen während des Brennvorgangs ist die Rede, die beim Fohlen nachhaltige Schmerzen und auch psychische Störungen hinterlassen würden. Kompromißlose Tierschützer fordern das sofortige Verbot aller Kennzeichnungen von Pferden mittels Brennen. Ja, es wird gefordert, daß uneinsichtigen Züchtern und Zuchtverbänden, die sich diesem Brennverbot nicht anschließen, die Lizenz zur Zucht und Haltung von Pferden entzogen wird.

Als erfahrener Tierarzt, der den Tierschutz stets als einen wesentlichen Teil seiner kurativen Praxis angesehen hat, kann ich mich dieser radikalen Forderung nicht anschließen. Der Fohlenbrand ist natürlich eine schmerzvolle Sache, die bereits das Einfangen, das Festhalten und auch den Vorgang des Brennens umfaßt. Bei der Implantation eines als Alternative dargebotenen Microchips muß das Fohlen eingefangen und festgehalten werden, und auch die Chipimplantation bereitet geringe Schmerzen. Beim Fluchttier Pferd führen bereits diese Zwangsmaßnahmen zur Ausschüttung von Endomorphinen, die die Angstzustände und Schmerzen weitgehend eliminieren. Bei gekonnter Handhabung zuckt das Fohlen beim eigentlichen Brennen kaum. Wird es losgelassen, dann springt es weg, läuft ein paar Schritte und beginnt zu grasen. Erkennbare Schmerzen sind eigentlich kaum sichtbar, während beim Chip eine Bewegungsbehinderung nicht auszuschließen ist. Das Gutachten von Professor Meyer geht einfühlend auf diese Zusammenhänge ein, und ich möchte mich aus meiner Erfahrung eigentlich dessen Beurteilung anschließen. Die Experten der FN denken ähnlich. Darum glaube ich, daß man die Tierschutzrelevanz des Fohlenbrandes nicht zu hoch hängen darf. Ich denke, daß wir aus tierschützerischer Sicht den Fohlenbrand tolerieren können; wenigstens so lange, bis man eine bessere Methode gefunden hat. Alles in allem kann man sagen, daß dem Fohlen bei dieser Prozedur keine nachhaltigen Schmerzen entstehen. Zumal das Pferd ja kein verpäppeltes Kunstprodukt, sondern ein Naturgeschöpf ist, das, sei es im naturgegebenen Leben in der Steppe, bei Rangordnungskämpfen oder auch im Stall wie auf der Weide, manchen Schmerz ertragen können muß.

Für den Tierschutz heißt es deshalb wachsam zu sein, die Praxis des Fohlenbrennens im Auge zu behalten und nach Kennzeichnungsmethoden zu forschen, die besser als die bisherigen sind. Ältere Pferde sollte man grundsätzlich nicht mehr brennen, sondern hier der Chipimplantation immer den Vorzug geben.

DAS HARTE LOS DES KETTENHUNDES

Gegenüber einem der treuesten Helfer des Menschen, dem Hund, ist es auf der ganzen Welt ein weitverbreitetes Übel, ihn in Ketten zu legen. Allgemein hat man den Eindruck, daß die Menschen diesem Tun relativ gleichgültig gegenüberstehen. Der Hund, eines der ältesten Haustiere der Menschen, war von Anfang an ein sehr enger Vertrauter und ist es bis heute geblieben. Er hat sich vor Urzeiten den Jägern und Fischern angeschlossen, wohl um als »Bettler« an der Beute teilzuhaben. Er bekam die übriggebliebenen Brocken ab und folgte den Menschen, um sein Überleben zu sichern. Er wählte den Part des Sympathisanten, um aus dem Risikobereich des Konkurrenten bei der Nahrungssuche herauszukommen. Seine Rudelgemeinschaft mit dem Jäger Mensch war für ihn auf die Dauer einträglicher.

Schon sehr bald erkannte der Mensch die hervorragenden Eigenschaften des Hundes: seine Intelligenz, seinen Wach-, Jagd- und Beuteinstinkt, seine ihm überlegenen Sinne, die vor allem beim Riechen und Hören der Beute zum Tragen kamen, und seine bedingungslose Treue. Der Mensch nahm ihn in seine Dienste. Der Hund wurde dabei nicht nur ausgenutzt, wie das Rind oder Schwein, sondern er wurde Gefährte und Helfer, Hirte und Jagdkamerad, oftmals ein Freund. Der Nutzen und die Hilfe, die der Hund dabei dem Menschen in den Jahrtausenden der Entwicklung geschenkt hat, lassen sich nicht messen. Aber trotz dieser engen Vertrautheit zwischen Mensch und Hund und trotz des hohen Nutzens dieses treuen Haustieres gab es zu allen Zeiten Menschen, die Hunde vernachlässigten und quälten, die sie hungern und frieren ließen.

Wenn wir heute das Los vieler Kettenhunde betrachten, müssen wir leider auch erkennen, daß in unserer Zeit, die wir so gerne als die Zeit des allgemeinen Durchbruchs der Tierschutzidee bezeichnen, ungezählten Kettenhunden der treue Wächterdienst mit Gleichgültigkeit und Herzlosigkeit gedankt wird. Wie viele Hunde hängen jahraus, jahrein an einer kurzen, schweren Kette, ohne die Gelegenheit zu haben, herumzutoben oder ein Ruheplätzchen im Warmen, in der Sonne, im Schatten oder in Geborgenheit zu finden. Wie viele leiden an schmerzhaftem Rheuma, weil sich ihr Herr nicht ausreichend um sie kümmert und ihnen kein warmes, trockenes Lager bereitet. Wie oft liegen sie auf kaltem Stein oder faulem, modrigem Stroh, wie oft sieht man, besonders in südlichen Ländern, Kettenhunde ohne jegliche Hütte oder Unterschlupf, die bei Regen und Sturm, Kälte oder praller Sonneneinstrahlung keinerlei Schutz finden oder sich mit einer kalten, zugigen Mauernische begnügen müssen. Wie oft ist die Kette völlig aufgedreht und läßt dem Hund nicht mehr den geringsten Spielraum, und immer wieder ist die Kette schmerzhaft in die Haut und Unterhaut des Halses eingewachsen. Wie viele Hunde erdulden als halbverhungerte Skelette oder rachitisch verwachsene, Erbarmung heischende Geschöpfe ihr trauriges Los an der Kette.

Fürwahr, dem, der mit offenen Augen übers Land geht, zeigen sich die erschreckendsten Bilder vom Los der Kettenhunde, besonders aber auch von Hunden, die in ihrer Psyche völlig gestört sind, deren Leben ein einziges körperliches und seelisches Martyrium ist. Dabei gehört gar nicht viel dazu, dem treuen Wächter sein Dasein erträglich zu machen. Mit geringem Zeitaufwand und wenigen Kosten kann jeder nur mittelmäßig Geschickte einen Hundezwinger bauen. Wie schnell läßt sich eine brauchbare Hundehütte zimmern, wie leicht kann man für trockenes Stroh oder eine andere brauchbare Unterlage sorgen, wie faul und dümmlich ist die immer wieder gebrauchte Rechtfertigung, der Hund würde ohne Kette seine Wachsamkeit verlieren. So wie der Mensch zu allen Zeiten für seine Unterlassungen falsche Ausreden fand, ist er auch beim Kettenhund nicht verlegen. Das Gefühl, das Mitleid und die Verantwortung werden einfach abgeschaltet und das Mitgeschöpf Tier seinem Schicksal überlassen.

Der Hund aber, in seiner Anhänglichkeit und Treue, bewacht Tag und Nacht Haus und Hof. Er ist im Vergleich zu jeder anderen Diebstahlsicherung immer noch der beste und billigste Schutz. Er behütet unsere Habe, unser Vermögen, ja unter Umständen auch unser Leben. Sollten wir daher nicht in der Lage sein, die wenigen Voraussetzungen für eine gerechte Unterbringung des Hundes zu schaffen, sollten wir nicht die Mittel haben, für die Gesundheit und das Wohlergehen dieses treuen Dieners zu sorgen? Läge es nicht im eigenen Interesse unseres Selbstverständnisses, den Makel in der Haltung eines Kettenhundes gar nicht aufkommen zu lassen? Fällt jeder

Tierfreund beim Anblick eines Kettenhundes nicht unwillkürlich ein negatives Urteil über dessen Besitzer? Stempelt ein ausgehungerter, armseliger Kettenhund vor einem behäbigen Bauernhaus seinen Herrn nicht zu einem undankbaren, gleichgültigen, unsensiblen Geizkragen? Ist eine solche Visitenkarte nicht Anlaß zur Scham? Das Tierschutzgesetz schreibt vor, daß jeder Kettenhund die Möglichkeit haben muß, mehrere Stunden am Tage frei herumzulaufen: eine Vorschrift, die sich kaum überprüfen läßt. In Dänemark ist schon seit 1963 generell das Halten von Hunden an der Kette verboten; im Bezirk Wien besteht fast ebenso lang eine Polizeiverordnung, die vorschreibt, daß Hunde nur an einer Leine oder Kette gehalten werden dürfen, wenn sie an einem Laufseil von mindestens 10 Meter Länge befestigt sind. Müssen wir nicht energisch darauf hinwirken, daß überall verboten werden sollte, einen Hund überhaupt an die Kette zu legen und schon gar nicht zeitlebens, wie dies immer wieder geschieht? Jede Tierhaltung, besonders aber das Halten von Hunden, erlegt uns die Verpflichtung auf, für das Wohl und die Gesundheit der Tiere zu sorgen. Jeder, der einen Hund halten will und kann, muß auch in der Lage sein, die selbstverständlichen Voraussetzungen für seine Haltung und Unterbringung zu erfüllen. Das ist eine grundlegende Verpflichtung, der man aus tierschützerischer und humanitärer Pflicht nachkommen muß und die sich nicht mit dem gesetzlichen Mindestmaß von Verordnungen im Rahmen von Mindestanforderungen abhandeln läßt. Allein, daß der Gesetzgeber sich gezwungen sieht, solche Gesetze zu erlassen, zeigt, wie weit viele Hundehalter von der selbstverständlichen Anerkennung ihrer treuen Helfer als Mitgeschöpfe noch entfernt sind. Hunde sind in ihrer natürlichen Form extreme Lauftiere, bei denen die Bewegung ein Teil ihres Wesens, ihrer Psyche ist. Schneidet man diesen Bewegungsdrang ab, fesselt man sie mit einer kurzen Kette an einen Ort, zerstört man ihre Wesensart, ihr Leben, und macht es zu einem Martyrium.

Jede Tierarthaltung hat ihre speziellen Grundanforderungen, und sie braucht deshalb nicht gleich schlecht zu sein, wenn diese einmal von der Norm abweichen. Beim Kettenhund sollte es aber kein Pardon geben. Jede Form von Kettenhaltung muß verboten sein. Nur so ist eine Überwachung dieses Übels überhaupt möglich. Solange dies aber nicht der Fall ist, bleibt unsere Tierschutzgesetz Stückwerk. Dabei muß es ebenfalls selbstverständlich sein, daß eine Hundehütte ihren Namen verdient und dem Hund Schutz gegen Kälte und Frost bietet, daß sie regenfest, sauber und warm an einem windgeschützten Platz steht und daß das Lager immer trocken ist. Der Hund muß die unbedingt notwendige tägliche Bewegung haben und die Nahrung muß gut, kräftig, artgerecht und ausreichend sein. Der Hund dankt es mit seiner Wachsamkeit und Treue! Da der Hund, mit das älteste Haustier, in einem engen Bezug und Kontakt mit dem Menschen lebt und daher auch tierschutzwidrige Übergriffe des Menschen gegenüber dem Hund gehäuft auftreten können, hat das Tierschutzgesetz eine ganze Reihe, speziell auf die Haltung und den Umgang mit dem Hund bezogene Grundsätze erlassen, von denen ich hier einige aufführen will:

– Hunde dürfen grundsätzlich nicht an kurzer Kette gehalten werden. Die Kette muß an einem Laufseil von mindestens 10 Metern Länge befestigt sein, damit der Hund genügend Bewegungsfreiraum hat. Er muß eine wetterfeste, gut eingestreute Hütte haben und es muß ihm täglich die Möglichkeit zur freien Bewegung gegeben werden.

– Jeder Hundehalter ist verpflichtet, den ihm anvertrauten Hunden eine angemessene Pflege zukommen zu lassen und für die Tiere zu sorgen. Dazu gehört eine entsprechende Gesundheitsfürsorge: ein kranker Hund muß von einem Tierarzt oder Heilkundigen behandelt werden, ein gesunder Hund ist gegen bestimmte ansteckende Krankheiten zu impfen und ebenso ist für einen entsprechenden Schutz gegen äußere und innere Parasiten zu sorgen.

– Eine sinnvolle Ausbildung oder Dressur ohne körperliche und psychische Überforderung kommt dem Naturell eines Gebrauchshundes entgegen. Quälerisches Abrichten, Zwangsmittel, Stachelhalsbänder und dergleichen sind nicht erlaubt, ebenso wie elektrische Hundedressurgeräte oder das Abrichten von Dachshunden an anderen lebenden Tieren, zum Beispiel mit Schlieferfüchsen in Kunstbauten.

– Das Aussetzen von Hunden oder Anleinen an Pflöcken u.ä. ist grundsätzlich verboten. Es ist ein grober Verstoß gegen den Tierschutz und gegen die Tier-Mensch-Beziehung. Nach dem Tierschutzgesetz ist es außerdem verboten, einen Hund ohne vernünftigen Grund zu töten.

– Der Transport eines Hundes im verschlossenen Kofferraum eines Personenkraftwagens ist nicht statthaft; nur wenn besondere Lüftungsvorrichtungen eine ausreichende Klimatisierung gewährleisten, ist gegen diese Art der Beförderung nichts einzuwenden. Dagegen ist das Einschließen von Hunden in geschlossenen, unbelüfteten, der Sonneneinstrahlung ungeschützt ausgesetzten Kraftfahrzeugen immer unzulässig.

– Die unangepaßte Zurschaustellung, die unangebrachte Kostümierung und äußerliche Vermenschlichung von Hunden gilt, ebenso wie die zwangsweise Überfütterung und Mästung für Schauzwecke, immer als Tierquälerei. Das Kupieren der Ohren ist auch im Hinblick züchterischer Rassemerkmale grundsätzlich verboten. Das Kupieren der Rute eines Welpen darf nur innerhalb der ersten Lebenswoche betäubungslos erfolgen und kann später nur unter Betäubung durch einen Tierarzt vorgenommen werden. Das Tierschutzgesetz spricht sich grundsätzlich gegen diese überholte Modevorstellung als sogenannten Rassemerkmalen bei Hunden aus.

– Hunde werden nach wie vor als Versuchstiere benutzt; in Deutschland jährlich schätzungsweise 10 000. Obwohl von den Händlern genaue Aufzeichnungen über die Herkunft der Versuchshunde verlangt werden, kommt es immer wieder vor, daß Hundefänger solche gestohlenen Versuchshunde den Versuchslabors anbieten. Alle Versuchslabors werden unter Strafandrohung vor dem Ankauf solcher nicht einwandfrei deklarierter Hunde gewarnt. Die Veterinärbehörden sind angewiesen, den Handel mit Versuchshunden streng zu überwachen.

– Hunde dürfen nur in offenen oder teilweise offenen Zwingern gehalten werden, wenn ihnen eine Schutzhütte zur Verfügung steht, in die sie sich zurückziehen können. Für einen mittelgroßen, über 20 kg schweren Hund ist im Zwinger eine Mindestgrundfläche ohne Schutzraum von mindestens sechs Quadratmetern erforderlich. Das Innere des Zwingers muß sauber, trocken und ungezieferfrei sein. Verboten ist das Halten von Hunden in nicht überdachten Zwingern bei anhaltender nasser Witterung. Werden Hunde auf Freianlagen oder in Schuppen, Scheunen, leeren Stallungen, Lagerhallen oder ähnlichen Räumen gehalten, so müssen sie einen Schutzraum aufsuchen oder sich in der warmen Jahreszeit auf eine trockene, zugfreie Lagerstatt legen können. Eine Direktanbindung ist auch in den genannten Räumen verboten und tierschutzwidrig.

Soweit einige Blicke auf die Tierschutzverordnung in der Hundehaltung.

KATZENHALTUNG UND TIERSCHUTZ

Man sollte meinen, daß die Katze, dieses selbstbewußte, unabhängige Tier, das mittlerweile den Rang des beliebtesten Heimtieres eingenommen hat, mit dem Tierschutz, als moralische Verpflichtung und vollziehende Gewalt, relativ wenig zu tun hat. Die Praxis des Tierschutzes und besonders die Arbeit der Tierschutzvereine vor Ort zeigen da ein ganz anderes Bild. Es ist vor allem die sogenannte Katzenplage, die den Tierschutzaktivisten Sorge bereitet und Arbeit macht. Gemeint ist die unverhältnismäßig starke Vermehrung der Hauskatze, besonders in den Ballungsgebieten, aber auch im ländlichen Raum. Schuld daran ist nicht die Fruchtbarkeit der Katze an sich, die diese Fruchtbarkeit in der freien Natur zur Erhaltung der Art braucht, sondern wieder einmal – und wie könnte es anders sein – der Mensch. Viele Katzenfreunde glauben in diesem Tier das geeignete Haustier gefunden zu haben, und es werden immer mehr. Viele übersehen dabei, daß die Natur ihren Tribut erfordert, die Katze eines Tages rollig wird und sich immer ein Kater findet, der seine Pflicht für die Erhaltung der Art vollzieht. Und da die nachkommenden Katzen sehr bald wieder geschlechtsreif sind, wiederholt sich dieser Vorgang Jahr für Jahr, und den Katzenliebhabern wächst die zunehmende Katzenschar schnell über den Kopf. Aus Verzweiflung fahren sie am Sonntag in den Wald oder auf die Heide, um ihre überzähligen Katzen loszuwerden, das heißt auszusetzen. Ganz abgesehen davon, daß dies ein tierschutzrelevantes Vergehen ist, wird dadurch das Problem der zu großen Katzenpopulation keineswegs gelöst, sondern eher angeheizt und vergrößert. Da die Katze im Wald außer dem Fuchs oder streunenden Hunden keine Feinde hat, wird sie zur halbwilden, verwilderten Hauskatze, die weiterhin für Nachwuchs sorgt. Sie bringen das Gleichgewicht unserer Fauna in den heimischen Wäldern durcheinander. Sie werden zu einer Bedrohung für mancherlei Kleinlebewesen, die Vogelbrut und die Jungvögel. Manche Jagdpächter trauen sich heute nicht mehr, die Katzen abzuschießen, weil sie die wilden Proteste der Katzenfreunde fürchten. Die Katzenplage nimmt ihren Lauf, und die engagierten Damen und Herren der Tierschutzvereine geraten in Verzweiflung. Sie versuchen die Katzen anzufüttern und einzufangen, was nicht ganz leicht und bei verwilderten Katzen auch gefährlich ist. Man darf die Augen davor nicht verschließen, daß diese halbwilden, ungeimpften Katzen leicht von einem Fuchs an Tollwut infiziert werden und zu einer Gefahr für Mensch und Tier werden. Trotz dieses Risikos lassen die Tierschützer nicht locker und bringen körbeweise herrenlose Katzen in die Tierarztpraxen zum Kastrieren. Sie machen auf ihren Versammlungen oder mit Veröffentlichungen gegen die unkontrollierte Vermehrung der Katzen mobil. Sie veranstalten Sammelkastrationstermine und handeln mit den Praktikern und der Tierärztekammer Sonderkonditionen für die Katzenkastrationen aus, die kaum die blanken Unkosten decken. Alle diese Aktivitäten blieben nicht ohne Erfolg, aber sie konnten das Problem der zu großen Katzenpopulation keineswegs lösen. Es sei deshalb auch an dieser Stelle eindringlich an die Verantwortung der Katzenliebhaber appelliert, ihre Hauskatzen und Kater vor der Geschlechtsreife kastrieren zu lassen. Dieser Eingriff ist relativ schnell vollzogen und bereitet den Katzen, da er unter Narkose vorgenommen wird, kaum Schmerzen. Das Problem der unkontrollierten Vermehrung der Katzen wird unterbunden und die Katze oder der »Kater« werden stärker auf ihr Haus konzentriert. Das heißt, sie werden noch anschmiegsamer. Auch ihr Wesen verändert sich kaum, nur die bessere Nahrungsausnützung sollte mit der Reduzierung der Futtermenge abgefangen werden; wer will schon einen dicken, fetten Kater zum Wohnungsgenossen haben. Eine solche Problemlösung bei der Haltung einer Katze bewährt sich immer.

Natürlich ist die sogenannte Katzenplage nicht der einzige Konfliktpunkt zwischen Katzenhalter und Katze bezüglich des Tierschutzes. Viele Katzen sterben jämmerlich auf den Straßen infolge des überbordenden Straßenverkehrs. Es sollte eine selbstverständliche Pflicht sein, hier die Rechte auf Leben jedes Tieres zu respektieren und nicht hemmungslos Haustiere, die die Straße überqueren, totzufahren. Ebenso selbstverständlich muß es sein, eine angefahrene

---

Leider ist eine solche Freilandhaltung von Hühnern heute nur noch ein seltenes Relikt vergangener Zeit oder eine bewußt gewollte Haushühnerhaltung alternativer Landwirte. Sie machen mengenmäßig weniger als 1 % der Hühnerhaltung aus.

und verletzte Katze aufzunehmen und sie in fachkundige Hände zu übergeben. Hier wird die Unterlassung ein Delikt der Fahrerflucht. Katzen sind zäh und eine rechtzeitig behandelte Katze kann wieder gesunden und ihrem Besitzer noch lange Zeit Freude bereiten.

Wie groß die Freude an der Katzenhaltung ist, versteht nur derjenige, der eine Katze sein eigen nennt und mit ihr zusammenlebt. Eine Katze ist eben ein ganz besonderes Tier, ein Tier, das trotz seines jahrtausendelangen Zusammenlebens mit dem Menschen seine Eigenheit nicht verloren hat und immer wieder fasziniert. Ihre Geschmeidigkeit und Zärtlichkeit, ihre nie aufdringliche Geselligkeit, ihre Reinlichkeit, ihr Selbstbewußtsein und ihre unabhängige Individualität, die keine Unterwerfung kennt, lassen sie zu einem interessanten Tier und zu einer Persönlichkeit werden, je länger man mit ihr zusammenlebt. Es ist kein Verhältnis wie zwischen Herr und Hund, es ist eine Gemeinschaft zwischen Mensch und Katze. Bei den Hunden kann ihr in Selbstbewußtsein und Unabhängigkeit nur der kleine Dackel das Wasser reichen.

Katzen sind darüber hinaus relativ gesunde und sehr zähe Tiere. Ganz selten passiert es, daß sie sich beispielsweise die Knochen brechen. Ihre außerordentliche Geschmeidigkeit, ihr angeborener Gleichgewichtssinn und ihr blitzschnelles Reaktionsvermögen können ihr über die gefährlichsten Situationen hinweghelfen. Es hat Katzen gegeben, die aus dem Fenster eines vierstöckigen Hauses gefallen sind, ohne sich ernsthaft zu verletzen. Wenn in jeder Tierarztpraxis trotzdem immer wieder Katzen mit schweren Frakturen zur Behandlung kommen, ist es meist die vorhin schon erwähnte Folge des permanent zunehmenden Straßenverkehrs, der Mensch und Tier gleichermaßen zusetzt. Auch die geschmeidigste Katze ist der Wucht eines Kotflügels nicht gewachsen.

Doch selbst diese oft sehr schweren, komplizierten Knochenbrüche heilen erstaunlich schnell, gleichgültig ob sie nun konserva-

---

Die Massenhaltung von Enten im dunklen Stall und auf Drahtrosten widerspricht den Lebensgewohnheiten dieser heimischen Wassertiere in hohem Maße und kommt einem eklatanten Verstoß gegen den Tierschutz gleich.

Dagegen kann auch die Massentierhaltung von Mastenten akzeptiert werden, wenn den Tieren ein genügend großes Freilandareal, nach Möglichkeit mit Teichanlage, zur Verfügung steht, das den Tieren eine artgerechte Bewegung ermöglicht.

tiv, durch Anlegen eines Gipsverbandes, oder mittels Ostiosynthese, das heißt mit Hilfe eines Marknagels, einer Verplattung oder Verschraubung, behandelt werden. Der Fortschritt der Tiermedizin ist auch hier Teil eines praktizierten Tierschutzes, der den Tieren hilft und ihnen Leiden und Schmerzen erspart. Die Knochenchirurgie praktiziert dabei die gleiche operative Technik wie die Humanmedizin, nur daß hierbei, durch die vielfältigen anatomischen Unterschiede zwischen den einzelnen Tierarten, eine wesentlich umfassendere Therapiebreite gefordert wird. Ebenso wie der Tierschutz durch die Verschiedenarten der Tiere und ihres Wesens ein sehr viel breiteres Aktionsprogramm hat als die soziale Pflicht des Menschenschutzes. Eine Oberschenkelfraktur eines Boxers ist eben ganz anders zu behandeln als die Fraktur an der Schwinge eines Kakadus oder eine Hufbeinfraktur beim Pferd. Bei aller Vorsicht ist es für den Katzenfreund schwer, seine Tiere vor solchen Gefahren ganz zu bewahren, weil es einfach kaum möglich ist, eine Katze immer ans Haus oder an die Wohnung zu fesseln. Trotzdem muß man sich aus Tierschutzgründen darum bemühen.

»Die Katze läßt das Mausen nicht«, sagt ein altes Sprichwort. Es liegt in ihrer Natur, daß sie ihr angeborenes Jagdtalent immer wieder an Vögeln ausprobiert, was wiederum die Vogelschützer auf den Plan bringt und sie des öfteren veranlaßt, in tierschutzwidriger Weise gegen die Katzen vorzugehen, zum Beispiel, indem sie mit Luftgewehren auf sie schießen. Wir tun den Katzen Unrecht, wenn wir sie wegen dieses Jagdtriebes verurteilen. So, wie die Katze in den Jahrtausenden ihrer Domestikation die Jagdleidenschaft bewahrt hat, besitzen auch die Vögel Eigenschaften, die sie vor ihren natürlichen Feinden schützen. Das hervorragende Auge, die immerwährende Wachsamkeit und das blitzschnelle Startvermögen geben ihnen die Überlegenheit, die sie nicht oft zu Opfern jagender Katzen werden läßt. Wenngleich gelegentlich die Vogelbrut oder Jungvögel zur Beute werden, sind es doch in der Regel meist kranke und lebensuntaugliche Vögel, die daran glauben müssen – eine natürliche Auslese der Natur, die Grundlage zur Erhaltung der Art, großen Schaden anrichteten. Der Getreidevorrat des afrikanischen Bauern ist nicht nur Nahrungsdepot für die Zeit zwischen den Ernten, er ist auch unverzichtbares Saatgut für das nächste Jahr. Ohne diese unantastbare Reserve ist der Hunger vorprogrammiert. Als in den fünfziger Jahren in China eine grassierende Katzenseuche weite Landstriche katzenfrei machte, waren der Verlust an Nahrungsgetreide und die Hungersnot groß. Nicht nur in den Vorratslagern, sondern vor allem auch auf den Feldern. Englische Schiffskatzen wurden noch vor nicht allzu langer Zeit für ihre Hilfe beim Kampf gegen die Bordratten mit Orden ausgezeichnet.

Wenn wir heute diesen Tieren auch keine Orden mehr umhängen, so sollten wir doch den großen Nutzen des Hautiers Katze für die gesamte Menschheit anerkennen und sie voll in unsere Tierschutzarbeit mit einbeziehen. Heute ist die Katze zum beliebtesten Tier für die Singles geworden. Es scheint, daß zum Drang des Alleinseins, zur Abkehr vom unter Umständen lästigen Partner, zur Idee des absolut selbständigen Lebens, doch die Sehnsucht nach einem Gefährten innerhalb der eigenen vier Wände gehört; und sei es eine schnurrende und schmeichelnde Katze.

Und gerade weil dies so ist, ist der Tierschutz bei der Katze ein besonderes Anliegen; daher einige wichtige Grundsätze für den Umgang mit Katzen aus dem Tierschutzgesetz:

Beim Reiseverkehr mit einer Katze soll diese immer in einem stabilen, geeigneten Transportkäfig transportiert werden, der ihr genügend Schutz gegen die Umgebung gibt, der ihr aber die Möglichkeit läßt, am Geschehen ihrer Umwelt teilzuhaben.

– Das Bewegungsbedürfnis einer Katze befriedigt man am besten mit einem Kletterbaum, der sich überall leicht installieren läßt. Das Anbinden der Katze in der Wohnung ist untersagt. Die Anleinung beim Ausgang muß mit der Katze geduldig geübt werden. Vor Ausstellungen und Reisen ist die Katze grundsätzlich schutzzuimpfen. Das Töten von jungen Katzen durch Ertränken ist tierschutzwidrig und verboten, ebenso wie das Euthanasieren mit einem Stromschlag vom Tierschutzgesetz geahndet wird.

IST DRESSUR TIERQUÄLEREI?

Damit unsere Kinder unsere Auffassung von Kultur kennenlernen und somit anerkannte und brauchbare Mitglieder unserer menschlichen Gesellschaft werden, müssen wir frühzeitig mit ihrer Erziehung beginnen. Wir lehren sie, aufs Töpfchen zu gehen, sich regelmäßig zu waschen, die Schule zu besuchen und ihren Teil der Hausarbeit zu übernehmen.

Nehmen wir uns ein Tier ins Haus, dann kommen wir auch hier um die Erziehung nicht herum, wenn nicht ständig Ärger und Verdruß zwischen Mensch und Tier herrschen sollen. Der Hund muß stubenrein sein, er muß lernen, daß Teppiche und Polstermöbel, Zeitungen und Pantoffeln nicht als Spielzeug oder gar zum Zerstören geeignet sind. Er soll lernen, Haus und Gut zu bewachen, keine Nahrung von Fremden anzunehmen, sich nicht von Jedermann streicheln zu lassen und sich dem Rhythmus und den Gewohnheiten des familiären Lebens anzupassen. Dressur, auch »Erziehung« beim Hund ist notwendiges Rudelleben. Es führt zur Rudeleinordnung und bietet Beschäftigung. Das Pferd lernt den Wagen zu ziehen, den Sattel zu tragen, mit Pflug und Egge die Furche exakt zu ziehen oder auf die Gewichts- und Zügelhilfe des Reiters richtig zu reagieren.

Je nützlicher ein Haustier dem Menschen bei der Arbeit und im täglichen Leben ist, desto mehr muß es lernen und desto länger dauert auch die Ausbildung und Erziehung. Der Polizeihund braucht eine bis ins letzte Detail ausgefeilte Dressurarbeit, um seiner Aufgabe gerecht zu werden. Vom Können und der Zuverlässigkeit des Blindenhundes hängen Leben und Gesundheit seines Herrn ab. Der Arbeitselefant hilft dem indischen Bauern, in unwegsamem Gelände den Urwald zu roden und neues Ackerland zu erschließen. Der Jagdhund ist ein getreuer und begehrter Helfer und Begleiter des Waidmannes, der Wasserbüffel bedeutet Reichtum und Arbeitsgrundlage für den Reisbauern, und ohne das Pferd wäre die Entwicklung der Menschheit in den vergangenen zehntausend Jahren nicht denkbar gewesen.

All diese und viele andere Tiere sind erzogen, abgerichtet und dressiert worden, wobei der Grad der Erziehung und Dressur, je nach ihrem natürlichen Talent und nach der Schwierigkeit ihrer Aufgabe und der Intelligenz und Lernfähigkeit der betreffenen Tiere, leichter oder schwerer ist. Parallel dazu ist die menschliche Erziehung in ihrer Intensität unterschiedlich. Die Leistung, die im Beruf gefordert wird, ist abhängig davon, ob die Grundlagen dazu bereits in frühester Jugend gelegt wurden. Dauer und Erfolg der Ausbildung hängen darüber hinaus eng mit der Lernfähigkeit eines jeden zusammen. Das ist beim Tier nicht anders als beim Menschen.

Ein guter Polizei- oder Blindenhund braucht Monate, oftmals Jahre, bis er seine wirkliche Leistung zuverlässig erreicht. Ein hochbegabtes Springpferd kommt in der Regel erst im zweiten Jahrzehnt seines Lebens zur Höchstleistung. Ein Spitzendressurpferd wie Nicole Uphoffs »Rembrandt« erreicht die Routine und vollendete Losgelassenheit, die den Tanz der Tiere so imponierend macht, fast immer erst im letzten Drittel seiner Laufbahn. Kein Wunder, daß für die hohe Schule eines Grand Prix meist zehn und mehr Jahre intensiver Ausbildung und Dressurarbeit notwendig sind. Dabei darf die Dressur praktisch niemals unterbrochen werden, wenn kein schwerer und nur durch straffe Nachholarbeit auszugleichender Leistungsabfall eintreten soll. Jede Unregelmäßigkeit rächt sich bei der Erziehung der Tiere genauso wie bei der Erziehung der Kinder. Jede Inkonsequenz führt zum Verdruß und zu Unlust auf beiden Seiten. Je höher die geforderte und gezeigte Leistung ist, desto eindeutiger wirkt sich dies aus. Der Hochseilartist, der nicht durch permanentes Training immer auf Höchstleistung ist, stürzt ab und auch der Meisterpianist, der nicht täglich stundenlang übt, verliert die meisterhafte Leichtigkeit seiner Interpretation. Der Drogenhund, der nicht ständig im Einsatz ist, wird unter Umständen nur noch bedingt tauglich sein, und der Galopper, der nicht hoch im Training steht, kann nicht gewinnen. So einfach und so hart sind hier die Bedingungen. Der ehrgeizige Maestro unterzieht sich diesen »Qualen« freiwillig, das Tier wird dazu veranlaßt, oder, wenn man so will, gezwungen. Aber dem Hund und dem Pferd kann die Sache Spaß machen und ihnen eine erkennbare Zufriedenheit geben.

Die Frage stellt sich, ob wir Menschen Tiere überhaupt dressieren dürfen? Bedeutet dieses Abrichten nicht einen schwerwiegenden Eingriff in das Leben und die Würde der Tiere? Ist solch lange, straffe und manchmal harte Dressur nicht eine unwürdige Quälerei?

Diese durchaus berechtigten Fragen sind nicht immer leicht zu beantworten, da die Erziehung, das Abrichten und die Dressur von Tieren eine außerordentlich vielschichtige Angelegenheit ist. Die Dressur eines Reit- und Fahrpferdes, das Abrichten eines Blindenhundes, das Gewöhnen einer Hauskatze an die Gegebenheiten in einer engen Wohnung, sind grundlegende Anforderungen, die den Sinn und Wert eines Haustieres, seine Funktion und Aufgabe in der menschlichen Gesellschaft generell betreffen und oft zur Voraussetzung für das Halten eines Tieres überhaupt werden. Lehnt man die Gewöhnung an die menschliche Gesellschaft ab, was bei zahlreichen Tierschützern vorkommt, dann lehnt man auch die Anerkennung des Kulturguts »Haustier« als wesentlichen Bestandteil ab. Ohne die Haltung von Haustieren ist diese Erde, so wie sie sich in Jahrtausenden entwickelt hat, nicht denkbar, und ich denke, auch nicht lebenswert. Deshalb meine ich, daß wir uns zu den Tieren innerhalb unseres Lebenskreises freudig bekennen sollten; nur so sind wir in der Lage, ihnen zu helfen und einen positiven Tierschutz zu betreiben.

Es ist zu bedenken, daß wir Menschen nicht wahllos Tiere erziehen und dressieren und ihnen Tugenden und Leistungen beibringen, sondern daß wir hierbei immer die natürlichen Veranlagungen und Fähigkeiten, vom Spiel- und Bewegungstrieb bis zu der oftmals unbändigen Kraft, und die hohen, bemerkenswerten Sinne fördern, auf diesen aufbauen und uns zu Nutzen machen.

Es ist bestimmt keine Tierquälerei, einen hierfür gezüchteten und veranlagten Jagdspaniel für die Niederwild- und Wasserjagd abzurichten, obwohl eine solche Abrichtung langwierig sein kann und von beiden große Geduld erfordert. Der Spaniel hat dafür ein sehr viel interessanteres Leben als sein Artgenosse, der bequem, fett und faul auf dem Sofa liegt. Der Spaniel wird in der jagdfreien Zeit richtig übellaunig und lechzt danach, mit seinem Herrn wieder hinaus in Wald und Flur zu gehen. Es ist sicher auch keine Tierquälerei, ein edles Reitpferd für die hohe Schule auszubilden, weil sich hier die Dressur auf der Grundlage und im Rahmen seiner natürlichen Veranlagung, die immer Voraussetzung jeder erfolgreichen Ausbildung ist, bewegt. Dem Tier werden keine artfremden Kunststücke beigebracht, sondern die in ihm schlummernden Talente und Kräfte geweckt und zu einer gewissen Höchstleistung trainiert. Dies gilt auch für die akrobatischen Kunststücke in der Zirkusarena, in der der kundige Beobachter die gleichen exzentrischen Bewegungsabläufe erkennen kann, die er auch bei einer Jungpferdeherde auf der weiten Koppel eines Gestüts sehen und erleben kann.

Es ist auch keine Tierquälerei, wenn ein Polizeihund bei einer Publikumsvorführung durch einen brennenden Reifen springt. Der Hund macht dies, wenn er es einmal begriffen hat, mit einer gewissen Leidenschaft, wie er notfalls im Ernstfall ein Kind aus einem brennenden Haus freiwillig retten wird. Er lernt und tut dies aus einer durch Veranlagung und intelligente Erfassung der gestellten Aufgabe geprägten Charaktereigenschaft heraus und im Vertrauen zu seinem Herrn, der gleichzeitig sein Rudelführer und meist sein Freund ist. Er ist in der Regel ganz bei der Sache und empfindet solche Vorführungen als interessantes Spiel, das dem manchmal langweiligen Tag eine gewisse Würze gibt.

Die Frage, ob das gleiche Kunststück, von einem Löwen oder Tiger in der Arena eines Zirkus vorgeführt, als Tierquälerei abzulehnen ist, erfordert eine wesentlich differenziertere Betrachtung und Beantwortung. Der einzige Sinn einer solchen Vorführung liegt natürlich in der Sensation, auch wenn sich Kinder oder Erwachsene dabei köstlich amüsieren oder schrecklich erschauern. Grundsätzlich lehne ich jede Art von Dressur von Wildtieren ab. Nach langen Gesprächen mit meinem alten Freund Bernhard Grzimek bin ich mir meiner Sache nicht mehr so sicher, zumal Grzimek nicht nur ein ausgezeichneter Tierkenner war, sondern als Tierschützer auf der ganzen Welt Bahnbrechendes für das Wohl der Tiere auf den Weg gebracht hat. Trotzdem, eine solche Dressur nützt zwar auch die natürliche Veranlagung und Kräfte dieser Tiere aus, aber zu Zwecken, die in keiner Beziehung zu ihrem natürlichen Leben und Lebensraum stehen. Auch meine ich, daß es entwürdigend ist, über die »Künste« eines Tanzbären zu lachen, besonders wenn man weiß, wie ihm das Tanzen beigebracht wurde. Gottseidank gibt es nicht mehr allzu viele seiner Art, dennoch darf man hier keinerlei Pardon geben. Der Tanzbär ist ein armes, zweckentfremdetes und gequältes Tier, dessen Vorführung nicht nur, wie in unserem Tierschutzgesetz, überall verboten gehört, sondern deren Führer weltweit wegen Tierquälerei streng bestraft werden sollten.

Die Zirkusleute, die ja meist große Tierfreunde sind und in einer engen Symbiose mit ihren Tieren leben, sind, was den Tanzbären betrifft, ganz meiner Meinung. Bei ihren Exoten, die zum Zirkus seit Tausenden von Jahren gehören, haben sie eine andere Sicht. Sie sagen, daß die heutigen Zirkustiere fast keine Wildtiere mehr sind, sondern Tiere, die in Zoos gezüchtet, geboren und großgezogen wurden. Die Bedingungen der Haltung in den Zoos haben sich auf Grund der Bestimmungen des Tierzuchtgesetzes zunehmend verbessert. Bei manchen Zirkussen kann man sie, trotz aller Vorbehalte, als gut bezeichnen. Es ist sinnvoll, diese eingesperrten Tiere von dem Alltagseinerlei wenigstens zeitweise zu erlösen und sie zu beschäftigen und ihren Bewegungstrieb auszunützen. Ihre Dressur und die Vorführungen haben diesen Zweck. Das oftmals enge Vertrauensverhältnis zwischen Wildtier und Dompteur oder Wärter wird durch allerlei Bewegungsübungen nicht nur intensiviert, sondern gibt den Tieren eine gewisse Möglichkeit, ihre Kräfte und Fähigkeiten zu erproben und macht ihnen ganz offensichtlich Freude. Man darf dabei nicht übersehen, daß begnadete Tierlehrer, wie zum Beispiel Gerd Simoneit, zu ihren Zirkustieren eine geradezu innige Beziehung haben und die Dressur fast spielerisch anmutet. Hierbei kommt nie das Gefühl auf, daß die Tiere zu Übungen gezwungen werden, die ihnen unangenehm sind oder gar Angst verursachen.

Diese genannten Beispiele zeigen, wie schwer die eingangs gestellte Frage zu beantworten ist. Ganz allgemein kann man deshalb sagen, daß die Dressur von wilden Tieren, oder von Tieren ganz allgemein, dann Tierquälerei ist, wenn um der Sensation willen Leistungen abverlangt werden, die nicht arttypisch für sie sind, ihre Fähigkeiten sowie ihre Kräfte überfordert werden. Menschen, die zu einer verantwortungsvollen Dressur und Abrichtung nicht fähig sind, denen das volle Verantwortungsbewußtsein für die Tiere fehlt, sollten unter allen Umständen davon abgehalten werden. Wichtige Voraussetzung für eine erfolgreiche Dressur ist unter anderem die tiergerechte Haltung, Fütterung und Pflege, die keine Wünsche offenlassen dürfen. Genauso wichtig ist die Liebe des Dompteurs zu seinen Tieren. Nur dann ist überhaupt ein durchschlagender Erfolg möglich. Der legendäre Pferdezüchter und Reiter Freiherr von Langen hat, nach dem Grund seiner reiterlichen Erfolge gefragt, geantwortet: »Ich liebe meine Pferde und meine Pferde lieben mich.« Das gleiche kann ein Simoneit oder ein Knie auch sagen.

Menschen, denen diese Vorbedingungen nicht gegeben sind oder bei denen die Bedingungen des Umfeldes nicht stimmen, müssen Haltung und Schaustellung exotischer Tiere grundsätzlich verboten werden. Dazu gehört auch, daß die im Tierschutzgesetz vorgeschriebenen Käfiggrößen oder Haltungsbedingungen alle erfüllt sind. Die tierärztliche Überwachung muß im Sinne der Tiere in jeder Hinsicht intensiviert werden. In Fällen, in denen begnadete, charakterlich integre Lehrer mit Tieren Kunststücke vorführen, die den Tieren selbst offensichtlich Spaß machen, zu denen ich die Darbietungen im Zirkus zähle, halte ich Dressur für eine hohe Kunst, die das Los gefangengehaltener Tiere wesentlich verbessert. Die Frage ist nur, wer ist in der Lage, die Fähigkeit des Tierlehrers oder Dompteurs exakt zu beurteilen. Nicht jeder ist bei diesem Vorgang so befähigt wie Gerd Simoneit, der seinem riesigen Braunbären, der aufrecht stehend gerade doppelt so groß ist wie er selbst, den weißen Dressurstab zuwirft, den der Bär mit beiden Händen auffängt, um ihn seinem Herrn wieder zurückzuwerfen; und dies mehrmals hin und her. Hier ist selbst für den Laien zu erkennen, daß Bär und Mensch in einem geradezu spielerischen Einvernehmen ihre Vorführung abziehen.

Allem voran muß die Grundforschung die gesundheitliche Überwachung aller Tierbestände im Zirkus und Schaustellergewerbe sein. Hier sind die zuständigen Veterinärbehörden und die Tierfreunde aufgefordert, die immer wieder auftretenden Mißstände und Skandale so schnell wie möglich zu erkennen und abzustellen. Im Laufe der vergangenen Jahrzehnte haben sich kundige Tierärzte weitergebildet, die im Rahmen ihres Aufgabengebietes sehr tiefgehende und einfühlsame Kenntnis über alle Fragen der Dressur und Ausbildung von Schautieren haben. Sie werden nicht nur vom Tierschutzgesetz unterstützt, sondern in zunehmendem Maße durch die Mitarbeit der Zuchtvereine, der Tier- und Vogelparks und vieler engagierter Tierzüchter.

Seit vielen tausend Jahren werden Tiere dem Menschen dienstbar gemacht. Die gesamte Domestikation der Tiere ist mit einem gewissen Zwang und mit Abrichtung, Ausbildung und Dressur verbunden. Das trifft die Nutztiere ebenso wie die Haus- und Heimtiere, soweit sie als Gefährten des Menschen gebraucht werden. Ich möchte das Wort »mißbraucht«, das für viele radikale Tierschützer eine Selbstverständlichkeit ist, nicht verwenden, obwohl es natürlich überall auf diesem Gebiet Verstöße und Mißbrauch gibt.

RODEO – EIN TIERQUÄLERISCHER UNFUG?

Jeder Tourist, der den Süden und Mittelwesten der Vereinigten Staaten von Amerika, oder auch Mexiko besucht, stößt eines Tages unwillkürlich auf die Veranstaltung eines Rodeos. Rodeos sind spanische Reiterspiele, die, von den Cowboys als Zeitvertreib wiederentdeckt, heute eine ernsthafte, perfektionierte, mit vielen Geboten, Verboten und Regeln ausgestattete Volksbelustigung sind. Die Teilnehmer beim Rodeo wehren sich natürlich eminent gegen die Bezeichnung Volksbelustigung und sehen ihr Unterfangen als einen ernsthaften sportlichen Wettkampf an, der allen anderen Wettkämpfen mit Pferden gleichgestellt ist. Auch die Züchter und Halter von Rodeo-Pferden lassen diese Abqualifizierung nicht gelten und weisen auf die strengen Regeln in Zucht, Haltung und beim Einsatz von Rodeo-Pferden hin. Wie im Pferdesport, bei den Galoppern und Trabern, gibt es hochtalentierte, berühmte Rodeo-Pferde, die der ganze Stolz ihrer Besitzer und der Verbände sind.

Tierschützer, besonders solche, die sich beim Sport mit Pferden wenig auskennen, sind oftmals entsetzt und sehen in solchen Zwangsveranstaltungen eine reine Tierquälerei. Ihnen geht nicht in den Sinn, daß das Bocken, Springen und Buckeln der Pferde eine zeitweilige Pose ist. Diese wird mitunter ausgelöst durch das Anlegen eines stramm angezogenen Nietengürtels. Dieser Druck dient dazu, den jeweiligen Reiter in der kürzesten Zeit in den Sand zu werfen. Dabei dürfen vom Reiter keine Sporen eingesetzt werden und auch Sattel und Zaumzeug unterliegen strengen Kontrollen. Die Pferde müssen nur buckeln, wenn sie in der Arena unter dem Reiter sind. Ist die Schau vorbei, stehen sie brav an ihrer Anbindestange oder fressen ruhig das Gras in ihrem Paddock. Man kann sich ihnen nähern, sie streicheln oder füttern. Keine unbändige Wildheit, kein Zähneblecken und kein Augenrollen ist zu sehen. Die Pferde sind auch nicht erschöpft, da der Einsatz reglementiert ist. Sie sind gut gepflegt und gut gefüttert und werden von ihrem Besitzer oder Halter genauso gut versorgt wie fast alle leistungserbringenden Sportpferde. Von Tierquälerei kann, sieht man den Rodeo-Sport in seiner

Gesamtheit, sicher keine Rede sein. Das Bocken und Springen der Pferde in der Arena entspricht auch weitgehend ihrer natürlichen Veranlagung; man kann dies auf jeder Fohlenweide mit hochgezüchteten und hochveranlagten Pferden beobachten.

Die eigentlich Gequälten bei der ganzen Sache sind die Reiter, diejenigen, die versuchen, sich möglichst lange im Sattel zu halten. Für sie ist der Rodeo-Sport keine ungefährliche Sache und es wird immer wieder über schwere Verletzungen und Knochenbrüche berichtet. Aber welcher Sport ist risikofrei? So weisen die Rodeoveranstalter bei Meldungen über Tierquälerei bei ihrem Sport immer wieder darauf hin, daß sich die besorgten Tierfreunde eher gegen die Menschenquälerei dabei richten sollten. Aber, wie gesagt, die Rodeo-Teilnehmer setzen sich freiwillig diesen Gefahren aus und sind stolz darauf, den Sieg oder eine Plazierung zu erringen.

Es kommt für den Tierschutz deshalb, wie bei jeder Reitsportveranstaltung, darauf an, streng darauf zu achten, daß die Regeln zum Schutze der Pferde eingehalten werden.

DELPHINE IN GEFANGENSCHAFT

Delphine haben eine silbrige bis glänzendschwarze Haut, mit einem weißen, oftmals herzförmigen Kehlfleck, sie haben eine kugelrunde Stirn und schräg nach oben weisende Mundwinkel, hinter denen die Augen sitzen, sichelförmige, weit unten am Vorderleib eingesetzte Brustflossen und schlanke, seitlich zusammengedrückte Körper. Sie sind eine der elegantesten und intelligentesten Tiere der großen Meere und gehören als Wassersäugetiere zur Familie der Zahnwale. In der Stirnausbuchtung, der sogenannten »Melone«, die ein fetthaltiges Stirnpolster ist, vermutet man das Zentrum des den Delphinen typischen Ultraschalls. Die Neugier, die Zutraulichkeit, die Gelehrigkeit, die artistisch anmutenden Sprünge, Kapriolen und Kunststücke, die vielseitige »Sprache« und hochangesiedelte Intelligenz haben den Delphin seit altersher zum Freund und Begleiter der seefahrenden Menschen gemacht. Die Mythologie ist voller Geschichten über die enge Verbindung von Delphinen und Menschen. Sagen und Beispiele darüber, wie Delphine den Menschen das Leben gerettet haben, ziehen sich durch die Jahrtausende. Schon seit Jahrzehnten werden Delphine in großen Seewasser-Aquarien zu Forschungs- und Militärzwecken gehalten. Der Mensch weiß über kaum ein anderes im Wasser lebendes Tier so gut Bescheid wie über die Delphine.

Ihre Intelligenz und ihre Schwimmkunststücke haben den Menschen auch immer wieder verleitet, Delphine in Gefangenschaft, in sogenannten Delphinarien zu halten und zur Schau zu stellen. Wenn die Delphinarien so groß sind wie Seewasser-Aquarien in Florida oder Kalifornien, kann man eine solche »Gefangenschaft« dieser bewegungsfreudigen Meeressäuger noch akzeptieren. Auch die Kunststücke, die die Delphinschulen ihnen beibringen, wie das »Tanzen« (das sie mit Hilfe der Schwanzflossen, in aufrechter Haltung über der Wasseroberfläche, vorführen) müssen unter der Prämisse der Bewegungstherapie gesehen werden. Ebenso die meisterhaften Sprünge hoch in die Luft, nach Fischen und anderer Nahrung zielend. Auch die enge Beziehung, die die Delphine zu ihren Trainern gewinnen, macht deutlich, daß die ganze Show keine Dressur im negativen Sinne darstellt, sondern eine Art Spiel, die Tier und Mensch in einem gegenseitigen Geben und Nehmen einander näherbringt. Kein wirklicher Tierfreund hat hierbei das Gefühl, daß die Tiere gegen ihren Willen dressiert oder manipuliert werden, sondern gewinnt den Eindruck, daß sich die Tiere dabei wohlfühlen und mit »Spaß« bei der Sache sind.

Leider hat die Sensationsgier dazu geführt, daß immer mehr sogenannte Freizeitparks auf die Attraktion eines Delphinariums nicht mehr verzichten wollen. In vielfach viel zu kleinen, völlig ungeeigneten Tümpeln werden Delphine gehalten und von teilweise ungeeigneten, stümperhaften »Delphinlehrern« trainiert und vorgeführt. Das unentbehrliche Lebenselement des durchfluteten Seewassers ist oftmals nur noch eine keimverseuchte Salzbrühe. Der notwendige Bewegungsraum für diese kühnen Schwimmer fehlt an allen Ecken und Enden und auch die unabdingliche Nahrung mit seefrischen, lebenden Fischen läßt zu wünschen übrig. Die gesamten Lebensbedingungen stimmen nicht. Man kann hier nur von einer Qualhaltung sprechen, bei der diese hochintelligenten Tiere sehr bald einen Kerkerkoller bekommen, krank werden und sterben, wobei die mangelnde Wasserqualität eine der wesentlichen Ursachen ist. Die veterinärpolizeiliche Überwachung muß hier strenge Richtlinien anlegen und alle ungeeigneten Delphinarien unverzüglich verbieten und schließen. Der Tierschutz ist augefordert, politischen Druck auszuüben, daß diesen liebenswerten, menschenfreundlichen Delphinen der ihnen zustehende Schutz zukommt.

GEHEGEHALTUNG VON STRAUSSENVÖGELN

Seit Menschengedenken wurden wildlebende Tiere, gewissermaßen als eine Art Haustiere, in Gattern oder Gehegen gehalten. Bevor die Ziege im Bergland Anatoliens, Nordsyriens, Persiens oder der uralten Stadt Jericho als Haustier gezüchtet und gehalten wurde, waren es vorwiegend die Völker des vorderen Orients, die vor etwa 12 000 Jahren gezähmte Gazellen gehalten haben.

Berittene Hirten der Steppenvölker in der Südukraine haben noch Ende des 19. Jahrhunderts große Herden von halbwilden Elen-Antilopen gehütet und, ebenso ohne züchterische Eingriffe, gewissermaßen als Haustiere gehalten. Dabei haben sie umfangreiche Versuche zur Domestikation dieser großen, starken und prächtigen Tiere aus der afrikanischen Savanne unternommen. Die Tiere wurden relativ schnell handzahm und ließen sich sogar melken. Sie gingen, im Gegensatz zu den Ziegen und Rindern, mit der Grasnarbe vorsichtig um und zerstörten die Vegetationsdecke nicht. Auch in der Brunst war das Verhalten innerhalb des Verbandes ohne große Probleme und die in Gefangenschaft geborenen Kälber zeigten wenig Fluchtbereitschaft nach der Ablegezeit. Das bedeutet, daß sie als Wildtiere ein relatives Vertrauensverhältnis zu den sie haltenden Menschen entwickelt haben.

Solche und ähnliche Beispiele mit den verschiedensten wildlebenden Tieren gibt es in großer Zahl, bis hin zu großen Raubsäugern, wie beispielsweise dem Geparden. Besonders in Afrika, aber als Importtier auch in Indien, wurde er als eine Art Jagdhund gehalten und die Jägerfama erzählt vielfach von unglaublich anmutenden Geschichten, in denen Geparde ihren Herrn todesmutig gegen angreifende Großkatzen, Bären, ja sogar Tiger geschützt und gerettet haben. Ohne die Glaubwürdigkeit solcher Geschichten allzusehr zu strapazieren, geben sie doch ernstzunehmende Hinweise, daß Wildtiere durchaus in Gemeinschaft mit Menschen leben und ein gewisses Verhältnis zu diesen entwickeln können.

Das letzte Beispiel, das zur Zeit in Mode und damit in die Schlagzeilen gekommen ist, ist die Straußenhaltung in der nördlichen Hemisphäre der Industrieländer. Teils sind es »Liebhabereien«, teils durchaus merkantile Bemühungen um das Geschäft mit den Straußenfedern, dem kostbaren Leder und dem gutschmeckenden Fleisch. Der Strauß ist ein großer Laufvogel, der in Südafrika schon seit langem in großen Steppenarealen als »Haustier«, ohne züchterische Eingriffe, aber merkantil, mit wirtschaftlichem Interesse gehalten wird. Der Unterschied zu einer Straußenhaltung in norddeutschen Gefilden ist natürlich gravierend. Südafrika ist eines der wichtigsten Vorkommensgebiete des Straußes. Dem Klima dort ist dieses große Bewegungstier hervorragend angepaßt. Das gleiche gilt für die Weite der Steppe und deren Nahrungsgrundlage und Vegetation. Die Straußenfarmen dort haben, im Gegensatz zu den Gehegen in Deutschland, riesige Ausmaße und entsprechen vielfach den Gegebenheiten der freien Steppe. Der dichtere Besatz wird durch intensive zusätzliche Fütterung ausgeglichen. Die in Arealen gehaltenen Straußenvögel entwickeln teilweise ein relativ vertrautes, angstloses Verhältnis zu ihren Haltern. Sie lassen sich sogar reiten, was besonders bei den Jugendlichen ein beliebter Sport ist.

In unserem Lande sieht alles anders aus: Die Hälfte des Jahres ist es ungemütlich kalt, fällt Regen oder Schnee. Der Bewegungsraum, den Gatter oder Gehege bieten, ist für den großen Laufvogel Strauß von bedrückender Enge. Die flugunfähigen Laufvögel können von Natur aus ausgiebig und sehr schnell laufen. Sie sind aber kein ausgesprochenes Fluchttier, sondern wehren sich in auswegsamer Situation, oder wenn es um den Schutz ihrer Jungen geht, mit ihren kräftigen Beinen durch wildes Umsichschlagen. Die im Gatter gehaltenen Strauße sind nicht domestiziert, sondern bleiben Wildvögel. Sie leben in der Paarungszeit in kleinen Gruppen von drei bis vier Tieren zusammen; in der nordeuropäischen Straußenhaltung werden sie teilweise zu hunderten zusammengepfercht. Sie erreichen eine relative Größe von über zwei Metern und können dabei bis zu 150 kg schwer werden. Der Boden der Steppe und Savanne ist in der Regel trocken und hart, während sie im heimischen Gehege vielfach im Morast stehen. In der Freiheit oder im Gatter der großen Straußenfarm Südafrikas nimmt der Strauß sein tägliches ausgiebiges Sandbad und dennoch findet er einen trockenen Nistplatz, eine Voraussetzung, die selbst in der gut geführten Straußenfarm unserer Breitengrade aus witterungs- aber auch hygienischen Gründen kaum zu realisieren ist. Ganz allgemein kann man feststellen, daß der Straußenvogel in Deutschland gravierende Umfeld- und Umweltunterschiede vorfindet und hinnehmen muß. Schon diese wenigen Charakterisierungsmerkmale machen deutlich, daß der Strauß weder ein Haustier ist, das sich in langer Domestikation den gegebenen Verhältnissen seiner Haltung weitgehend angepaßt hat, noch ein in unseren Breitengraden lebendes Wildtier, wie Hirsch oder Wildschwein, das sich ohne Zweifel in einem geräumigen, baumbestandenen, naturbelassenen Wildgatter wohlfühlen kann. Es ist und bleibt ein in den weiten Savannen und Steppen der südlichen Welt beheimatetes Wildtier, für das hier alle Voraussetzungen einer angepaßten Haltungsform fehlen. Seit 1830 werden Strauße im Süden Afrikas in Farmen gehalten, dennoch sind sie, trotz der Züchtung innerhalb des Wildgatters, Wildvögel geblieben, die zu ihrem Gedeihen, ihrem Wohlfühlen und für ihre Gesundheit Voraussetzungen benötigen, die ihnen hier, bei bestem Willen, nicht geboten werden können.

Obwohl sich sogenannte Sachverständige darum bemühen, die Haltung von Straußen an Mindestvoraussetzungen zu koppeln, die den Tieren Lebensbedingungen garantieren, die sie als tiergerecht und vertretbar einstufen, ändert dies an den grundlegenden Voraussetzungen wenig. Was nützt es, wenn gesetzliche Mindestgrößen der Stallfläche, die Höhe und das Material der Zäune, der Umfang des Laufhofes, die Fütterungsmodalitäten usw. usw. vorgeschrieben werden? Dies alles ist im Grunde bürokratischer Schnickschnack, der den Lebensgewohnheiten der Straußenvögel keineswegs gerecht wird und der den Eindruck vermittelt, daß alles tiergerecht sei. Vielfach sind diese Vorschriften, einschließlich den gesetzlichen Bestimmungen im Tierschutzgesetz, nicht mehr als Mindestanforderungen, die nur wenig mit der Tierschutzethik zu tun haben und, zumindest bei der Haltung exotischer Wildtiere, nichts weiter als ein Mäntelchen der Beschwichtigung für diejenigen Menschen, die sich ernsthaft über die Straußenhaltung in unseren Breitengraden Gedanken machen.

Deshalb sollte ganz klar Stellung bezogen werden, so wie es die Bundestierärztekammer getan hat: keine Straußenhaltung in unserem Land. Wer diesen stolzen Vogel in freier Wildbahn gesehen und erlebt hat, dem tut es in der Seele leid, die eng zusammengepferchten

Großvögel im kalten und nassen Gatter wiederzusehen! Hier darf es nun wirklich keine faulen Kompromisse geben, trotz aller Vorschriften über Bodenbeschaffenheit und Gehegeeinrichtungen sowie Maßnahmen bei Nässe und Kälte, Fütterung und Gesundheitsvorsorge. Der Straußenvogel gehört nicht hierher.

WIE GUT GEHT ES ZOOTIEREN

Jeder, der die großartigen Wildreservate in der Serengeti, den Lake Maniara, die Etoschapfanne, den Krüger Nationalpark und andere Plätze kennt und dort die eindrucksvolle Vielfalt einer noch intakt erscheinenden Tierwelt erlebt, hat seine Schwierigkeiten mit der Beantwortung dieser Frage. Er ist geneigt, die Gefangenschaft dieser faszinierenden Tiere von vornherein als eine Vergewaltigung der Tiere an sich zu empfinden. Wenn er dann nachträglich einen Bummel in der Stuttgarter Wilhelma, im Frankfurter oder Berliner Zoo, bei Hagenbeck in Hamburg und in vielen anderen berühmten Tiergärten gemacht hat, ist er seiner Antwort nicht mehr so sicher.

Die Frage, ob man wilde Tiere einsperren oder in Gefangenschaft halten darf, ist so alt wie die Menschheit selbst, denn zu allen Zeiten hat der Mensch dies getan. Die alten Ägypter hielten und verehrten die Löwin als geheiligtes Tier in den Tempeln der Göttin Bast. Die römischen Caesaren berauschten das Volk mit Gladiatorenkämpfen und ließen in der Zeit der Christenverfolgung Menschen als »Volksbelustigung« wilden Tieren zum Fraß vorwerfen; eine unglaubliche Barbarei und Verstoß gegen den Menschen- und Tierschutz. Die braven Berner pirschten in die Bergwälder der Schweiz, um Meister Petz einzufangen, ihn zu hegen und zu pflegen, vor allem um ihn einzusperren und ihn später als Wappentier aufs Schild zu heben. Fürwahr, zimperlich gingen die Menschen weder miteinander noch mit den von ihnen abhängigen und gefangengenommenen Tieren um, wobei sich die Grausamkeiten untereinander noch wesentlich bestialischer darstellten, als im Verhältnis Mensch und Tier. Ich meine, hier hat sich bis heute wenig geändert.

Wie sieht es mit dem Fang wilder Tiere aus? Versündigt sich der Mensch nicht wider die Natur? Daß Haustiere, in Freiheit übergeben, wenig gegen die Gefahren des Alltags gewappnet sind, ist allgemein bekannt. Die verwilderte Kuh wüßte kaum, wie sie im futterarmen Winter überleben sollte, das unerfahrene Haushuhn wäre eine willkommene Beute des Fuchses, und dem hochgezüchteten Mast- und Leistungsschwein fehlten alle Eigenschaften, die seinen

Vetter, das Wildschwein, überleben lassen. Auch der selbstbewußte, bunte Wellensittich ist in Freiheit nur eine willkommene Beute des nächsten Greifvogels. Die Haustiere, obwohl direkte Nachkommen einst gefangener wilder Tiere, können in Freiheit kaum noch existieren und sind auf das Patronat des Gefangenseins angewiesen.

Zu allen Zeiten hat es aber Menschen gegeben, die das Los gefangener wilder Tiere bedauerten und die über die Künste des Tanzbären nicht gelacht, sondern geweint haben. Aber hier hat sich, besonders infolge der Aktivitäten der Tierschützer, manches geändert. Der gefangene Löwe lebt heute nicht mehr im knapp zwei Quadratmeter großen Käfig oder im dunklen, naßkalten, modrigen Burgverließ, sondern in einer, vom Tierschutzgesetz vorgeschriebenen, geräumigen Zelle oder gar in einem modernen Freigehege, das dem Betrachter optisch eine pseudoafrikanische Landschaft vorspiegelt. Man ist heute bestrebt, den wilden Tieren eine Haltung anzubieten, die möglichst viele der ihrer natürlichen Veranlagung entsprechende Komponenten aufweist. Dies bleibt jedoch ein Scheinbild, da es dem im Zoo geborenen und aufgezogenen Löwen kaum eine Vorstellung der afrikanischen Steppe vermittelt, die er ja noch nie gesehen hat, und seinem Bewegungsdrang nur in ungenügender Weise Raum gibt.

Aus dem Einsperren und Zurschaustellen wilder Tiere ist eine ernsthafte Wissenschaft geworden. Kenntnisreiche tierliebe Zoologen und Tierärzte bemühen sich um die bestmögliche Unterbringung der Tiere. Zwar hat noch keiner den Löwen gefragt, ob er lieber im Frankfurter Zoo oder in der Serengeti sein möchte, aber mittlerweile können die allermeisten dieser Tiere (selbst wenn sie wollten), diese Frage gar nicht beantworten, da sie eben im Zoo geboren wurden und die freie Wildbahn mit ihrer Großartigkeit, aber auch ihren Gefahren und ihrem ständigen Überlebenskampf, niemals kennengelernt haben. Aus seinem Aussehen, seinem Verhalten und seiner Reaktion gegenüber den ihn betreuenden Wärtern kann man schließen, daß der Löwe das Leben im Zoo als durchaus »löwen-oder tierwürdig« akzeptiert. Er hat sich daran gewöhnt, empfindet es nicht als Qual und ist scheinbar mit seinem Los recht zufrieden. Zu dieser Meinung muß früher oder später jeder Zoologe, betreuende Tierarzt und Wärter kommen, auch wenn viele Zoobesucher sich über die Situation der Tiere erregen. Dem Zootier bringt seine Lage manche Bequemlichkeit, besonders in bezug auf die »Nahrungssuche«. Die zahlreichen Fälle, in denen entlaufene oder in Freiheit entlassene Exoten freiwillig wieder in ihren Käfig zurückgekehrt sind und ihre Wärter sowie ihre Futterstelle mit dem Ausdruck der Zufriedenheit begrüßt haben, bestätigen dies.

Der die unbegrenzte Freiheit des Himmels liebende Wanderfalke kehrt gerne zu seinem Falkner und seiner Futterstelle und seinem Standbaum zurück. Obwohl engagierte Tierschützer die Falknerei als einen Ausbund der Tierquälerei bezeichnen, fällt es mir, nachdem ich mich ausgiebig über die Falknerei informiert und mit ihr beschäftigt habe, schwer, diesen Vorwurf der Tierquälerei nachzuvollziehen. Seit Jahrtausenden war und ist die Falknerei und die Falkenzucht eine Art Sport. Soweit ich es beurteilen und überprüfen konnte, sind die Falken in der Regel gut gehalten, haben bei ihrem Einsatz, ohne irgendwelche Fesselung, das weite Areal der Lüfte für sich, könnten also jederzeit die Flucht ergreifen. Sie sind auch keine, wie immer wieder behauptet wird, seelischen Krüppel und auch nicht wie in Trance. Man spürt eine enge Verbindung zu ihrem Falkner. Sie kommen auch nicht aus Hunger zu ihrer Futterstelle zurück, denn Nahrung könnten sie sich bei der Jagd jede Menge selbst erjagen, sondern es ist die Vertrautheit oder Verbundenheit, die sie an ihren Falkner bindet.

Der moderne Zoo ermöglicht es uns nicht nur, den fast unübersehbaren Artenreichtum der Tierwelt wenigstens in einem kleinen Ausschnitt kennenzulernen, sondern gibt uns lehrreiche Einblicke in das Verhalten und in die Heimat der Tiere. So darf man das Exotarium des Frankfurter Zoos schon als eine außerordentliche Präsentation bezeichnen. Jeder Tierfreund wird beim Anblick der gesunden und gepflegten Tiere die eingangs gestellte Frage, ob man wilde Tiere einsperren darf, eher positiv beantworten. Natürlich ist Zoo nicht gleich Zoo. Es gibt noch viele Schwachpunkte und bei vielen Zoos besteht ein außerordentlicher Nachholbedarf. Tierhandel und viele Tierschauen zeigen erhebliche Defizite auf, die teilweise katastrophal und in keiner Weise dem Tierschutzgesetz entsprechend zu katalogisieren sind. Man darf aber auch die Tatsache nicht außer acht lassen, daß ein Großteil der Zootiere wirkliche Zootiere sind, das heißt im Zoo geboren wurden und aufgewachsen sind. Sie werden im Zoo alt, wesentlich älter als dies ihnen im Überlebenskampf der freien Natur je möglich wäre.

Außerdem verdanken es wir den Zoos, daß manche in der freien Wildbahn fast ausgestorbene oder um ihre Existenz ringende Arten, wie zum Beispiel die Wisente, bisher erhalten werden konnten. 1921 wurden die letzten fünf in den Urwäldern von Bialoweza lebenden Wisente durch Wilderer abgeschossen. Zu diesem Zeitpunkt gab es nur noch 56 Tiere dieser Art, die in Zoologischen Gärten in ganz Europa verstreut lebten. Darunter waren noch 22 zuchtfähige Wisentkühe. Auf den Aufruf »Wisent in Not« des damaligen Direktors des Frankfurter Zoos, Dr. Kurt Priemel, kamen Zoologen, Tierärzte und Vertreter des Naturschutzes zusammen, gründeten die »Gesellschaft zur Erhaltung des Wisents« und ermöglichten, daß heute wieder zwischen 600 und 900 Exemplare in Europa und Amerika leben. Auch deshalb sollten wir die Frage »Darf man wilde Tiere einsperren« nicht undifferenziert beantworten.

Für viele wilde Tiere bedeutet Gefangenschaft heute eine Art Asyl; die rapide Zunahme der Weltbevölkerung wird immer mehr Tierarten den Lebensraum nehmen, immer mehr Zoologische Gärten und Naturschutzparks zu Asylheimen exotischer aber auch heimischer Tiere machen. Schaut man die Situation der Wildtiere auf unserer Erde an, so muß man feststellen, daß ihnen nahezu überall das Aussterben droht. Bevölkerungsreiche Länder wie China oder das überbevölkerte Indien haben eigentlich schon heute kaum noch einen nennenswerten Wildtierbestand, von wenigen Bereichen, meist in subtropischen Gebieten, abgesehen. Auch das große und ehemals wildreiche Afrika, das noch keineswegs als übersiedelt bezeichnet werden kann, hat in weiten Bereichen, besonders in den Umgebungen der wildwuchernden Menschenansiedlungen und Metropolen, nur noch sehr wenig Wildtiere aufzuweisen. Die riesigen Tierherden, die uns im Fernsehen faszinieren, beschränken sich auf die wenigen Nationalparks, winzige Areale auf der Karte des großen Afrikas. Wir verdanken es den jungen Staaten in Afrika, aber auch Männern wie dem deutschen Tierarzt Bernhard Grzimek, daß man in Afrika noch die Symbiose, das Zusammenleben großer Tierbestände in der freien Wildbahn beobachten und studieren kann. Es ist eine kulturelle Leistung besonderer Art. Nicht umsonst wurde Bernhard Grzimek von fast allen Staaten und zoologischen Gesellschaften hoch geehrt in nahezu allen Ländern dieser Erde. Auch die Wildtierbestände in Ländern wie Deutschland verdanken ihre

Existenz vielfach nur noch der Hege des Menschen. Ohne diese Eingriffe in die sich besonders auch durch die menschliche Einwirkung nicht mehr im Gleichgewicht befindliche Natur wären auch bei uns noch mehr Wildtiere, als dies tatsächlich der Fall ist, ausgestorben. Man darf deshalb als Tierschützer nicht unqualifiziert über die Jäger, die »nur Tiere abknallen«, schimpfen, sondern sollte die ordnende Funktion und die Hege des Waidmanns als Erhalter unserer heute noch in heimischen Gefilden lebenden Wildtierbestände anerkennen. Sicher, es gibt viele Tierschützer, die berechtigterweise sagen, daß es der Mensch war, der diese Zustände ausgelöst und veranlaßt hat; natürlich; aber diese Entwicklung verläuft seit Jahrtausenden und ist nicht mehr zurückzudrehen. Man darf hier kein blauäugiger Träumer sein, man muß die Verhältnisse sehen, wie sie sind, man muß erkennen, daß das Paradies überall verloren ist und muß akzeptieren, daß erfolgreiche Tierschutzarbeit nur auf den gegebenen Voraussetzungen möglich ist.

Die Frage »Wie wird es weitergehen mit den Wildtieren auf unserer Erde?« gibt uns auch die Antwort auf die Frage: »Darf man Wildtiere einsperren?«

Bei der unaufhaltsam fortschreitenden Bevölkerungsexplosion wird zwangsläufig der Lebensraum der Wildtiere ständig weiter eingeengt, und die Zeit wird kommen, sehr schnell sogar kommen, wo der Mensch jedes Stück nutzbaren Bodens auf dieser Erde dringend für sich selbst beanspruchen wird. Wildtiere haben dabei keine Chance. Auch die faszinierenden Wild- und Nationalparks, mögen sie noch so gute Devisenbringer sein, werden dem Bevölkerungsdruck nicht standhalten, so wenig, wie es den Massai noch lange möglich sein wird, mit ihren Rinderherden über die Savanne zu ziehen, in Konkurrenz mit den Bauern und den Tierreservaten. Intakte Naturgebiete, wie der tropische Regenwald Amazoniens oder der Südpol, werden auf Dauer der Begehrlichkeit des Menschen nicht widerstehen können. Besonders die fortschreitende Zerstörung so intakter Biotope wie dem Regenwaldgürtel der Erde, die ja bereits voll im Gange ist, zerstört auch Tausende von Pflanzen- und Tierarten unwiederbringlich. Ich habe meine berechtigten Zweifel, ob es je gelingen wird, hier das Ruder herumzureißen und die Menschheit und die betroffenen Staaten an ihre Verantwortung zu erinnern. Was wurde in den Weltnaturschutzkonferenzen alles versprochen, und was ist die heutige Realität? Wo erkennt man auch nur ein kleines Stückchen des Umdenkens und positiven Handelns?

Es wird uns also gar nichts anderes übrigbleiben, als exotische, vom Aussterben betroffene Tiere in zoologischen Gärten und Naturschutzparks einzusperren, um sie für die Nachwelt zu erhalten. Nachdem die Verhaltensforschung, die Zoologie und die Tiermedizin auf dem Gebiet der Haltung von Wildtieren in der Gefangenschaft außerordentliche Erkenntnisse gewonnen haben, werden sich diese Tiere, besonders wenn sie in Gefangenschaft gezüchtet wurden, wohlfühlen. Aber unsere tierschützerische Wachsamkeit sollte ihr Augenmerk darauf richten, daß diese Tiere nur von erfahrenen Fachleuten in dafür geeigneten Anlagen gehalten werden, die zwar keinen Ersatz für das Leben in freier Wildbahn bieten, aber im Rahmen der Verhaltensforschung und des Tierschutzes akzeptiert werden können. Auch hier muß, wie beim Zirkus, die Spreu vom Weizen getrennt werden und eine lückenlose tierärztliche Überwachung dafür sorgen, daß nur erstklassige Anlagen akzeptiert werden können. Bei all diesen Betrachtungen muß man sich aber darüber im klaren sein, daß die Erhaltung von Tieren in der Schutzzone der Zoos nur ein Tropfen auf einem heißen Stein ist, die im Gesamtbild des permanenten Aussterbens ganzer Tierpopulationen kaum mehr als eine Alibifunktion hat. Tiergärten können die weltweit bedrohte Tierwelt nicht retten, sie können lediglich dazu beitragen, daß das Bild so prächtiger und kraftvoller Tiere, wie zum Beispiel des sibirischen Tigers, nicht ganz aus unserer Erinnerung verschwindet. Der Tiger selbst, dem die Gier des Menschen das Leben von Jahr zu Jahr schwerer macht, wird unwiderruflich in wenigen Jahrzehnten auf unserer Erde in der freien Wildbahn nicht mehr existent sein. Die zoologischen Gärten sehen sich selbst und ihre Aufgabe deshalb immer mehr in der Erhaltung von Nischen für vom Aussterben bedrohten Tierarten, dazu gehört auch der Alpensteinbock in den Tauern oder der Weißkopfadler, das Wappentier der Vereinigten Staaten.

Dabei ist nicht nur die Erhaltung im Ghetto des Zoos gefragt, sondern vor allem auch das Auswildern, das Wiederaussetzen in die Natur, was natürlich auch wiederum nur den berühmte Tropfen auf den heißen Stein bedeutet. Es wäre eine unverzeihliche Illusion, daran zu glauben, man könnte den im Zoo wieder gezüchteten und vermehrten Wisenten wieder ihren angestammten Platz in der freien Wildbahn geben und ihnen zur Entwicklung von Großherden verhelfen, wie sie einst die Steppen bevölkerten. Nur mit viel Aufwand und Geld und mit eigens hierfür reservierten und ausgewiesenen Arealen gelingt es wenigstens, eine Wisentpopulation am Leben zu erhalten, gewissermaßen in einem gatterlosen, weitläufigen Zoo, mehr kann man von solchen Tierschutzmaßnahmen nicht erwarten.

Dennoch ist das Auswildern nachgezüchteter Tiere, die vom Aussterben bedroht sind, keine teure Spinnerei, sondern ein kultureller Akt, der vergangene Werte erhalten soll. Auch weiß man nie, ob man nicht eines Tages auf das Genmaterial solcher Züchtungen angewiesen ist, um die ins Schwanken geratene Haustierpopulationen genetisch aufzufrischen. Der Kölner Zoo hat recherchiert und 129 Tierarten ermittelt, die in den letzten Jahrzehnten wieder in die freie Natur entlassen werden konnten, nachdem sie dort die menschliche Unvernunft und Gleichgültigkeit nahezu ausgerottet hatte. Nach erfolgreicher Nachzucht in dem bekannten Forschungszentrum für Zoo- und Wildtierbiologie im kalifornischen San Diego konnten beispielsweise einige hundert Oryx-Antilopen in der arabischen Wüste wieder heimisch werden, nachdem zuvor verantwortungslose Jäger ihre Zahl auf nurmehr zwölf dezimiert hatten.

In diesen Jahren sollen die ersten nachgezüchteten Przewalski-Wildpferde, gemäß der Vereinbarung mit der mongolischen Regierung, in ihrer altangestammten Heimat, der Wüste Gobi, wieder ausgewildert werden. Auch beim amerikanischen Bison ist man bemüht, nachdem man ihn im vergangenen Jahrhundert zu Millionen abgeschlachtet hatte, wieder einige Bestände aufzubauen, so wie man auch das europäische Urrind, den Wisent, wieder in Beständen bis zu insgesamt mehreren tausend Tieren antrifft. So ist es auch gelungen, den Wisent an der Müritz in Mecklenburg-Vorpommern wieder anzusiedeln.

Da alle diese Bemühungen echte Tierschutzmaßnahmen sind, die jedoch die gefährdeten Tierarten weltweit nicht vor der menschlichen Bevölkerungslawine letztlich schützen können, so tragen sie doch dazu bei, einen kleinen Teil zu erhalten und die Vielfalt der Schöpfung für die kommenden Generationen wenigstens in den Zoos und Wildschutzparks sichtbar zu machen. Sie setzen ein weit sichtbares Zeichen, daß die Tierwelt erhalten werden muß. Bernhard Grzimek war hier wohl der bekannteste Vorreiter für den Schutz und die Erhaltung der Wildtiere, seine Aktivitäten haben weltweit das Gewissen aufgerüttelt und sich positiv auf den Gedanken des Schutzes der Tiere ausgewirkt.

Die Einengung des Lebensraumes der wildlebenden Tiere bringt aber auch Probleme mit sich, an die bisher noch niemand gedacht hat. So drängen die Elefanten aus den rapide dezimierten Urwald-Steppengebieten immer weiter in die landwirtschaftlich genutzten Regionen vor und verursachen erhebliche Schäden. Die Zahl der Elefanten geht rapide zurück, in weiten Gebieten Afrikas und Südostasien sind sie bereits ausgestorben und drängen sich nur noch in den Nationalparks, wo immer mehr Elefanten auf dem begrenzten Raum das natürliche Gleichgewicht ins Ungleichgewicht bringen. Im Krüger-Nationalpark werden jährlich etwa 20 bis 30 Prozent der Elefanten abgeschossen und als Konserven und Trockenfleisch verarbeitet; eine Aktion die als geheime Kommandosache geführt wird und von der die Besucher des Parks nichts erfahren dürfen, um dem Aufschrei der Tierschützer zu entgehen. Trotzdem, ohne die Dezimierung der Elefantenpopulation wäre die Futtergrundlage für alle Pflanzenfresser in diesem Gebiet bald zerstört. Auch hier hat sich der Mensch massiv in das Gleichgewicht der Natur eingemischt und dadurch die Lebensgrundlage für die verschiedensten Tierarten in Frage gestellt. Natürlich sind die Elefanten auch durch Wilderer und Elfenbeinhändler massiv bedroht, und man muß bewundern, mit welcher Energie die örtlichen Schutzbehörden diesen barbarischen Eingriff einzuengen versuchen. Wie weit dies auf Dauer gelingt, ist eine ganz andere Frage.

Eines aber ist sicher: Wir müssen immer wieder prüfen, inwieweit wir regulierend in den Wildtierbestand eingreifen dürfen, inwieweit wir wildlebende Tiere in Gefangenschaft halten können und ob es uns im Eigeninteresse des menschlichen Lebens weiterhin als nahezu selbstverständlich gestattet sein soll, Raubbau unter den Wildtieren zu betreiben. Die Gefangenschaft in gutinstallierten Zoos, Wildgehegen und Gattern ist heute etwas Berechenbares. Die neuzeitliche Veterinärmedizin, insbesondere die Ethologie, gewinnt immer weitreichendere Erkenntnisse über die Psyche der in Gefangenschaft gehaltenen Tiere. Ein exotischer Vogel in seinem Käfig, ein Panther hinter Gittern, eine Antilope in einem engen Gehege – alle sind so weit von ihrer natürlichen, artgerechten Umgebung entfernt, daß man nicht nur rein wissenschaftlich und sachlich argumentieren kann. Immer stärker sollte die Psyche, die Seele, der in Gefangenschaft gehaltenen Tiere berücksichtigt und angesprochen werden. Es ist eine Gradwanderung, die, je länger man sich mit ihr befaßt, immer schwieriger zu bewältigen und zu beurteilen ist. Aus diesem Grunde das einfühlsame Gedicht von Rainer Maria Rilke im Vorspann des Buches, zum Lesen und Darübernachdenken, ob man wilde Tiere in der Gefangenschaft halten darf. »Mitfühlender« kann man die Psyche eines gefangenen Tieres gar nicht schildern. Das Gedicht ermahnt uns, daß auch der goldene Käfig ein Käfig ist, das phantastische Wildgehege nur ein winziger Ersatz für die Weite der Savanne darstellt und im architektonisch noch so »artgerecht« und schönen Elefantenhaus die Elefanten an einer kaum 70 Zentimeter langen Fußfessel angekettet stehen und daß ein Schimpanse im Affenhaus unter den gleichen Symptomen eines Kerkerkollers leiden kann wie ein lebenslänglich verurteilter Strafgefangener.

Setzt man den Restbestand der letzten freilebenden Tiger oder gar der sibirischen Tiger gegen das Dasein der Zootiere, haben diese ein eher erbarmungswürdiges, gehetztes und grausames Leben. Trophäenjäger, Logger, Wilderer und Maharadschas sind ihnen auf den Fersen. Eine aus allen Fugen geratene Profitgier und ein abstruser Männlichkeitswahn sind ihm auf den Fersen. Ein cleverer Wilderer kann für einen Tiger, gleichgültig, ob in der grausamen Falle gefangen, vergiftet oder abgeknallt, bis zu 25 000 Mark erreichen. Die Knochen und Eingeweide werden zu obskuren Zaubermittelchen zermahlen, die Geschlechtsorgane zu Elixieren gebraut, das flammend gestreifte Fell als Supertrophäe an die Wand gehängt. Eine international operierende Mafia, die eng mit der Elfenbein- und Nashornmafia kooperiert, hetzt die letzten Tiger zu Tode. Die Tierschützer und die Polizei sind nahezu machtlos, obwohl die 14 Staaten, in denen der Tiger offiziell noch vorkommt, sich zu einem »Global Tiger Forum« zusammengeschlossen haben. Ihr Sprecher, der Umweltminister Indiens, Kamal Nath, erklärte: »Wenn wir jetzt keine ernsthaften, gemeinsamen Anstrengungen zum Schutz des Tigers unternehmen, wird er in einem Jahrzehnt ausgestorben sein. Allein in Indien sind in den letzten vier Jahren 600 Tiger, ein Fünftel des Gesamtbestandes, von Wilderern ab- und ausgeschlachtet worden. Von den über 100 000 Tigern, die zur Jahrhundertwende weite Teile Asiens durchstreiften, sind 95 Prozent ausgerottet worden. Der Rest lebt heute noch in kleinen, unzugänglichen ökologischen Nischen zwischen Indien, Indonesien, Nepal und Sibirien. Schätzungsweise gibt es noch etwa 200 sibirische Tiger und etwa 50 südchinesische Tiger, die man jedoch kaum noch als vitalen Bestand für die Erhaltung der Art bezeichnen kann. Insgesamt meldete die Cat Specialist Group der World Conservation Union (WCU), die alle Informationen über den Tiger weltweit sammelt, noch zwischen 5300 und 7400 freilebende Tiger. Wie schnell werden diese herrlichen Tiere von unserer Erde verschwunden sein? War die Großwildjagd bis zu den dreißiger Jahren ein beliebtes gesellschaftliches Ereignis, das damit die Gefahr der Tiger für das Vieh der einheimischen Bauern in Grenzen hielt, ist heute von Jagd in waidmännischem Sinne nichts mehr zu spüren. Mit geradezu krimineller Energie wird jeder ausgemachte Tiger verfolgt und zur Strecke gebracht. Die strengen Schutzmaßnahmen werden ignoriert, die hohen Strafen ebenso, und der Markt für alle verwertbaren Teile des Tigers boomt wie noch nie. Von kapitalkräftigen Mafiosi geschulte Wilderer werden mit allen erdenklichen Vernichtungswaffen versorgt und eine Kette von Schmugglern und Schwarzhändlern bedient den diffusen Markt mit allem was der Tiger hergibt. Hand in Hand geht die radikale Abholzung der tropischen Regenwälder, dem letzten Schutzraum des Tigers. Über Schmier- und Schweigegelder in harter Währung machen alle an der Tigervernichtung beteiligten Personen ihren Schnitt. Die empörten Appelle der Tierschützer hören sich an wie das Rufen der Propheten in der Wüste. Inzwischen sind mehrere Morde an Tierschützern bekannt geworden, die das perfide Vernichtungsszenarium stören wollten. Läßt sich unter solchen Voraussetzungen überhaupt Tierschutz betreiben? Sind die Risiken unkalkulierbar und stehen die erhofften Erfolge völlig in den Sternen? Man muß die Frage »Darf man wilde Tiere einsperren?« hier nicht aus einer ganz anderen Perspektive sehen? Muß man sich nicht darüber freuen, daß es noch Zoos gibt, die Tiger züchten und halten?

HAUSTIER UND TECHNIK

Bei der sprichwörtlichen Anpassungsfähigkeit der Haustiere sollte man kaum glauben, daß die Technik immer wieder Schäden an Tieren verursacht und die Tierschützer auf den Plan ruft: Eine Stalltür, die falsch eingehängt war, das heißt nach außen, gegen den Lauf des Pferdes, verletzte dieses derart, daß es mit dem Hüfthöcker hängenblieb und einen komplizierten Beckenbruch erlitt. Trotz äußerster tierärztlicher Bemühungen konnte eine Heilung nicht erreicht werden und die wertvolle Zuchtstute mußte euthanasiert werden. Ein weiteres Beispiel: Ein klappriger Riegel an einer ebenso klapprigen Stalltür war für zwei muntere Jungesel nicht nur ein Spielzeug, sondern auch kein Hindernis. Unternehmungslustig verließen sie mitten in der Nacht den Stall und gingen auf einer vielbefahrenen Bundesstraße spazieren. Ein nicht mehr ganz fahrtüchtiger Spätheimkehrer sah sich, wie später im Polizeibericht zu lesen war, zwei schrecklichen Untieren gegenüber, machte eine Vollbremsung und kam von der Fahrbahn ab, überschlug sich zweimal und blieb in einem eiskalten Bach fast unverletzt liegen. Die beiden Jungesel aber liefen in Panik in eine Schaufensterscheibe eines Lebensmittelgeschäftes und zogen sich dabei erhebliche Verletzungen zu, was sie damit zu meinen Patienten machte. Nun, die Blessuren waren bald geheilt, der hochprozentige Spätheimkehrer war für einige Zeit seinen Führerschein los, die Versicherungen stritten sich um den Schaden und eine Tierschützerin kam wegen der Nachlässigkeit der Eselbesitzer bei der Einrichtung des Behelfsstalles auf den Plan. Eine nicht vollendete Technik einer maroden Stalltür hat wieder einmal gezeigt, wie schnell Tiere Probleme damit bekommen können und wie schnell sich der Tierschutz damit befassen muß.

Dabei kann sich das Tier von Natur aus in hohem Maße an seine Umwelt anpassen. Bei manchen Tieren ist diese Anpassung nahezu vollendet und lebenswichtig. Man denke nur an einen Frosch, der sich durch die Reduktion seiner Körpertemperatur im Schlamm eines Teiches einfrieren lassen kann, um dort zu überwintern. Das Chamäleon liegt getarnt, unbeweglich stundenlang auf der Lauer, bis endlich ein Insekt in den Bereich seiner als klebrige Schleuder entwickelten Zunge kommt. Erinnern wir uns auch an die Tiere in den nördlichen Regionen, die aus der Not eine Tugend machen und den nahrungsarmen kalten Winter im Winterbau verschlafen. Viele, einst scheue Waldvögel, wie die Stare und Tauben, sind inzwischen zu richtigen Großstadttieren geworden.

Alle diese Entwicklungen haben sich im Laufe der Evolution ganz langsam, ja oftmals im Laufe von Jahrtausenden und Jahrmillionen vollzogen. Die Technik des Menschen aber stürmt mit immer schnelleren Phasen in Windeseile voran. Kein Wunder, daß die Tiere ihr vielfach ausgeliefert sind, dabei leicht zu Schaden kommen und der Tierschutz immer wieder eingreifen muß.

An das Eisenbahnfahren gewöhnen sich die Tiere schnell. Die Schafherde, die im Herbst zur Winterweide fährt oder das Rennpferd haben den Rhythmus bald heraus und wissen, wie sie sich verhalten müssen. Vor einiger Zeit ereignete sich ein ungewöhnlicher Zwischenfall an der argentinischen Grenze. Ein Transportflugzeug der Fluglinie Ruva-Aero sollte zwölf wertvolle Zuchtbullen der Holsteinischen Schwarzbuntrasse von der chilenischen Hauptstadt Santiago nach Mendoza, 1 200 Kilometer östlich von Buenos Aires, bringen. Beim Flug über die Anden geriet die Maschine in Böen und Luftlöcher. Die Tiere, des Fliegens ungewohnt, wurden unruhig, gerieten in Panik, zerrissen die Halfter und Anbindestricke und stürmten schließlich mit gesenkten Hörnern auf die Tür, drückten sie ein, und fünf Bullen stürzten in die Tiefe. Die anderen tobten weiter herum, so daß es dem Piloten nur mit äußerster Mühe und viel Glück gelang, die havarierte Turbopropmaschine auf dem nächst erreichbaren Flugfeld zu landen. Der materielle und ideelle Schaden waren riesig und der Tierschutz wurde eingeschaltet, um die mangelhafte Anbindung und Sicherung durch geschultes Begleitpersonal der lebenden Fracht zu beurteilen. Außerdem haben die meisten Fluggesellschaften strenge Regeln für den Flugverkehr mit Tieren aufgestellt, die die Grundsätze des Tierschutzes in diesen besonderen Fällen streng auslegen und vorschreiben. Dies schließt natürlich nicht aus, daß der Tierschutz an den großen Frachtflughäfen kontrollieren muß und speziell für den Tierschutz ausgebildete Personen angestellt sind, zumindest in Ländern mit neuzeitlichen Tierschutzgesetzen.

Aber nicht nur in der Luft begegnen Tiere dem technischen Fortschritt. Sie brauchen dazu nicht als erste Astronauten ins Weltall zu fliegen, was bekanntlich wiederum heftige Proteste amerikanischer Tierschutzorganisationen ausgelöst hat. Eine ganz gewöhnliche Rolltreppe im Warenhaus genügt, um mit der Technik in Konflikt zu kommen. Hunde verletzen sich häufig durch die gezahnten Endplatten dieser Treppen an den Pfoten, Krallen werden ausgerissen, Zehen gequetscht oder die Rute eingeklemmt. Die dadurch verursachten Verletzungen sind meist sehr schmerzhaft und heilen – besonders wenn abgerissene Hautstücke durch Hauttransplantationen ersetzt werden müssen – nur langsam. Die energische Intervention der Tierärzte und Tierschützer hat dazu beigetragen, daß die Konstrukteure von Rolltreppen den Zahnbestand der Endplatten auf drei Millimeter verringert und in vielen Fällen den Metallrechen durch ungezahnte Endplatten ersetzt haben. Trotzdem möchte ich allen Hundebesitzern anraten, Rolltreppen zu meiden oder kleine Hunde auf den Arm zu nehmen. Ganz abgesehen davon, daß Treppensteigen für Herr und Hund eine gesunde Übung ist. Man kann aber auch feststellen, daß der Tierschutz es erreicht hat, die Verletzungsgefahr bei Rolltreppen weitgehend zu beseitigen.

TIERE ALS SPORTGERÄT

In unserer Freizeitgesellschaft ist der Sport mit Tieren je nach Geschmack eine Tugend oder auch Untugend geworden. In allen Bereichen der Haustierwelt wird mit Tieren »Sport«, das heißt vielfach auch Schindluder getrieben. Ich darf hier nur an so absurde »Sportarten« wie Hahnenkämpfe, Hundekämpfe oder Stierkämpfe erinnern, die von ihren Veranstaltern immer und ernsthaft als »Sport« tituliert werden, selbst wenn die Tiere dabei jämmerlich zu Grunde gehen. Es darf gar keinen Zweifel daran geben, daß solcher »Sport« mit Sport im ideellen, olympischen Sinne gar nichts zu tun hat und nichts als eine üble Tierquälerei ist. Kein Wunder, daß der Tierschutz diese »Sportarten« aufs schärfste verdammt und gegen die Verantwortlichen in Verbänden und Regierung Sturm läuft. Trotz aller Erfolge auf diesem Gebiet liegt vieles noch im argen und es wird meines Erachtens noch lange Zeit dauern, bis in Spanien die letzte Corrida unblutig abläuft. Solange Millionen von einem solchen Schauspiel fasziniert sind, wird kaum eine Regierung die Kraft haben, ein solches Spektakel abzuschaffen. Trotzdem, die massive Kritik der Tierschützer zeigt erste Erfolge. In zunehmendem Maße werden Kampfstiere geschont oder die Hahnenkämpfe verboten. Bei den Hundekämpfen ist es ebenso; sie sind weitgehend in die Illegalität abgedrängt und ziehen strenge Strafen nach sich.

Sport wird aber auch im eigentlichen Sinne getrieben. Sport, bei dem Mensch und Tier im humanitärer Weise miteinander umgehen, das heißt, daß die besonderen Fähigkeiten und Veranlagungen der Tiere genützt, aber nicht überfordert werden. Hierfür gibt es zahlreiche Beispiele, von denen ich nur einige nennen will. Pferderennen gab es bereits in der Antike bis weit vor unserer Zeitrechnung. Sie dienten der sportlichen Kräftemessung von Ross und Reiter und der Zuchtauswahl, um die stärksten und schnellsten Pferde zu erkennen und diese als Verbesserung in die Zucht einzubringen. In Deutschland leben heute über 700 000 Pferde, ein Viertel davon sind Ponys und Kleinpferde, die zum überwiegenden Teil sportlichen Zwecken dienen. Vom Hobby- und Freizeitpferd bis zur Grand-

Prix-Reife. Die Reitsport- und Pferdeverbände haben für ihre Mitglieder strenge Regeln für den Umgang mit dem Pferd in Freizeit und Sport aufgestellt und wachen darüber, daß nach Möglichkeit jede Überforderung und gar Tierquälerei unterbunden wird.

Diese sportlichen Regeln gibt es eigentlich schon, seit der Mensch das Pferd in seine Dienste als Zug- und Reitpferd genommen hat, und es ist seit Jahrtausenden eine Art Ehrenkodex, daß der Reiter und Fahrer mit seinem Pferd fair umgeht. Demnach hat es also schon seit ewigen Zeiten eine Art Tierschutz für Pferde gegeben, die bis hin zur Todesstrafe das Quälen von Pferden unter Kuratel stellten. Das schließt nicht aus, daß, besonders in Krisen und Kriegszeiten, die treuen Pferde teilweise unglaublich leiden mußten. Heute wacht neben Tierschutz auch der staatliche Veterinär als Beauftragter des Tierschutzgesetzes über die Haltung und den Sport mit Pferden. Er kontrolliert den Einsatz der Pferde auf Volksfesten und Ponyhöfen, und er beurteilt die Qualität der Weidehaltung im Sommer wie im Winter, die, wenn ein sicherer Unterstand vorhanden ist, durchaus dem Pferd, als ehemaligem Steppentier, genehm sein kann. Das besondere Augenmerk der Tierschützer gilt dem Stall, denn Pferde bevorzugen einen kühlen, trockenen Stall mit sauberem Strohlager. Bei einem täglichen Kotanfall von 15 bis 20 Kilogramm und Harnmengen bis zu 10 Liter pro Pferd wird eine Strohmenge von fünf bis acht Kilogramm am Tage benötigt. Boxenställe erfordern Matratzen- oder Wechselstreu. Während bei letzterer die Einstreu täglich geräumt und erneuert wird, werden bei der nicht so arbeitsaufwendigen Matratzenstreu Kot und nasse Streu nur oberflächlich entfernt. Auf die verbliebene Schicht wird wieder aufgestreut, so daß mit der Zeit eine dicke Matratze als Lager entsteht. Die amtlichen Tierschützer, aber natürlich auch die Pferdebesitzer, achten darauf, daß von einer solchen Matratze, bei ungenügender Lüftung, die Schadgaskonzentrationen in der Luft für das Pferd nicht schädlich werden und die Fliegenkonzentration nicht störend wird. Dunglege und die dort vorhandenen Fliegenbrutplätze werden ebenfalls in Augenschein genommen. Allein an diesem kurzen Ausschnitt über die Überwachung der gewerblichen Pferdeställe durch die Veterinärbehörden als amtliche Tierschützer kann man erkennen, in welchem Maße heute unsere Gesellschaft und natürlich auch der Staat am Schutz der Tiere interessiert sind und welchen personellen und finanziellen Aufwand er betreibt, um Tierschutz durchzusetzen.

Dies gilt natürlich nicht nur für das Pferd, sondern ebenso für alle anderen Tiere, mit denen Sport getrieben wird: vom Hunderennen über die Schlittenhundeprüfungen bis zu den abstrusen Schweinerennen, die, der Sensation wegen, immer häufiger betrieben werden. Bei näherem Hinsehen kann man zu der Erkenntnis kommen, daß die intelligenten und sportlichen Schweine scheinbar echten Spaß dabei empfinden.

Alle anderen Veranstaltungen mit Tieren, die als Sport deklariert werden, werden gleichfalls amtlich im Sinne des Tierschutzes überwacht, wie zum Beispiel die Sportfischerei, bei der »sportlicher« Einsatz wirklich nur noch den Menschen betrifft und für die armen »stummen« Fische nur noch den Tod bedeutet. Es grenzt meines Erachtens schon an Hohn, wenn hier strenge Vorschriften über die Beschaffenheit der Angelhaken bestehen.

Sport mit Tieren ist ein immer breiteren Raum gewinnendes Phänomen der menschlichen Freizeitgestaltung und damit zu einem dominierenden Aufgabengebiet des Tierschutzes geworden. Alle Tierschützer und Tierschutzvereine nehmen sich dieses Themas in zunehmendem Maße an und die staatlichen Veterinärbehörden haben speziell hierfür ausgebildete und erfahrene Tierärzte, die mit Akribie und Entschlossenheit den Tierquälereien beim Sport mit Tieren den Kampf angesagt haben. Die Überwachung wird immer flächendeckender und dadurch immer besser, und es gibt bald keine Lücke mehr, wo brutale Tierhalter ihre, von ihnen eingesetzten, Tiere mittels Quälerei zum »sportlichen« Erfolg treiben und zwingen können. Daß dies so ist, ist eine Folge der unermüdlichen Tierschutzarbeit, die immer intensiver die Ehrfurcht vor dem Tier ins Bewußtsein der Bürger gebracht hat. Hier sind wirkliche Erfolge im praktischen Tierschutz erkennbar. Wenn auf diesem Weg konsequent weiter vorangeschritten wird, hat der Tierschutz die Chance, den Sport mit Tieren zu einer »sauberen Sache« im Sinne des Wohls der Tiere zu machen. Deshalb möchte ich jeden Tierschützer auffordern, seine Augen offenzuhalten und sich aktiv um den Tierschutz und das Wohl der Tiere zu bemühen.

JAGD UND WILDBRETHYGIENE

Eine erfolgreiche Tierschutzarbeit ist nur dann möglich (Wolfgang Krug, TVT-Nachrichten 2/1995, 549), wenn sie sich auf der Basis der realistischen Verhältnisse im Leben zwischen Mensch und Tier vollzieht. Die Jagd, für manche engagierten Tierschützer Sinnbild für das erbarmungslose Abknallen hilfloser Kreaturen, ist ein typisches Beispiel dafür, wie Unkenntnis und Emotionen dem tierschützerischen Erfolg im Wege stehen und unter Umständen den kleinsten Erfolg zunichte machen.

Die Jagd als solche ist unwiderlegbare Realität. Seit es Menschen gibt, waren diese auch Jäger. Das Jäger- und Sammlerdasein ist der Anfang der menschlichen Kultur und heute noch die Lebensgrundlage der Naturvölker, wie den Buschmännern in der Kalahari, den Maoris, den Eskimos in Alaska oder den Indios im tropischen Regenwald des Amazonas. Alle hatten, lange bevor der Ackerbau und die Haustierdomestikation das Leben der Menschen zunehmend bestimmte, von der Jagd gelebt und leben von ihr zum Teil heute noch. Der Mensch wurde zum Konkurrenten der natürlichen Beutegreifer und jagte das Wild, dessen er mit seinen Fähigkeiten habhaft werden konnte. Als er dann begann, Tiere wie Rinder, Ziegen, Schafe und Schweine als Haustiere zu halten und im Sinne seines Interesse zu züchten, wurde die Jagd teilweise als Lieferant von tierischen Lebensmitteln, von Häuten, Knochen, Horn und dergleichen, durch die Produkte der Haustiere ersetzt oder ganz abgelöst. Die Jagd heute ist keine unverzichtbare Notwendigkeit des Lebens und Überlebens, sondern eher eine lustvolle Tradition, die ihren Ursprung in der Überlieferung und einem gewissen Männlichkeitswahn hat. Sie ist nicht nur zu einem gesellschaftlichen Phänomen, sondern zu einer Notwendigkeit im ökologischen Gleichgewicht der Natur geworden. Sobald der Mensch dazu in der Lage war, hat er in zunehmender Weise seinen Jagdkonkurrenten in der freien Wildbahn den Garaus gemacht. Er hat Bären, Wölfe, Wildhunde, Luchse und alle anderen Beutegreifer gnadenlos verfolgt und vielfach nahezu ausgerottet. Das bislang funktionierende Gleichgewicht kam dadurch in ein verhängnisvolles Ungleichgewicht. Die Jagd heute ist deshalb eine Art Interessenausgleich unter dem jagdbaren Wild, um zu dem notwendigen Gleichgewicht in der Natur zu kommen, um die Tiere in ihren Beständen zu schützen, die Populationen gesund zu halten und die Flora vor radikalen Fraßschäden bewahren.

Auch aus der Tatsache der Hege sehen sich die Jäger nicht als Abknaller von Wildtieren, sondern als aktive Naturschützer und vor allem professionelle Schützer der Tiere. Sie leiten dieses Recht von den umfangreichen Voraussetzungen und Vorschriften der Jagderlaubnis, besonders der Jägerprüfung ab, in der die Erhaltung der Tierwelt und der Schutz der Natur einen ganz hohen Stellenwert und wie ein Evangelium des Waidmanns Anerkennung finden.

Es bringt gar nichts, wenn manche Tierschützer die Jäger verteufeln und fordern, die Jagd grundsätzlich zu verbieten. Der praktische Tierschutz im Rahmen der Jagd und des Jagdrechts kann nur auf der gegebenen Realität aufbauen. Es ist anzustreben, den Schutz des jagdbaren Wildes zu verbessern, jeden Jagdfrevel auszuschließen und auftretende Tierquälereien zu verhindern.

Aus den Erfahrungen der tierärztlichen Fleischhygiene weiß man, daß schlechte Haltungsbedingungen, quälerisches Treiben, Transportstreß, Erschöpfungszustände, Schläge und dergleichen die Fleischqualität der Schlachttiere nachteilig beeinflussen. Die Berücksichtigung des Tierschutzes dient somit stets auch der Fleischqualität und dem Verbraucherschutz. Dagegen ist der kausale Zusammenhang zwischen Streßexposition vor dem Erlegen und der Qualität des Wildbrets bisher kaum in das Bewußtsein der Jägerschaft gedrungen. Weder die einschlägigen hygienerechtlichen Vorschriften, noch die praktische Durchführung der Wildbretuntersuchung berücksichtigen diese Problematik. Vielfach wird jedoch von Köchen und Hausfrauen darüber Klage geführt, daß besonders die Wildbretqualität von Drück- und Treibjagden, insbesondere, wenn die Tiere nicht unmittelbar nach dem Erlegen ausgeweidet wurden, sehr schlecht sein kann. Dies wiederum ist ein unbestechlicher Indikator für mangelnden Tierschutz. Hieraus die Konsequenzen zu ziehen liegt nicht nur im unmittelbaren Interesse der jagdbaren Tiere, sondern auch im Interesse der Jäger und Heger. Gelingt eine Verbesserung der gegebenen Zustände, hat der Tierschutz einen großen Schritt zu einem fortschrittlicheren Schutz der Wildtiere unternommen.

Ein wesentlicher Faktor für das Auslösen von Streß und Fluchtreaktionen des Wildes ist der jagdliche Einsatz von Hunden. Das Tierschutzgesetz verbietet, ein Tier auf ein anderes Tier zu hetzen, erlaubt jedoch das Hetzen des Wildes durch Hunde, soweit dies die Grundsätze der waidgerechten Jagdausübung erfordern. Für das betroffene Wild ist die Situation bei Jagden, in denen unter großzügiger Auslegung des Begriffes »waidgerecht« auch große und schnelle Hunde zum Aufstöbern eingesetzt werden, dieselbe geblieben, wie einst bei der feudalen Wildhatz. Die negativen Veränderungen des Wildbrets sind bei Drückjagden sowie Nachsuchen nicht allein von der Wegstrecke abhängig, die das Wild getrieben oder verfolgt wurde. Die Adrenalinausschüttung steigert den Glykogenabbau schon innerhalb weniger Sekunden. Aufregung und Angst führen unmittelbar zu einer verstärkten Sekretion von Adrenalin. Die Streßbelastung bei Gesellschaftsjagden beginnt unter Umständen schon mit dem sogenannten »Anblasen«, wenn die Hunde Laut geben oder das Wild sich umstellt sieht.

Bei der Beurteilung der Jagdkapazität durch die Abschußfreigabe muß immer wieder neu recherchiert werden. Durch die restriktive Freigabe in den siebziger Jahren war plötzlich überall zuviel Schalenwild in den Revieren. Die Folgen mit den Schäden des Verbisses an den Jungpflanzen sind bekannt. Also erhöhte man wiederum die Abschußzahlen, die, um effektiv zu sein, vielfach mit Gesellschaftsjagden und Treiben des Wildes durchgeführt wurden, nach dem Motto: Viel Wild läßt sich schnell erlegen, wenn durch zahlreiche Hunde auch das letzte Stück Wild aufgestöbert wurde. Die Konsequenzen für Tierschutz und Wildbretqualität gingen dabei unter. Diese wieder in Mode gekommenen Drückjagden, die üblicherweise auch als Bewegungsjagden bezeichnet werden, haben dann natürlich die Tierschützer auf den Plan gezogen. Nicht zu Unrecht, denn auf mancher Drückjagdstrecke findet sich Wild, das eigentlich nicht erlegt werden dürfte, wie zum Beispiel Rehböcke. Das verstößt gegen die deutschen Jagdvorschriften und gegen die betreffende EG-Richtlinie aus dem Jahre 1992. Eine solche Jagd als eine besondere Art der »Schadens- und Schädlingsbekämpfung« hat keinen Anspruch mehr auf den im Jagdgesetz und im Tierschutzrecht verankerten Begriff der Waidgerechtigkeit.

Vor der Forderung des §4 des Tierschutzgesetzes, wonach auch

Wild, soweit nach den gegebenen Umständen zumutbar, nur unter Vermeidung von Schmerzen getötet werden darf, ist eine kritische Überprüfung bestimmter Jagdmethoden unumgänglich, im Interesse des Wildes und der Verbraucher von Wildbret. Es darf nicht sein, daß sich die Jagd in Form von Gesellschaftsjagden weiter verbreitet und darunter die selektive Jagd leidet. Tierschutzrechtlich ist die Hetzjagd mit Hunden verboten, ebenso wie Drückjagden auf Schalenwild, in deren Verlauf große und schnelle Hunde oder gar ganze Meuten zum Aufstöbern des Wildes eingesetzt werden. Es gibt keinen Grund zu einer solchen Jagdausübung in unseren heimischen Wäldern. Durch das Tierschutzgesetz ist nur der Einsatz des Jagdhundes *nach* dem Schuß erlaubt oder bei der Suche nach dem verletzten oder kranken Wild. Ziel muß es immer sein, das Wild so schnell wie möglich aufzuspüren und sein Leiden zu verkürzen. Ich möchte deshalb an das Jagdhundewesen dringend appellieren, die Ausbildungskriterien weiterzuentwickeln und dem Tierschutzverständnis anzupassen. Ein Beharren auf traditionellen Praktiken bringt das Jagdhundewesen immer mehr in Konflikt mit dem Tierschutzgesetz und vor allem mit den tierschutzsensiblen Mitbürgern, was letztlich die Jagd in Mißkredit bringt.

Das Tierschutzgesetz erlaubt bei der Tiertötung nur die Inkaufnahme unvermeidlicher Schmerzen. »Waidgerecht« bedeutet stets das Bemühen um eine schmerzfreie Tötung. Danach kann auch der Schuß auf schwer zu treffendes Wild keine waidgerechte Jagd sein. Jagd ist kein Sport, der dem Wild eine Chance auf Entkommen bietet, weil es schwer zu treffen ist. Das Risiko, verletzt zu entkommen, ist groß, was unkalkulierbare Schmerzen und Leiden mit sich bringt. Die traditionelle Jagd hat nur dann eine wirkliche Chance, wenn sie zur noch stärkeren Beachtung des Tierschutzgedankens findet; nur dann ist sie tierschutzethisch, da sie sich dem Leben des Wildes in der freien Wildbahn weitgehend anpaßt, in der der Jäger nicht der Mensch, sondern ein Löwe oder ein Gepard ist. Ich persönlich sehe eine solche Wildtierlebensform als wesentlich tiergerechter an als bestimmte Formen der Massentierproduktion in der landwirtschaftlichen Nutztierhaltung, sowie besser mit dem Tierschutzrecht vereinbar. Außerdem führt der gezielte Schuß unverzüglich zum Tode, wenn der Jäger waidgerecht und sicher erlegt, was bei den heutigen Präzisionswaffen erwartet werden kann. Außerdem ist der Jäger dazu verpflichtet, und dies wurde vor kurzem von einem Gutachten des BML bestätigt, die Jagdausübung nach dem Prinzip der größtmöglichen Schmerz-, Leidens- und Schadensvermeidung im Rahmen des Tierschutzgesetzes durchzuführen. Die beste Jagd hierfür ist die Ansitzjagd; wobei man nicht in die Illusion verfallen darf, daß die Ansitzjagd das Nonplusultra ist und die Gesellschaftsjagd grundsätzlich zu verteufeln ist. Die Jagdverbände drängen darauf, daß die Jagd jede Kollision mit dem Tierschutz vermeidet. Das bedeutet, daß der Tierschutz nur dann wirklich gewahrt ist, wenn es ohne vorhergehende Beunruhigung des Wildes zum sofort tödlichen Schuß kommt. Ein Lebensmittel, das hinsichtlich seiner Beschaffenheit und somit in seinem Wert nicht unerheblich gemindert ist, darf nach § 17/1/2b des Lebensmittel- und Bedarfsgegenständegesetzes eigentlich nur nach besonderer Kennzeichnung als minderwertig in Verkehr gebracht werden.

Jagdmethoden, die dem Wild durch Treiben oder Hetzen Angst zufügen und den sicher tötenden Schuß zur Glückssache werden lassen, verstoßen gegen das Tierschutzgesetz. Das gilt besonders für den Jagdhundeeinsatz und die gesamte Jagdform. Daraus ist zu folgern, daß gewisse Praktiken der Jagdausübung nicht nur dem Ansehen der Jagd schaden, sondern auch die Qualität des Wildbrets stark belasten. Alle Jäger sind deshalb aufgefordert, diesen engen Zusammenhang zwischen Tierschutz und Wildbretqualität ernst zu nehmen und dafür Sorge zu tragen, daß ihre Jagdmethoden diesen neuen Erkenntnissen lückenlos angepaßt werden. Das sollte die Tierschützer motivieren, auf die Waidmänner und -frauen einzuwirken, nicht nur die tierschützerischen Interessen der Tierschützer, sondern vor allem auch der Konsumenten von Wildfleisch ernst zu nehmen. Das kann durchaus auch durch einen gewissen Druck geschehen, der sich dann sowohl in der Qualitätsverbesserung des Wildfleisches wie in der Verbesserung des Tierschutzes im Jagdbereich widerspiegelt. Ich sehe hierbei ein positives Moment des praktischen Tierschutzes, der zum Umdenken führen kann und damit die tierschützerische Situation des Wildes verbessert. Ich bin davon überzeugt, daß diese Argumente sehr bald zum Allgemeingut der Jagdausübenden werden und damit dem Tierschutzgedanken neuen Auftrieb geben; zum Schutz der Erhaltung unserer heimischen Natur, dem Kulturgut unserer wildlebenden Tiere, zur Verbesserung der Jagdmethoden und zur Stärkung des Tierschutzes.

PELZTIERZUCHT UND ANDERE VERWIRRUNGEN

In den vergangenen Jahrhunderten waren Fallensteller und Trapper gefragte Leute, denn ihre Beute waren wunderbare Pelze wildlebender Tiere, die zu den Statussymbolen der damaligen Zeit zählten. Sie tun dies heute noch, obwohl der menschliche Erfindungsgeist fast ebenso schöne und warme Ersatzstoffe synthetisch herstellen und auf den Markt bringen kann. Wildlebende Zobel oder Ozelots wurden durch die veränderten Umweltbedingungen und die teilweise gnadenlose Jagd weitgehend dezimiert oder an den Rand der Ausrottung gebracht. Wildtiere stehen vielfach auf der roten Liste der vom Aussterben bedrohten Tiere und dürfen weder gejagt noch in den Handel gebracht werden. Da aber ein Pelz auch heute noch den Attributen der eleganten Dame schmeichelt, kam die Pelztierzucht in Mode. Die Tiere werden nicht mehr in der freien Wildbahn gejagt, gehetzt, vergiftet oder in Fallen gefangen, sondern in Pelztierzuchtfarmen gezüchtet und vermarktet. Der grausame Tod in früheren Zeiten ist der ebenso grausamen Haltung in modernen, »hygienischen« Pelztierzuchtanlagen gewichen. Die Pelztierzucht boomte so lange, bis renommierte Tierschützer wie die international bekannte Filmschauspielerin Brigitte Bardot die Aufzucht- und Haltungsformen öffentlich anprangerten. Die Argumentation der Tierschützer tat ihre Wirkung und das Tragen von Pelzmänteln wurde zum Tabu. Das alte Handwerk der Kürschner geriet ins Gerede und reihenweise gingen Pelzgeschäfte in Konkurs, ebenso wie viele Pelztierfarmen. Gott sei Dank, kann man aus der Sicht des Tierschutzes sagen.

Die Haltung dieser Tiere ist alles andere als tiergerecht. In engen Drahtkäfigen, auf dünnen Drahtböden, die dazu dienen, den Kot hindurchfallen zu lassen. Die Käfige sind in der Regel zugig und kalt, was wiederum das Fell dicht werden läßt. Die Nahrung ist speziell für die Pelzproduktion ausgeklügelt. Eine besonders rationelle Tierhaltung, die nur dem einen Ziel dient, so schnell als möglich, mit so wenig Aufwand wie nötig, auf dem kleinsten Raum überhaupt, so viel Gewinn als irgendwie möglich zu erzielen. Das Tier ist zu einer Ware reduziert, sein Lebenssinn liegt einzig darin, schöne Pelze zu

»liefern«. Das Leben eines solchen »Wildtieres« ist mehr als erbärmlich, und wer die Realität der Pelzfarmen kennt, wird kaum noch in der Lage sein, guten Gewissens einen Pelzmantel zu tragen.

Besonders übel sind die Praktiken bei den Chinchillazuchten, da man glaubte, bei diesen an sich harmlosen Tieren unbedarfte Laien, die Risiken der Pelztierzucht tragen zu lassen. In großen Zeitungsanzeigen werben sogenannte Chinchillazüchter private Züchter an und versprechen ihnen, daß sie auf dem Dachboden oder in der Garage, völlig problemlos, Chinchillas züchten und dabei, ganz nebenbei, zum Millionär werden können. Die possierlichen Chinchillas sind etwas kleiner als Kaninchen. Etwa hundert, farblich gegenseitig abgestimmte Felle werden zu einem Pelzmantel benötigt. Der König der Pelzmäntel soll auch seine meist laienhaften Züchter zu Königen der Gesellschaft machen. Dies ist jedoch niemals der Fall. Knapp 1500 Mark kostet eine Zuchtgruppe, bestehend aus vier weiblichen und einem männlichen Tier, einschließlich der Käfige, in denen die Tiere gehalten werden. Die Chinchillazüchter versprechen, dem privaten »Ersatzzüchter« den Nachwuchs abzukaufen, sobald er zum Balgen herangewachsen ist, mit garantierten Preisen von 100 Mark pro Stück. Die zu erwartende Rendite wird so schmackhaft gemacht, daß manche Züchter gleich viel Geld einsetzen und mehrere Zuchtgruppen erwerben. Das angelegte Geld wird sich, so wird versprochen, binnen fünf Jahren verzehnfachen. Wer würde dabei nicht gerne beteiligt sein?

Die Realität sieht, wie oft im Leben, ganz anders aus: Chinchillas sind nicht leicht zu halten, schon gar nicht in engen Käfigen. In der freien Natur brauchen sie viel Umgebung und sind außerordentlich springfreudig. In ihrer Heimat Südamerika sind sie wegen ihres seidenweichen Fells fast ausgerottet. Die Tiere kommen mit der Käfighaltung psychisch kaum zurecht. Sie passen sich schwer an und sind alles andere als robust. Sie vertragen werder zu hohe, noch zu niedrige Temperaturen, noch Zugluft. Wenn eine dieser Bedingungen nicht stimmig oder das Futter nicht artgerecht ist, können sie schon am nächsten Tag tot im Käfig liegen, ohne vorher krank gewesen zu sein, und der Züchter weiß nicht warum.

Das Wissen der Vermittlerfirmen ist teilweise ebenso minimal. Ihre Anleitungen an die Züchter entsprechen selten wirklich fundierter Kenntnis. Die einen geben eine Raumtemperatur von 15 Grad an, andere schreiben Temperaturen von 16–30 Grad vor. Ähnlich verhält es sich mit dem Futter für die Tiere. Man kann Chinchillas kaum mit der Haltung und Fütterung von Kaninchen vergleichen, was von den Zuchtfirmen oft getan wird. Schon bei erhöhtem Feuchtigkeitsgehalt des Futters können sie sterben. Man muß deshalb behaupten, daß die Chinchillahaltung äußerst schwierig und mit einem großen Risiko verbunden ist. Die Züchterfirmen wissen dies. Sie geben ihre Tiere auch deshalb an private Züchter, um so ihr Halterrisiko stark zu vermindern. Vielen geht es nicht um die Produktion teurer Felle für die Kürschnereien, sondern um das Geschäft mit den jungen Zuchttieren und deren Verkauf an gutgläubige private Züchter.

Der Tierschutz hat noch erheblichen Nachholbedarf. Der vorprogrammierte tausendfache Tod der Tiere auf Dachböden oder in Kellern ist nirgends registriert und wird amtlich kaum wahrgenommen, außer bei einst gutgläubigen Chinchillazüchtern, die reihenweise ihr gutes Geld verlieren.

Was kann man dagegen tun?

– Wenn Sie sich unbedingt ein exotisches Haustier anschaffen möchten, darauf achten, daß es aus einer inländischen Zucht stammt und nicht wild gefangen wurde. Dies gilt besonders für exotische Vögel.

– Natürlich gezüchtete Tiere kaufen, und keinesfalls verkrüppelte Züchtungen von Hunden oder anderen. Immer den Herkunftsnachweis kontrollieren.

– Eingehend prüfen, ob bei den Tieren, gleichgültig ob Tauben, Hunde, Katzen oder andere, Anzeichen von Qualzucht erkennbar sind, was eine Anzeige beim Tierschutz erforderlich macht.

– Keinesfalls die gekauften Tiere zuschicken lassen.

– Immer vorher genau prüfen und sich an der vielfachen Fachliteratur informieren, ob Sie aufgrund ihrer persönlichen Verhältnisse in der Lage sind, das gewünschte Tier tiergerecht zu halten und die Verantwortung hierfür zu tragen.

– Falls Sie ein Tier nicht mehr halten können oder wollen, niemals das Tier aussetzen, sondern in ein Tierheim bringen. Stets die einschlägigen Vorschriften zur Heimtierhaltung beachten. Bei Schwierigkeiten den örtlichen Beauftragten des Tierschutzes zu Rate ziehen.

Aus: Karremann/Schnelting: Tiere als Ware, Fischer, 1994

DAS KLONEN VON TIEREN

Kann man beim durch die Jahrhunderte domestizierten, nach den Bedürfnissen des menschlichen Nutzens gezüchteten Haus- und Heimtier immer noch von einem Geschöpf Gottes sprechen? Da die von der Natur, vom Wildtier vorgegebenen Grundanlagen, sowohl in anatomisch-physiologischer Hinsicht als auch in der Frage des Exterieurs, der typischen, speziellen Eigenschaften, wie der instinktgemäßen Veranlagung und der Psyche, immer noch unverkennbare Wurzeln ihrer Herkunft haben, fällt dies bei den neuen, »künstlichen« Tierschöpfungen zunehmend schwerer. Der Mensch ist auf der Suche nach dem perfekten Tier, das maßgeschneidert alle Erwartungen erfüllt, die seinem Nutzungszweck entsprechen. Auch die Genmanipulation macht es zunehmend möglich. Ethische Bedenken werden heftig diskutiert. Sie hindern aber die wissenschaftliche Forschung, hinter der massive monetäre Interessen stehen, in keiner Weise daran, die Neuschöpfung solcher »künstlichen Tierarten« fortzuführen. Transgene Tiere stellen moderne Tiermodelle dar, die unter anderem für die Untersuchung genetisch bedingter Krankheiten des Menschen immer stärkere Bedeutung gewinnen. Für die Charakterisierung werden zunächst durch spezielle Färbemethoden, der Giemsa-Bänderung, die zu verändernden genetischen Strukturen besser erkennbar gemacht. Der Sinn liegt darin, auch die aus der Expression der Transgene resultierenden Symptome besser zu verstehen. Dies klingt für den Laien äußerst kompliziert, was es auch in vitro für den Genwissenschaftler ist. Es muß aber, um die Vorgänge einigermaßen begreifen zu können, erwähnt werden. Die Gentechnik will auf diesem Gebiet nichts anderes als neue Tiermodelle schaffen, an denen transgene Tiermodelle als perfekte Versuchskaninchen für die Verhinderung und Überwindung von genetisch veranlagten (z. B. Erbkrankheiten) Krankheiten des Menschen vermeidbar und heilbar gemacht werden. Dies ist aber nur der Anfang. Das technisch beherrschbare Klonen neuer Tiere ist der nächste Schritt, das heißt, es ist heute schon möglich, genetisch völlig identische Tiere zu schaffen. Ähnlich der Fabrikation von industriellen Gegenständen gleichen sie sich aufs Haar und bieten natürlich ungeahnte Vorteile für wissenschaftliche Tests. Die Tiere können dann auch »handhabbar« hergestellt werden, das heißt, daß das dann nur noch kaninchengroße Minischwein völlig identische Versuchsergebnisse reproduzieren kann. Der Wirbel um das Klonschaf »Dolly« ist nur ein kurzer Blick in den derzeitigen Stand der Entwicklung. Wissenschaftler des Roslin-Instituts, wie auch an anderen Forschungsstellen der Erde, hatten den Zellkern aus dem Euter eines Schafes in eine unbefruchtete Eizelle eingesetzt, aus der zuvor der Zellkern entfernt worden war. Diese Eizelle wurde einem anderen Schaf eingesetzt, das danach ein Lamm zur Welt brachte. Dessen Erbgut ist völlig identisch mit dem Erbgut des Schafs, dem die Euterzelle entnommen worden war. In der Tierzucht wird das Klonen oder Klonieren schon seit Jahren durch Manipulation am Embryo vorgenommen. Die Zellen, die durch die ersten Teilungen aus der befruchteten Eizelle hervorgehen, sind »totipotent«. Jede von ihnen kann sich zu einem vollständigen Tier entwickeln. Trennt man diese Zellen künstlich, so erhält man gleichartige Nachkommen. Die ethischen Bedenken halten den wirtschaftlichen Interessen nicht stand. Schon 1993 hat eine Gruppe US-Wissenschaftler aus Washington im Laborversuch menschliche Embryos geklont. Wie wird die Entwicklung weitergehen? Sicher wird das Klonen und die Genmanipulation beim Haustier weitergehen; beim Versuchstier sowieso. Die Verlockung, in unserer rationalisierten, gewinnorientierten Welt, standardisierte, perfekte, genormte und höchstleistungsorientierte Haustiere zu schaffen, ist einfach zu groß. Die Frage des Tierschutzes bei solchen »künstlichen« Tieren erhält eine neue Qualität. Hier sind alle Tierliebhaber und Tierschützer zur Wachsamkeit aufgerufen. Das ethische Fundament jeder Tierschutzarbeit wird in besonderer Weise gefordert und auf die Probe gestellt. Deshalb soll diese kurze Darstellung einiges Grundwissen darüber vermitteln und die Sinne schärfen. Es darf nicht hingenommen werden, daß das sich gerade erst aus der Gefangenschaft der »juristisch toten Sache« befreiende Tier wieder zur wissenschaftlich manipulierbaren Materie herabgestuft wird.

DAS TIERHEIM ALS LETZTE HOFFNUNG

Viele Menschen hätten gerne ein Tier, wissen aber nicht im geringsten, welche Voraussetzungen gegeben sein sollten und was unter Umständen auf sie zukommen kann. Sie sehen im Pferd einen idealen Freizeitpartner, übersehen dabei, daß dieses Pferd Unterkunft und Bewegung braucht, daß es eine Menge Futter kostet, daß es krank werden kann und der Tierarzt nicht gerade billig ist und daß es eines Tages altersschwach und nicht mehr reitbar ist. Dann stellt sich die Frage: Wohin mit dem guten Tier?

Solche und ähnliche Probleme gibt es täglich in vielen Haushalten, in denen Tiere, aus welchen Gründen auch immer, »überflüssig« geworden sind. Reptilienliebhaber versuchen, ihre meterlange Boa beim nächsten Zoo loszuwerden, und sind maßlos erbost, daß die Zoos sich nicht in der Lage sehen, solche zusätzlichen Tiere in ihren oft überfüllten Terrarien aufzunehmen. Außerdem stellen Reptilien besondere Ansprüche an geeignete Haltungssysteme, Luftfeuchtigkeit, Temperatur und den UV-Anteil in der Beleuchtung, so daß es nur ganz wenige Möglichkeiten gibt, ein derartiges Tier artgerecht unterzubringen.

Der scheinbare Ausweg aus einer solchen Misere ist leider ein völlig inakzeptabler: das Aussetzen in Wald und Flur! Schildkröten und Warane gelangen in den Baggersee, Kaninchen und Meerschweinchen auf das Maisfeld, Katzen auf die Insel in der Ostsee, und Hunde werden von besonders verantwortungslosen Tierhaltern an der Autobahn angepflockt. Alle gehen einem ungewissen, oft grausamen Schicksal entgegen.

Das Tierschutzgesetz sieht bisher darin nur eine Ordnungswidrigkeit, die allerdings mit Strafen bis zu 10 000 DM geahndet werden kann. Da Tiere vornehmlich in der Schulferienzeit ausgesetzt werden, vielfach sehr weit von ihrem Zuhause entfernt sind und niemals ein Erkennungshalsband oder eine sonstige Marke tragen, ist die Idenfikation des Tierhalters fast immer unmöglich.

Es gibt keinen einzigen Grund, das Aussetzen von Tieren zu rechtfertigen. Es ist immer ein schwerer Verstoß gegen das Tierschutzrecht und eine eindeutige Tierquälerei. Immer sind die Tiere vom Hungertod bedroht, da sie gewöhnt sind, regelmäßig mit Futter versorgt zu werden. Weder für Katzen noch für Hunde ist es einfach, sich auf Müllhalden und aus Mülltonnen zu ernähren. Vielfach werden solche Tiere zu Opfern schießwütiger Jäger, die freilaufende Hunde und Katzen als Freiwild einstufen und glauben, ihren Wildbestand vor diesen schützen zu müssen. Ebenso macht diesen ehemaligen Haustieren die Witterung zu schaffen.

Es gibt deshalb nur eine Regel: Muß ein Tierbesitzer, aus welchen Gründen auch immer, sein Tier weggeben, darf er dies nur in enger Absprache mit dem Tierschutz, beziehungsweise dem Tierheim. In den etwa 300 Tierheimen in Deutschland findet sich immer eine Möglichkeit, ein solches Tier abzugeben und dort so lange zu beherbergen, bis ein neuer Besitzer gefunden ist. Bei kranken Tieren, bei nicht vermittelbaren Exoten oder bei Tieren, die auf Grund ihres Wesens überhaupt nicht als »Haustiere« geeignet sind, wird der das Tierheim betreuende Tierarzt notfalls auch eine schmerzfreie Euthanasie durchführen, um dem Tier weitere Qualen zu ersparen. Im Tierheim findet man sachverständige Beratung und Hilfe und erspart so den betroffenen Tieren Schmerzen und Qualen. Jeder Tierfreund sollte sich einmal mit dem nächstgelegenen Tierheim vertraut machen, damit er weiß, wo notfalls seinem Tier geholfen werden kann, wenn sich das Problem der Trennung stellt.

EPILOG – DAS VERLORENE PARADIES

Mit Beginn der Industrialisierung und der ungebremsten Zunahme der Weltbevölkerung wurde der Lebensraum der Tiere ständig bedrohender eingeengt und durch menschliche Siedlungen verbraucht. Immer mehr Menschen benötigen immer mehr kultiviertes Land, das ihren Nahrungsbedarf abdeckt. Das Paradies, in dem Menschen und Tiere zusammenleben, ist für immer verloren. Viele Tierarten sind bereits ausgelöscht; jedes Jahr werden es mehr, und es ist kein Ende dieser unglückseligen Entwicklung abzusehen. Der Tierschutz wehrt sich auf der ganzen Erde mit Vehemenz, aber wenig Erfolg dagegen. Trotz strenger Verbote werden die restlichen Wale weiter dezimiert, zu wissenschaftlichen Zwecken, wie es heißt. Mit 50 Kilometer langen Schleppnetzen werden ganze Meere leergefischt, einschließlich Delphinen und Seehunden. Beim Vernichten der tropischen Regenwälder gehen die letzten intakten Lebensräume für eine lebendige Tier- und Pflanzenwelt zugrunde.

Überall versuchen Biologen, Tierärzte, Zoologen und Tierschützer diesem Ausverkauf der Natur entgegenzutreten, im großen wie im kleinen. So wurde im holländischen Nordbrabant ein ungewöhnliches Experiment gestartet: Zwei in Mitteleuropa fast gänzlich ausgestorbene Schmetterlingsarten wurden wieder angesiedelt. Es sind dies der Wiesenkopfbläuling und der Schwarzblaue Bläuling, die in den siebziger Jahren in den Niederlanden verschwanden und auch bei uns als hochgefährdet gelten. Die Entomologin Irma Wynhoff von der Universität Wageningen reiste nach Polen, um 240 Falter – 200 Weibchen und 40 Männchen – zu fangen, die dann in Brabant ausgesetzt wurden, in der Hoffnung, die ausgestorbene Population wieder einzubürgern.

In Großbritannien initiierte Prinz Charles ein umfangreiches Programm zum Schutz der für die Tierwelt so wichtigen Hecken, von denen in England in den letzten zwanzig Jahren allein 160 000 vernichtet wurden. Auch bei uns sind Naturschützer diesbezüglich aktiv. Von ursprünglich 25 Waldfalterarten sind heute in der freien Natur allenfalls noch zehn und im Wald noch weniger Arten zu beobachten. Natur- und Artenschutz ist nicht teilbar, sowenig wie die Ganzheit allen Lebens in der Natur teilbar ist.

Wo Insekten, Amphibien oder andere Kleinlebewesen aussterben, ist auch der Bestand der größeren Wildtiere gefährdet. Das Gleichgewicht der Natur ist die Grundlage allen Lebens. Tierschutz im Sinne der Abwendung von Not und Tod von unmündigen Tieren der freien Wildbahn und von abhängigen Nutz-, Haus- und Heimtieren muß immer das Umfeld die Lebensbedingungen und die Intaktheit der Umwelteinflüsse mit einbeziehen und den Schutz und die Erhaltung der Arten im ganzheitlichen Sinne sehen, nur so wird die Basis für einen umfassenden Tierschutz ermöglicht.

Auch auf anderen Gebieten werden zunehmend die Tierfreunde und Tierschützer tätig: bei der Erhaltung aussterbender Haustierrassen. Der Gedanke von Nutztier-Schutzparks wird immer populärer. Die landwirtschaftliche Intensivzucht, die immer schnellere und größere Produktionen von Nutztieren erfordert, hat die ursprüngliche Vielfalt der Haustierrassen auf dem Bauernhof radikal eingeschränkt. Verantwortliche Tierzuchtexperten befürchten, daß durch eine einzige nicht schnell beherrschbare Tierseuche ganze Zuchtpopulationen aussterben können. Die Aktivitäten für solche Schutzparks sollen alte Landrassen, wie zum Beispiel das Gelbe Hessenvieh, das Vorder- und Hinterwälderrind, die Exmoorponys, die nicht mehr gezüchteten Kalblutpferderassen, die Wollschweine oder Soay-Schafe und zahlreiche weitere Tierrassen berücksichtigen. Experten sind der Meinung, daß heutzutage bereits bis zu 90 Prozent der Tiervielfalt eingebüßt wurde, was einer genetischen Verarmung gleichkommt, die kaum noch verantwortbar ist. Auch werden diese Nutzparks zunehmend zu Touristenattraktionen, besonders für Städter.

Wie erfolgreich Bemühungen zu Arterhaltung sein können, beweist die Geschichte des Seeotters: Früher war er ein in fast allen Gewässern überaus zahlreich beheimatetes Tier und wegen seines eleganten Fells eine begehrte Beute der Pelztierjäger. Um die Jahrhundertwende war der Seeotter, der der Familie der Marder angehört, fast weltweit ausgerottet. Nur noch etwa einhundert Exemplare wurden geschätzt. Vor achtzig Jahren unterzeichneten Japan, Rußland, die Vereinigten Staaten von Amerika und Kananda einen Vertrag zum Schutz des Seeotters vor Ausrottung und Sicherung des

Bestandes. Heute schätzt man den Bestand wieder auf 60 000 bis 70 000 Exemplare, der sich besonders in den Kurilen, den Aleuten, in Britisch-Kolumbien und in Kalifornien tummelt. Viele Fischer, die in den Seeottern ihre Konkurrenten bei der Fischjagd sehen, sind darüber gar nicht glücklich. Andererseits sind die possierlichen Tiere der beste Indikator für die Qualität eines Gewässers. Sie brauchen absolut klares Wasser und einwandfreie Nahrung. »Dort, wo die Seeotter verschwinden«, sagt der Zoodirektor Georg Rapp, »ist das Leben im Gewässer bedroht.« Praktischer Tierschutz ist angewandter Naturschutz.

In europäischen Seen und Flüssen sind die Seeotter schon seit einiger Zeit ausgestorben oder absolute Rarität geworden. Die Verschmutzung ihres Lebenselementes mit Pestiziden, Schwermetallen und anderen Schadstoffen setzt ihnen zu. Ebenso ist die Flußbettregulierung und die moderne Landwirtschaft am Aussterben der Seeotter wesentlich beteiligt. Die Natur- und Tierschützer fordern deshalb auf der ganzen Welt Reservate, die diesen Tieren den nötigen Lebensraum geben und ihnen das Überleben ermöglichen sollen. Es ist bezeichnend, daß diese Forderung besonders bei »Dritte-Welt-Ländern« Zustimmung fand, da gerade diese Länder weite Flächen ihres Areals zu Natur- und Tierreservaten verändert haben. In Mitteleuropa tut man sich schwer. Nicht nur Bedarf an Lebensraum bringt viele Tierarten zunehmend in Not, sondern auch das Austrocknen der Sümpfe und Moore, die Flurbereinigung und die moderne Waldwirtschaft, die die Tiere mehr und mehr an den Rand ihrer Existenzmöglichkeit drängen. Wo früher artenreiche Jungwälder mit vielen Strauch- und Krautpflanzen Geborgenheit und Deckung gaben, stehen heute fein säuberlich ausgeholzte Fichten und Douglasien, die besonders dem Niederwild und den Waldvögeln keinen ausreichenden Schutz bieten. Das alte Haselhuhn, beliebtes Motiv der Naturdarstellung der alten Meister, ist in großer Gefahr, da sein verdecktes Leben im heutigen Wirtschaftsforst kaum noch möglich ist. Im »offenen« Wald machen ihnen Raubsäuger, wie Marder und Fuchs, auf dem flurbereinigten Feld Greifvögel, wie der Habicht, das Leben schwer. Ihre Bodennester werden von Eierräubern heimgesucht. Die Pestizide auf Flur und im Wald tragen das ihrige dazu bei und lassen die Haselnuß- und Vogelbeersträucher immer seltener werden. Wenn hier nichts Entscheidendes in der Rekultivierung der Flora geschieht, sind die Tage der Haselhühner gezählt.

Selbst so vertraute Zugvögel wie die Schwalben sind in großer Gefahr. Wo früher die Rückkehr der Schwalben aus dem sonnigen Süden als der Beginn der warmen Jahreszeit gefeiert wurde, kann man heute die brütenden Schwalbenpärchen mühelos zählen. Immer weniger kommen den beschwerlichen Weg über die Alpen zurück; auch hier fehlt ihnen vermehrt der Lebensraum. Die vielen kleinen Bauernhöfe mit ihren engen Kuhställen, in denen Generationen von Schwalben ins gleiche Nest heimkehrten, um zu brüten, sind modernen Ställen gewichen. Die neuzeitliche chemische Fliegenbekämpfung tut das übrige. Es sind nicht mehr die Schwalben, die in elegant-akrobatischem Flug die Mücken jagen, es sind Chemiestreifen, die den Fliegen und Insekten den Garaus machen. Wovon sollen die Schwalben nun leben? Kein Wunder, daß sie bei der ständig schwindenden Lebensgrundlage immer weniger werden. Wenn dann kalte und trockene Winter die Insektenbrut dezimieren, kehren instinktmäßig nur noch wenige Schwalben zu ihrem heimischen Nistplatz zurück. Es kommt immer häufiger vor, daß sie so spät ihr Nest erreichen, daß es für die Erstbrut zu spät ist und die erhoffte Drittbrut ganz ausfällt. Es ist rührend, wie sich Vogelfreunde unter den Tierschützern die Mühe machen und künstliche Schwalbennester an geschützten Stellen anbringen und dann maßlos enttäuscht sind, wenn nur ganz wenige dieser Nester besetzt sind. Die Schwalbe ist ein Vogel, der seine Nahrung, vornehmlich Insekten, im Flug erbeutet. Mit einer Fütterung, wie beispielsweise bei den Meisen, ist ihr nicht geholfen. Sie braucht eine intakte Umwelt und einen Lebensraum, der ihre Existenz absichern kann. Beides geht in zunehmendem Maße verloren, und der Tag ist nicht fern, an dem wir von so possierlichen Fliegern wie den Rauch- und Mehlschwalben, die Jahrtausende eng mit uns Menschen zusammengelebt haben, Abschied nehmen müssen. So geht ein Stück nach dem anderen unseres vertrauten Zusammenlebens mit den Tieren verloren. Der Verlust der letzten Reste des Paradieses auf Erden ist auf vielen Ebenen schon vorprogrammiert.

Vor allem die Tiere haben in ihrer zauberhaften Vielfalt das Leben von uns Menschen bereichert. Sie waren über Jahrtausende unsere Begleiter und ein wesentlicher Teil unserer Kultur. Mit jedem aussterbenden Tier werden wir und unsere Erde ärmer. Schon deshalb muß der Tierschutz alles nur Erdenkliche unternehmen, um den Reichtum der Tierwelt für unsere Nachkommen zu erhalten. Der Schutz der Tiere ist im hohen Sinne ein Schutz unserer Zivilisation und unseres »blauen Planeten«.

AUSZUG AUS
Bundesgesetzblatt

Teil I

Z 1997 A

| 1974 | Ausgegeben zu Bonn am 12. Juni 1974 | Nr. 60 |

Tag	Inhalt	Seite
6. 6. 74	Verordnung über das Halten von Hunden im Freien	1265
10. 6. 74	Verordnung zur Änderung der Verordnung zu § 1 Abs. 1 des Bundespolizeibeamtengesetzes	1268
	2030-6-11	
10. 6. 74	Bekanntmachung über den Schutz von Erfindungen, Mustern und Warenzeichen auf Ausstellungen	1269

Hinweis auf andere Verkündungsblätter

Rechtsvorschriften der Europäischen Gemeinschaften 1270

Verordnung
über das Halten von Hunden im Freien
Vom 6. Juni 1974

Auf Grund des § 13 Abs. 1 des Tierschutzgesetzes vom 24. Juli 1972 (Bundesgesetzbl. I S. 1277) wird mit Zustimmung des Bundesrates verordnet:

1. Sachlicher Geltungsbereich

§ 1

(1) Diese Verordnung gilt für Haushunde, die im Freien gehalten werden.

(2) Haltung im Freien im Sinne dieser Verordnung ist
1. Anbindehaltung,
2. Zwingerhaltung,
3. Haltung auf Freianlagen,
4. Haltung in Schuppen, Scheunen, nicht benutzten Stallungen, Lagerhallen oder ähnlichen Einrichtungen.

(3) Die Verordnung findet keine Anwendung auf
1. Hütehunde während der Begleitung von Herden,
2. Hunde während einer tierärztlichen Behandlung, soweit diese nach dem Urteil des Tierarztes im Einzelfall anderes erfordert,
3. Hunde in wissenschaftlich geleiteten Versuchstierhaltungen und Hunde in Tierversuchen, soweit der verfolgte Zweck bei wissenschaftlich geleiteten Versuchstierhaltungen nach dem Urteil des Leiters der Versuchstierhaltung, bei Tierversuchen nach dem Urteil des Leiters des Versuchsvorhabens anderes erfordert.

(4) Veterinärpolizeiliche und sonstige ordnungsbehördliche Anordnungen bleiben unberührt.

2. Anbindehaltung

§ 2

(1) Hunde dürfen nur dann angebunden gehalten werden, wenn ihnen im Aufenthaltsbereich ein Schutzraum, zum Beispiel eine Hundehütte, zur Verfügung steht.

(2) Der Schutzraum muß allseitig aus wärmedämmendem, gesundheitsunschädlichem Material hergestellt sein. Das Material muß so verarbeitet sein, daß der Hund sich daran nicht verletzen kann. Der Schutzraum muß gegen nachteilige Witterungseinflüsse Schutz bieten, insbesondere darf Feuchtigkeit nicht eindringen.

(3) Der Schutzraum muß so bemessen sein, daß der Hund sich darin verhaltensgerecht bewegen und den Raum durch seine Körperwärme warmhalten kann. Das Innere des Schutzraumes muß sauber, trocken und ungezieferfrei gehalten werden.

(4) Die Öffnung des Schutzraumes muß der Größe des Hundes entsprechen; sie darf nur so groß sein, daß der Hund ungehindert hindurchgelangen kann. Die Öffnung muß der Wetterseite abgewandt und gegen Wind und Niederschlag abgeschirmt sein.

(5) Der Aufenthaltsbereich in der engeren Umgebung des Schutzraumes muß sauber gehalten werden. Der Boden muß so beschaffen oder so angelegt sein, daß Flüssigkeit versickern oder abfließen kann.

(6) Bei starker Sonneneinstrahlung und hohen Außentemperaturen muß dem Hund außerhalb des Schutzraumes ein schattiger Platz zur Verfügung stehen.

§ 3

(1) Hunde dürfen nur mit einem breiten, nicht einschneidenden Halsband oder einem entsprechenden Brustgeschirr angebunden werden.

(2) Die Anbindung (Kette, Seil oder ähnliches) muß mit zwei drehbaren Wirbeln versehen sein, die eine Verkürzung der Anbindevorrichtung durch Aufdrehen verhindern. Das Anbindematerial muß von geringem Eigengewicht und so beschaffen sein, daß der Hund sich nicht verletzen kann. Bei Ketten darf die Drahtstärke der Glieder 3,2 mm nicht überschreiten.

(3) Die Anbindung darf nur an einer mindestens 6 m langen Laufvorrichtung (Laufseil, Laufdraht, Laufstange) angebracht werden. Die Anbindung muß an der Laufvorrichtung frei gleiten können und so bemessen sein, daß sie dem Tier einen zusätzlichen beidseitigen Bewegungsspielraum von mindestens 2,5 m bietet.

(4) Laufvorrichtung und Anbindung müssen so angebracht sein, daß der Hund seinen Schutzraum ungehindert aufsuchen kann. Im Laufbereich dürfen keine Gegenstände vorhanden sein, die die Bewegung des Hundes behindern oder zu Verletzungen führen können. Kot ist regelmäßig zu entfernen.

3. Zwingerhaltung

§ 4

(1) Hunde dürfen nur dann in offenen oder teilweise offenen Zwingern gehalten werden, wenn ihnen innerhalb ihres Zwingers oder unmittelbar mit dem Zwinger verbunden ein Schutzraum zur Verfügung steht. Der Schutzraum muß den Anforderungen des § 2 genügen.

(2) Die Grundfläche des Zwingers muß der Zahl und Art der auf ihr gehaltenen Hunde angepaßt sein. Die Mindestbreite des Zwingers muß der Körperlänge des Hundes entsprechen. Für einen mittelgroßen, über 20 kg schweren Hund ist eine Grundfläche ohne Schutzraum von mindestens 6 qm erforderlich; für jeden weiteren in demselben Zwinger gehaltenen Hund, ausgenommen Welpen beim Muttertier, sind der Grundfläche 3 qm hinzuzurechnen.

(3) Boden, Einfriedung und die übrige Einrichtung des Zwingers müssen aus gesundheitsunschädlichem Material hergestellt und so verarbeitet sein, daß die Hunde sich nicht verletzen können. Die Einfriedung muß zusätzlich so beschaffen sein, daß sie von den Hunden nicht überwunden werden kann. Mindestens eine Seite des Zwingers muß den Hunden Sicht nach außen ermöglichen. Besteht der Boden des Zwingers nicht aus wärmedämmendem Material, muß außerhalb des Schutzraumes eine wärmedämmende Liegefläche vorhanden sein. Der Boden muß so beschaffen oder so angelegt sein, daß Flüssigkeit versickern oder abfließen kann. Das Innere des Zwingers muß sauber, trocken und ungezieferfrei gehalten werden.

(4) Bei starker Sonneneinstrahlung und hohen Außentemperaturen muß den Hunden außerhalb des Schutzraumes ein schattiger Platz zur Verfügung stehen.

(5) Hunde dürfen in einem Zwinger nicht angebunden gehalten werden.

(6) Gleichgeschlechtliche geschlechtsreife Hunde, die noch keinen Kontakt miteinander hatten, dürfen in demselben Zwinger nur unter Kontrolle zusammengebracht werden.

(7) Werden Hunde in einem Zwinger in Einzelboxen gehalten, so muß die Trennvorrichtung der Boxen so beschaffen sein, daß die Hunde sie nicht überwinden und sich nicht beißen können. Für die Größe der Einzelboxen gelten die Anforderungen des Absatzes 2.

§ 5

Die Vorschriften des § 4 Abs. 2, 3, 5 und 6 gelten sinngemäß für in Festbauweise errichtete Zwinger (Hundehaus). Diese Zwinger müssen darüber hinaus ausreichend vom Tageslicht beleuchtet sein. Die Fläche der Öffnungen für das Tageslicht muß mindestens ein Achtel der Bodenfläche betragen. Die Zwinger müssen ausreichend be- und entlüftet werden.

4. Sonstige Haltung

§ 6

Werden Hunde auf Freianlagen oder in Schuppen, Scheunen, nicht benutzten Stallungen, Lagerhallen oder ähnlichen Räumen gehalten, so muß ihnen ein Schutzraum zur Verfügung stehen, der den Anforderungen des § 2 genügen muß. In der warmen Jahreszeit kann an Stelle eines Schutzraumes in den genannten Räumen an einem trockenen, zugfreien, gegen Boden- und Wandkälte abgeschirmten Platz eine Lagerstatt aus wärmedämmendem Material eingerichtet werden. Werden die Hunde angebunden gehalten, so gelten im übrigen die §§ 2 und 3.

5. Wartung und Pflege

§ 7

(1) Der Besitzer oder der mit der Wartung und Pflege des Hundes Beauftragte hat sich mindestens einmal täglich von dem Befinden des Hundes, der Beschaffenheit der Unterkunft und bei Anbindung von dem Zustand der Anbindevorrichtung zu überzeugen und Mängel unverzüglich abzustellen.

(2) Futter- und Tränkebehälter sind sauber zu halten, sie müssen aus gesundheitsunschädlichem Material bestehen und so beschaffen sein, daß der Hund sich nicht verletzen kann. Frischer Trank muß dem Hund jederzeit in ausreichender Menge zur Verfügung stehen.

(3) Hunden, die angebunden oder in Räumlichkeiten nach § 6 gehalten werden, muß täglich mindestens 60 Minuten freier Auslauf gewährt werden.

6. Verbotsvorschriften

§ 8

Es ist verboten,

1. a) Hunde mittels Würge- oder Stachelhalsband,
   b) tragende Hündinnen vom letzten Drittel der Trächtigkeit ab,
   c) säugende Hündinnen oder
   d) kranke Hunde
   angebunden zu halten,
2. Hunde bei anhaltend nasser Witterung angebunden oder in offenen, nicht überdachten Zwingern zu halten.

7. Ordnungswidrigkeiten

§ 9

Ordnungswidrig im Sinne des (§ 18 Abs. 2 Nr. 16)* des Tierschutzgesetzes handelt, wer vorsätzlich oder fahrlässig

1. entgegen § 2 Abs. 1 oder § 4 Abs. 1 Satz 1 einen Hund ohne Schutzraum hält,
2. einer Vorschrift des § 3 Abs. 1 oder 3 Satz 1 über die Anbindung von Hunden zuwiderhandelt,
3. einer Vorschrift des § 4 Abs. 2 Satz 2 oder 3, auch in Verbindung mit Abs. 7 Satz 2, über die Mindestgröße der Zwinger zuwiderhandelt oder
4. einem Verbot des Anbindens von Hunden nach § 4 Abs. 5 oder § 8 Nr. 1 zuwiderhandelt.

8. Schlußvorschriften

§ 10

Diese Verordnung gilt nach § 14 des Dritten Überleitungsgesetzes vom 4. Januar 1952 (Bundesgesetzblatt I S. 1) in Verbindung mit § 22 des Tierschutzgesetzes auch im Land Berlin.

§ 11

(1) Diese Verordnung tritt am 1. Januar 1975 in Kraft.

(2) Gleichzeitig treten außer Kraft

Baden-Württemberg

die Verordnung des Innenministeriums über das Halten von Hunden im Freien vom 7. Juli 1969 (Gesetzblatt für Baden-Württemberg, S. 149),

Bayern

die Landesverordnung über das Halten von Kettenhunden im Freien vom 12. Mai 1970 (Bayerisches Gesetz- und Verordnungsblatt, S. 249),

Hessen

der Erlaß „Tierschutz; hier: Haltung und Unterbringung von Hunden im Freien" vom 7. November 1969 (Staats-Anzeiger für das Land Hessen, S. 2015),

Niedersachsen

der Runderlaß „Tierschutz; hier: Haltung von Hunden" vom 17. April 1972 (Niedersächsisches Ministerialblatt, S. 755),

Nordrhein-Westfalen

die Verordnung über das Halten von Hunden im Freien vom 5. November 1968 (Gesetz- und Verordnungsblatt für das Land Nordrhein-Westfalen, S. 342),

Rheinland-Pfalz

die Landesverordnung zur Durchführung des Tierschutzgesetzes vom 5. Oktober 1970 (Gesetz- und Verordnungsblatt für das Land Rheinland-Pfalz, S. 392),

Schleswig-Holstein

die Landesverordnung über das Halten von Hunden vom 29. Dezember 1969 (Gesetz- und Verordnungsblatt für Schleswig-Holstein 1970, S. 8).

Bonn, den 6. Juni 1974

Der Bundesminister
für Ernährung, Landwirtschaft und Forsten
J. Ertl

---

*Nach Artikel 2 Erstes Gesetz zur Änderung des Tierschutzgesetzes vom 12. August 1986 (BGBl. I S. 1309) ersetzt durch die Angabe "§ 18 Abs. 1 Nr. 3 Buchstabe a".

AUSZUG AUS
Bundesgesetzblatt

Teil I Z 5702 A

1986 Ausgegeben zu Bonn am 22. August 1986 **Nr. 42**

Tag	Inhalt	Seite
12. 8. 86	**Erstes Gesetz zur Änderung des Tierschutzgesetzes** 7833-3, 7833-3-1, 7833-3-2	1309
18. 8. 86	**Neufassung des Tierschutzgesetzes** 7833-3	1319

Bekanntmachung
der Neufassung des Tierschutzgesetzes

Vom 18. August 1986

Auf Grund des Artikels 3 des Ersten Gesetzes zur Änderung des Tierschutzgesetzes vom 12. August 1986 (BGBl. I S. 1309) wird nachstehend der Wortlaut des Tierschutzgesetzes in der ab 1. Januar 1987 geltenden Fassung bekanntgemacht. Die Neufassung berücksichtigt:

1. das am 1. Oktober 1972 in Kraft getretene Gesetz vom 24. Juli 1972 (BGBl. I S. 1277),

2. den am 21. März 1975 in Kraft getretenen Artikel 37 des Gesetzes vom 18. März 1975 (BGBl. I S. 705),

3. den nach seinem Artikel 5 in Kraft tretenden Artikel 1 des eingangs genannten Gesetzes.

Bonn, den 18. August 1986

Der Bundesminister
für Ernährung, Landwirtschaft und Forsten
In Vertretung
G. Gallus

Tierschutzgesetz

Erster Abschnitt

Grundsatz

§ 1

Zweck dieses Gesetzes ist es, aus der Verantwortung des Menschen für das Tier als Mitgeschöpf dessen Leben und Wohlbefinden zu schützen. Niemand darf einem Tier ohne vernünftigen Grund Schmerzen, Leiden oder Schäden zufügen.

Zweiter Abschnitt

Tierhaltung

§ 2

Wer ein Tier hält, betreut oder zu betreuen hat,

1. muß das Tier seiner Art und seinen Bedürfnissen entsprechend angemessen ernähren, pflegen und verhaltensgerecht unterbringen,

2. darf die Möglichkeit des Tieres zu artgemäßer Bewegung nicht so einschränken, daß ihm Schmerzen oder vermeidbare Leiden oder Schäden zugefügt werden.

§ 2 a

(1) Der Bundesminister für Ernährung, Landwirtschaft und Forsten (Bundesminister) wird ermächtigt, durch Rechtsverordnung mit Zustimmung des Bundesrates, soweit es zum Schutz der Tiere erforderlich ist, die Anforderungen an die Haltung von Tieren nach § 2 näher zu bestimmen und dabei insbesondere Vorschriften zu erlassen über Anforderungen

1. hinsichtlich der Bewegungsmöglichkeit oder der Gemeinschaftsbedürfnisse der Tiere,

2. an Räume, Käfige, andere Behältnisse und sonstige Einrichtungen zur Unterbringung von Tieren sowie an die Beschaffenheit von Anbinde-, Fütterungs- und Tränkvorrichtungen,

3. hinsichtlich der Lichtverhältnisse und des Raumklimas bei der Unterbringung der Tiere,

4. an die Pflege einschließlich der Überwachung der Tiere; hierbei kann der Bundesminister auch vorschreiben, daß Aufzeichnungen über die Ergebnisse der Überwachung zu machen, aufzubewahren und der zuständigen Behörde auf Verlangen vorzulegen sind.

(2) Der Bundesminister wird ermächtigt, im Einvernehmen mit dem Bundesminister für Verkehr und, soweit die Beförderung mit der Deutschen Bundespost berührt wird, mit dem Bundesminister für das Post- und Fernmeldewesen durch Rechtsverordnung mit Zustimmung des Bundesrates, soweit es zum Schutze der Tiere erforderlich ist, ihre Beförderung zu regeln. Er kann hierbei insbesondere

1. bestimmte Transportmittel und Versendungsarten für die Beförderung bestimmter Tiere, insbesondere die Versendung als Nachnahme, verbieten oder beschränken,

2. bestimmte Transportmittel und Versendungsarten für die Beförderung bestimmter Tiere vorschreiben,

3. vorschreiben, daß bestimmte Tiere bei der Beförderung von einem Betreuer begleitet werden müssen,

4. Vorschriften über das Verladen, Entladen, Unterbringen, Ernähren und Pflegen der Tiere erlassen.

§ 3

Es ist verboten,

1. einem Tier außer in Notfällen Leistungen abzuverlangen, denen es wegen seines Zustandes offensichtlich nicht gewachsen ist oder die offensichtlich seine Kräfte übersteigen,

2. ein gebrechliches, krankes, abgetriebenes oder altes, im Haus, Betrieb oder sonst in Obhut des Menschen gehaltenes Tier, für das ein Weiterleben mit nicht behebbaren Schmerzen oder Leiden verbunden ist, zu einem anderen Zweck als zur unverzüglichen schmerzlosen Tötung zu veräußern oder zu erwerben; dies gilt nicht für die unmittelbare Abgabe eines kranken Tieres an eine Person oder Einrichtung, der eine Genehmigung nach § 8 und, wenn es sich um ein Wirbeltier handelt, eine Ausnahmegenehmigung nach § 9 Abs. 2 Nr. 7 Satz 2 für Versuche an solchen Tieren erteilt worden ist,

3. ein im Haus, Betrieb oder sonst in Obhut des Menschen gehaltenes Tier auszusetzen oder es zurückzulassen, um sich seiner zu entledigen,

4. ein gezüchtetes oder aufgezogenes Tier einer wildlebenden Art in der freien Natur auszusetzen oder anzusiedeln, das nicht auf die zum Überleben in dem vorgesehenen Lebensraum erforderliche artgemäße Nahrungsaufnahme vorbereitet und an das Klima angepaßt ist; die Vorschriften des Jagdrechts und des Naturschutzrechts bleiben unberührt,

5. ein Tier auszubilden, sofern damit erhebliche Schmerzen, Leiden oder Schäden für das Tier verbunden sind,

6. ein Tier zu einer Filmaufnahme, Schaustellung, Werbung oder ähnlichen Veranstaltung heranzuziehen, sofern damit Schmerzen, Leiden oder Schäden für das Tier verbunden sind,

7. ein Tier an einem anderen lebenden Tier auf Schärfe abzurichten oder zu prüfen,

8. ein Tier auf ein anderes Tier zu hetzen, soweit dies nicht die Grundsätze weidgerechter Jagdausübung erfordern,

9. einem Tier durch Anwendung von Zwang Futter einzuverleiben, soweit dies nicht aus gesundheitlichen Gründen erforderlich ist,

10. einem Tier Futter darzureichen, das dem Tier erhebliche Schmerzen, Leiden oder Schäden bereitet,

11. an einem Tier bei sportlichen Wettkämpfen oder ähnlichen Veranstaltungen Dopingmittel anzuwenden.

Dritter Abschnitt
Töten von Tieren

§ 4

(1) Ein Wirbeltier darf nur unter Betäubung oder sonst, soweit nach den gegebenen Umständen zumutbar, nur unter Vermeidung von Schmerzen getötet werden. Ist die Tötung eines Wirbeltieres ohne Betäubung im Rahmen weidgerechter Ausübung der Jagd oder auf Grund anderer Rechtsvorschriften zulässig oder erfolgt sie im Rahmen zulässiger Schädlingsbekämpfungsmaßnahmen, so darf die Tötung nur vorgenommen werden, wenn hierbei nicht mehr als unvermeidbare Schmerzen entstehen. Ein Wirbeltier töten darf nur, wer die dazu notwendigen Kenntnisse und Fähigkeiten hat.

(2) Für das Schlachten eines warmblütigen Tieres gilt § 4 a.

§ 4 a

(1) Ein warmblütiges Tier darf nur geschlachtet werden, wenn es vor Beginn des Blutentzugs betäubt worden ist.

(2) Abweichend von Absatz 1 bedarf es keiner Betäubung, wenn

1. sie bei Notschlachtungen nach den gegebenen Umständen nicht möglich ist,

2. die zuständige Behörde eine Ausnahmegenemigung für ein Schlachten ohne Betäubung (Schächten) erteilt hat; sie darf die Ausnahmegenehmigung nur insoweit erteilen, als es erforderlich ist, den Bedürfnissen von Angehörigen bestimmter Religionsgemeinschaften im Geltungsbereich dieses Gesetzes zu entsprechen, denen zwingende Vorschriften ihrer Religionsgemeinschaft das Schächten vorschreiben oder den Genuß von Fleisch nicht geschächteter Tiere untersagen.

§ 4 b

Der Bundesminister wird ermächtigt, durch Rechtsverordnung mit Zustimmung des Bundesrates

1. a) das Schlachten von Fischen und anderen kaltblütigen Tieren zu regeln,

   b) bestimmte Tötungsarten und Betäubungsverfahren näher zu regeln, vorzuschreiben, zuzulassen oder zu verbieten,

   c) die Voraussetzungen näher zu regeln, unter denen Schlachtungen im Sinne des § 4 a Abs. 2 Nr. 2 vorgenommen werden dürfen,

   um sicherzustellen, daß den Tieren nicht mehr als unvermeidbare Schmerzen zugefügt werden,

2. das Schlachten von Tieren im Rahmen der Bestimmungen des Europäischen Übereinkommens vom 10. Mai 1979 über den Schutz von Schlachttieren (BGBl. 1983 II S. 770) näher zu regeln.

Vierter Abschnitt
Eingriffe an Tieren

§ 5

(1) An einem Wirbeltier darf ohne Betäubung ein mit Schmerzen verbundener Eingriff nicht vorgenommen werden. Die Betäubung eines warmblütigen Wirbeltieres ist von einem Tierarzt vorzunehmen. Für die Betäubung mit Betäubungspatronen kann die zuständige Behörde Ausnahmen von Satz 2 zulassen, sofern ein berechtigter Grund nachgewiesen wird.

(2) Eine Betäubung ist nicht erforderlich,

1. wenn bei vergleichbaren Eingriffen am Menschen eine Betäubung in der Regel unterbleibt,

2. wenn die Betäubung im Einzelfall nach tierärztlichem Urteil nicht durchführbar erscheint.

(3) Eine Betäubung ist ferner nicht erforderlich

1. für das Kastrieren von unter zwei Monate alten männlichen Rindern, Schweinen, Ziegen, Schafen und Kaninchen, sofern kein von der normalen anatomischen Beschaffenheit abweichender Befund vorliegt,

2. für das Enthornen oder das Verhindern des Hornwachstums bei unter sechs Wochen alten Rindern,

3. für das Kürzen des Schwanzes von unter vier Tage alten Ferkeln sowie von unter acht Tage alten Lämmern,

4. für das Kürzen des Schwanzes von unter acht Tage alten Lämmern mittels elastischer Ringe,

5. für das Kürzen der Rute von unter acht Tage alten Welpen,

6. für das Kürzen von Hornteilen des Schnabels beim Geflügel,

7. für das Absetzen des krallentragenden letzten Zehengliedes bei Masthahnenküken, die als Zuchthähne Verwendung finden sollen, während des ersten Lebenstages.

(4) Der Bundesminister wird ermächtigt, durch Rechtsverordnung mit Zustimmung des Bundesrates Verfahren und Methoden zur Durchführung von Maßnahmen nach Absatz 3 vorzuschreiben, zuzulassen oder zu verbieten, soweit dies zum Schutz der Tiere erforderlich ist.

§ 6

(1) Verboten ist das vollständige oder teilweise Amputieren von Körperteilen oder das vollständige oder teilweise Entnehmen oder Zerstören von Organen oder Geweben eines Wirbeltieres. Das Verbot gilt nicht, wenn

1. der Eingriff im Einzelfall nach tierärztlicher Indikation geboten ist,

2. der Eingriff im Einzelfall für die vorgesehene Nutzung des Tieres, ausgenommen eine Nutzung für Tierversuche, unerläßlich ist und tierärztliche Bedenken nicht entgegenstehen,

3. ein Fall des § 5 Abs. 3 vorliegt,

4. das vollständige oder teilweise Entnehmen von Organen oder Geweben zum Zwecke der Transplantation

oder des Anlegens von Kulturen oder der Untersuchung isolierter Organe, Gewebe oder Zellen erforderlich ist.

Eingriffe nach Satz 2 Nr. 1 und 2 sind durch einen Tierarzt vorzunehmen; Eingriffe nach Satz 2 Nr. 3 können auch durch eine andere Person vorgenommen werden, die die dazu notwendigen Kenntnisse und Fähigkeiten hat. Für Eingriffe nach Satz 2 Nr. 4 gelten § 8 a Abs. 1 und § 9 Abs. 1 Satz 1, 3 und 4, Abs. 2 Nr. 4 und 8 und Abs. 3 Satz 1 entsprechend.

(2) Verboten ist, beim Amputieren oder Kastrieren elastische Ringe zu verwenden; dies gilt nicht im Falle des § 5 Abs. 3 Nr. 4.

§ 6 a

Die Vorschriften dieses Abschnitts gelten nicht für Tierversuche und für Eingriffe zur Aus-, Fort- oder Weiterbildung.

Fünfter Abschnitt

Tierversuche

§ 7

(1) Tierversuche im Sinne dieses Gesetzes sind Eingriffe oder Behandlungen an Tieren zu Versuchszwecken, die mit Schmerzen, Leiden oder Schäden für die Tiere verbunden sein können.

(2) Tierversuche dürfen nur durchgeführt werden, soweit sie zu einem der folgenden Zwecke unerläßlich sind:

1. Vorbeugen, Erkennen oder Behandeln von Krankheiten, Leiden, Körperschäden oder körperlichen Beschwerden oder Erkennen oder Beeinflussen physiologischer Zustände oder Funktionen bei Mensch oder Tier,
2. Erkennen von Umweltgefährdungen,
3. Prüfung von Stoffen oder Produkten auf ihre Unbedenklichkeit für die Gesundheit von Mensch oder Tier oder auf ihre Wirksamkeit gegen tierische Schädlinge,
4. Grundlagenforschung.

Bei der Entscheidung, ob Tierversuche unerläßlich sind, ist insbesondere der jeweilige Stand der wissenschaftlichen Erkenntnisse zugrunde zu legen und zu prüfen, ob der verfolgte Zweck nicht durch andere Methoden oder Verfahren erreicht werden kann.

(3) Versuche an Wirbeltieren dürfen nur durchgeführt werden, wenn die zu erwartenden Schmerzen, Leiden oder Schäden der Versuchstiere im Hinblick auf den Versuchszweck ethisch vertretbar sind. Versuche an Wirbeltieren, die zu länger anhaltenden oder sich wiederholenden erheblichen Schmerzen oder Leiden führen, dürfen nur durchgeführt werden, wenn die angestrebten Ergebnisse vermuten lassen, daß sie für wesentliche Bedürfnisse von Mensch oder Tier einschließlich der Lösung wissenschaftlicher Probleme von hervorragender Bedeutung sein werden.

(4) Tierversuche zur Entwicklung oder Erprobung von Waffen, Munition und dazugehörigem Gerät sind verboten.

(5) Tierversuche zur Entwicklung von Tabakerzeugnissen, Waschmitteln und dekorativen Kosmetika sind grundsätzlich verboten. Der Bundesminister wird ermächtigt, durch Rechtsverordnung mit Zustimmung des Bundesrates Ausnahmen zu bestimmen, soweit es erforderlich ist, um konkrete Gesundheitsgefährdungen abzuwehren, und soweit die notwendigen neuen Erkenntnisse nicht auf andere Weise erlangt werden können.

§ 8

(1) Wer Versuche an Wirbeltieren durchführen will, bedarf der Genehmigung des Versuchsvorhabens durch die zuständige Behörde.

(2) Der Antrag auf Genehmigung eines Versuchsvorhabens ist schriftlich bei der zuständigen Behörde einzureichen. In dem Antrag ist

1. wissenschaftlich begründet darzulegen, daß die Voraussetzungen des Absatzes 3 Nr. 1 vorliegen,
2. nachzuweisen, daß die Voraussetzungen des Absatzes 3 Nr. 2 bis 4 vorliegen,
3. darzulegen, daß die Voraussetzungen des Absatzes 3 Nr. 5 vorliegen.

Der Antrag muß ferner die Angaben nach § 8 a Abs. 2 Nr. 1 bis 5 enthalten.

(3) Die Genehmigung darf nur erteilt werden, wenn

1. wissenschaftlich begründet dargelegt ist, daß
   a) die Voraussetzungen des § 7 Abs. 2 und 3 vorliegen,
   b) das angestrebte Versuchsergebnis trotz Ausschöpfung der zugänglichen Informationsmöglichkeiten nicht hinreichend bekannt ist oder die Überprüfung eines hinreichend bekannten Ergebnisses durch einen Doppel- oder Wiederholungsversuch unerläßlich ist;
2. der verantwortliche Leiter des Versuchsvorhabens und sein Stellvertreter die erforderliche fachliche Eignung insbesondere hinsichtlich der Überwachung der Tierversuche haben und keine Tatsachen vorliegen, aus denen sich Bedenken gegen ihre Zuverlässigkeit ergeben;
3. die erforderlichen Anlagen, Geräte und anderen sachlichen Mittel vorhanden sowie die personellen und organisatorischen Voraussetzungen für die Durchführung der Tierversuche einschließlich der Tätigkeit des Tierschutzbeauftragten gegeben sind;
4. eine den Anforderungen des § 2 entsprechende Unterbringung und Pflege einschließlich der Betreuung der Tiere sowie ihre medizinische Versorgung sichergestellt ist und
5. die Einhaltung der Vorschriften des § 9 Abs. 1 und 2 und des § 9 a Abs. 1 erwartet werden kann.

(4) In dem Genehmigungsbescheid sind der Leiter des Versuchsvorhabens und sein Stellvertreter anzugeben. Wechselt der Leiter eines Versuchsvorhabens oder sein Stellvertreter, so hat der Genehmigungsinhaber diese Änderung der zuständigen Behörde unverzüglich anzuzeigen; die Genehmigung gilt weiter, wenn sie nicht innerhalb eines Monats widerrufen wird.

(5) Die Genehmigung ist zu befristen.

(6) Wird die Genehmigung einer Hochschule oder anderen Einrichtung erteilt, so müssen die Personen, welche die Tierversuche durchführen, bei der Einrichtung beschäftigt oder mit Zustimmung des verantwortlichen Leiters zur Benutzung der Einrichtung befugt sein.

(7) Der Genehmigung bedürfen nicht Versuchsvorhaben,

1. deren Durchführung ausdrücklich

   a) durch Gesetz oder Rechtsverordnung oder durch unmittelbar anwendbaren Rechtsakt eines Organs der Europäischen Gemeinschaften vorgeschrieben,

   b) in einer von der Bundesregierung oder einem Bundesminister mit Zustimmung des Bundesrates im Einklang mit § 7 Abs. 2 und 3 erlassenen allgemeinen Verwaltungsvorschrift vorgesehen oder

   c) auf Grund eines Gesetzes oder einer Rechtsverordnung oder eines unmittelbar anwendbaren Rechtsaktes eines Organs der Europäischen Gemeinschaften von einem Richter oder einer Behörde angeordnet oder im Einzelfall als Voraussetzung für den Erlaß eines Verwaltungsaktes gefordert

   ist;

2. die als Impfungen, Blutentnahmen oder sonstige Maßnahmen diagnostischer Art nach bereits erprobten Verfahren vorgenommen werden und der Erkennung insbesondere von Krankheiten, Leiden, Körperschäden oder körperlichen Beschwerden bei Mensch oder Tier oder der Prüfung von Seren oder Impfstoffen dienen.

§ 8 a

(1) Wer Tierversuche durchführen will, die nicht der Genehmigung bedürfen, hat das Versuchsvorhaben spätestens zwei Wochen vor Beginn der zuständigen Behörde anzuzeigen. Die Frist braucht nicht eingehalten zu werden, wenn in Notfällen eine sofortige Durchführung des Tierversuchs erforderlich ist; die Anzeige ist unverzüglich nachzuholen.

(2) In der Anzeige sind anzugeben:

1. der Zweck des Versuchsvorhabens,

2. die Art und bei Wirbeltieren die Zahl der für das Versuchsvorhaben vorgesehenen Tiere,

3. die Art und Durchführung der beabsichtigten Tierversuche einschließlich der Betäubung,

4. Ort, Beginn und voraussichtliche Dauer des Versuchsvorhabens,

5. Name und Anschrift des verantwortlichen Leiters des Versuchsvorhabens und seines Stellvertreters,

6. bei Versuchsvorhaben nach § 8 Abs. 7 Nr. 1 der Rechtsgrund der Genehmigungsfreiheit.

(3) Ist die Durchführung mehrerer gleichartiger Versuchsvorhaben beabsichtigt, so genügt die Anzeige des ersten Versuchsvorhabens, wenn in der Anzeige zusätzlich die voraussichtliche Zahl der Versuchsvorhaben angegeben wird. Am Ende eines jeden Jahres ist der zuständigen Behörde die Zahl der durchgeführten Versuchsvorhaben sowie bei Wirbeltieren Art und Zahl der insgesamt verwendeten Tiere anzuzeigen.

(4) Ändern sich nach Absatz 2 angegebene Sachverhalte während des Versuchsvorhabens, so sind diese Änderungen unverzüglich der zuständigen Behörde anzuzeigen, es sei denn, daß die Änderung für die Überwachung des Versuchsvorhabens ohne Bedeutung ist.

(5) Die zuständige Behörde hat Tierversuche zu untersagen, wenn Tatsachen die Annahme rechtfertigen, daß die Einhaltung der Vorschriften des § 7 Abs. 2 oder 3, des § 8 b Abs. 1, 2, 4, 5 oder 6 oder des § 9 Abs. 1 oder 2 nicht sichergestellt ist, und diesem Mangel nicht innerhalb einer von der zuständigen Behörde gesetzten Frist abgeholfen worden ist.

§ 8 b

(1) Träger von Einrichtungen, in denen Tierversuche an Wirbeltieren durchgeführt werden, haben einen oder mehrere Tierschutzbeauftragte zu bestellen und die Bestellung der zuständigen Behörde anzuzeigen. In der Anzeige sind auch die Stellung und die Befugnisse der Tierschutzbeauftragten nach Absatz 6 Satz 3 anzugeben.

(2) Zum Tierschutzbeauftragten können nur Personen mit abgeschlossenem Hochschulstudium der Veterinärmedizin, Medizin oder Biologie – Fachrichtung Zoologie – bestellt werden. Sie müssen die für die Durchführung ihrer Aufgaben erforderlichen Fachkenntnisse und die hierfür erforderliche Zuverlässigkeit haben. Die zuständige Behörde kann im Einzelfall Ausnahmen von Satz 1 zulassen.

(3) Der Tierschutzbeauftragte ist verpflichtet,

1. auf die Einhaltung von Vorschriften, Bedingungen und Auflagen im Interesse des Tierschutzes zu achten,

2. die Einrichtung und die mit den Tierversuchen und mit der Haltung der Versuchstiere befaßten Personen zu beraten,

3. zu jedem Antrag auf Genehmigung eines Tierversuchs Stellung zu nehmen,

4. innerbetrieblich auf die Entwicklung und Einführung von Verfahren und Mitteln zur Vermeidung oder Beschränkung von Tierversuchen hinzuwirken.

(4) Führt der Tierschutzbeauftragte selbst ein Versuchsvorhaben durch, so muß für dieses Versuchsvorhaben ein anderer Tierschutzbeauftragter tätig sein.

(5) Die Einrichtung hat den Tierschutzbeauftragten bei der Erfüllung seiner Aufgaben zu unterstützen und von allen Versuchsvorhaben zu unterrichten, daß er seine Aufgaben uneingeschränkt wahrnehmen kann.

(6) Der Tierschutzbeauftragte ist bei der Erfüllung seiner Aufgaben nicht weisungsbefugt. Er darf wegen der Erfüllung seiner Aufgaben nicht benachteiligt werden. Seine Stellung und seine Befugnisse sind durch Satzung, innerbetriebliche Anweisung oder in ähnlicher Form zu regeln. Dabei ist sicherzustellen, daß der Tierschutzbeauftragte seine Vorschläge oder Bedenken unmittelbar der in der Einrichtung entscheidenden Stelle vortragen kann. Werden mehrere Tierschutzbeauftragte bestellt, so sind ihre Aufgabenbereiche festzulegen.

§ 9

(1) Tierversuche dürfen nur von Personen durchgeführt werden, die die dafür erforderlichen Fachkenntnisse

haben. Tierversuche an Wirbeltieren, ausgenommen Versuche nach § 8 Abs. 7 Nr. 2, dürfen darüber hinaus nur von Personen mit abgeschlossenem Hochschulstudium der Veterinärmedizin oder der Medizin oder von Personen mit abgeschlossenem naturwissenschaftlichem Hochschulstudium durchgeführt werden. Tierversuche mit operativen Eingriffen an Wirbeltieren dürfen nur von Personen mit abgeschlossenem Hochschulstudium

1. der Veterinärmedizin oder Medizin oder
2. der Biologie – Fachrichtung Zoologie –, wenn diese Personen an Hochschulen oder anderen wissenschaftlichen Einrichtungen tätig sind,

durchgeführt werden. Die zuständige Behörde kann im Einzelfall Ausnahmen von den Sätzen 2 und 3 zulassen, soweit dies mit dem Schutz der Versuchstiere vereinbar ist.

(2) Tierversuche sind auf das unerläßliche Maß zu beschränken. Bei der Durchführung ist der Stand der wissenschaftlichen Erkenntnisse zu berücksichtigen. Im einzelnen gilt für die Durchführung folgendes:

1. Versuche an sinnesphysiologisch höher entwickelten Tieren, insbesondere warmblütigen Tieren, dürfen nur durchgeführt werden, soweit Versuche an sinnesphysiologisch niedriger entwickelten Tieren für den verfolgten Zweck nicht ausreichen. Versuche an Tieren, die aus der Natur entnommen worden sind, dürfen nur durchgeführt werden, soweit Versuche an anderen Tieren für den verfolgten Zweck nicht ausreichen.

2. Für den Tierversuch dürfen nicht mehr Tiere verwendet werden, als für den verfolgten Zweck erforderlich ist.

3. Schmerzen, Leiden oder Schäden dürfen den Tieren nur in dem Maße zugefügt werden, als es für den verfolgten Zweck unerläßlich ist; insbesondere dürfen sie nicht aus Gründen der Arbeits-, Zeit- oder Kostenersparnis zugefügt werden.

4. Versuche an Wirbeltieren dürfen vorbehaltlich des Satzes 4 nur unter Betäubung vorgenommen werden. Die Betäubung darf nur von einer Person, die die Voraussetzungen des Absatzes 1 Satz 1 und 2 erfüllt, oder unter ihrer Aufsicht vorgenommen werden. Ist bei einem betäubten Wirbeltier damit zu rechnen, daß mit Abklingen der Betäubung erhebliche Schmerzen auftreten, so muß das Tier rechtzeitig mit schmerzlindernden Mitteln behandelt werden, es sei denn, daß dies mit dem Zweck des Tierversuchs nicht vereinbar ist. An einem nicht betäubten Wirbeltier darf

a) kein Eingriff vorgenommen werden, der zu schweren Verletzungen führt,

b) ein Eingriff nur vorgenommen werden, wenn der mit dem Eingriff verbundene Schmerz geringfügiger ist als die mit einer Betäubung verbundene Beeinträchtigung des Befindens des Versuchstieres oder der Zweck des Tierversuchs eine Betäubung ausschließt.

An einem nicht betäubten Wirbeltier darf nur einmal ein erheblich schmerzhafter Eingriff oder eine erheblich schmerzhafte Behandlung durchgeführt werden, es sei denn, daß der Zweck des Tierversuchs anders nicht erreicht werden kann. Bei einem nicht betäubten Wirbeltier dürfen keine Mittel angewandt werden, durch die die Äußerung von Schmerzen verhindert oder eingeschränkt wird.

5. Wird bei einem Wirbeltier ein schwerer operativer Eingriff vorgenommen oder ist das Tier in einem mit erheblichen oder länger anhaltenden Schmerzen oder Leiden oder mit erheblichen Schäden verbundenen Tierversuch verwendet worden, so darf es nicht für ein weiteres Versuchsvorhaben verwendet werden, es sei denn, sein allgemeiner Gesundheitszustand und sein Wohlbefinden sind vollständig wiederhergestellt und der weitere Tierversuch ist nicht mit Leiden oder Schäden und mit nur unerheblichen Schmerzen verbunden.

6. Bei Tierversuchen zur Ermittlung der tödlichen Dosis oder tödlichen Konzentration eines Stoffes ist das Tier schmerzlos zu töten, sobald erkennbar ist, daß es infolge der Wirkung des Stoffes stirbt.

7. Wirbeltiere dürfen für Tierversuche nur verwendet werden, wenn sie für diesen Zweck gezüchtet worden sind. Die zuständige Behörde kann, soweit es mit dem Schutz der Tiere vereinbar ist, Ausnahmen hiervon zulassen, wenn für Versuchszwecke gezüchtete Tiere der betreffenden Art nicht zur Verfügung stehen oder der Zweck des Tierversuchs die Verwendung von Tieren anderer Herkunft erforderlich macht.

8. Nach Abschluß eines Tierversuchs ist jeder verwendete und überlebende Affe, Halbaffe, Einhufer, Paarhufer, Hund, Hamster sowie jede verwendete und überlebende Katze und jedes verwendete und überlebende Kaninchen und Meerschweinchen unverzüglich einem Tierarzt zur Untersuchung vorzustellen. Kann das Tier nach dem Urteil des Tierarztes nur unter Schmerzen oder Leiden weiterleben, so muß es unverzüglich schmerzlos getötet werden. Andere als in Satz 1 bezeichnete Tiere sind gleichfalls unverzüglich schmerzlos zu töten, wenn dies nach dem Urteil der Person, die den Tierversuch durchgeführt hat, erforderlich ist. Soll ein Tier am Ende eines Tierversuchs am Leben erhalten werden, so muß es seinem Gesundheitszustand entsprechend gepflegt und dabei von einem Tierarzt oder einer anderen befähigten Person beobachtet und erforderlichenfalls medizinisch versorgt werden.

(3) Für die Einhaltung der Vorschriften der Absätze 1 und 2 ist der Leiter des Versuchsvorhabens oder sein Stellvertreter verantwortlich. Das Gleiche gilt für die Erfüllung von Auflagen, die mit einer Genehmigung nach § 8 verbunden sind.

§ 9 a

(1) Über die Tierversuche sind Aufzeichnungen zu machen. Die Aufzeichnungen müssen für jedes Versuchsvorhaben den mit ihm verfolgten Zweck, insbesondere die Gründe für nach § 9 Abs. 2 Nr. 1 erlaubte Versuche an sinnesphysiologisch höher entwickelten Tieren, sowie die Zahl und Bezeichnung der verwendeten Tiere und die Art und Ausführung der Versuche angeben. Werden Wirbeltiere verwendet, so ist auch ihre Herkunft einschließlich des Namens und der Anschrift des Vorbesitzers anzugeben; bei Hunden und Katzen sind zusätzlich Geschlecht und Rasse sowie Art und Zeichnung des Fells und eine an dem Tier vorgenommene Kennzeichnung anzugeben. Die Aufzeichnungen sind von den Personen, die die Versuche durchgeführt haben, und von dem Leiter des Versuchsvorhabens zu unterzeichnen; der Unterschrift bedarf es nicht, wenn die Aufzeichnungen mit Hilfe automatischer Einrichtungen erstellt werden. Die Aufzeichnungen sind drei

Jahre lang nach Abschluß des Versuchsvorhabens aufzubewahren und der zuständigen Behörde auf Verlangen zur Einsichtnahme vorzulegen.

(2) Der Bundesminister wird ermächtigt, durch Rechtsverordnung mit Zustimmung des Bundesrates Personen und Einrichtungen, die Tierversuche an Wirbeltieren durchführen, zu verpflichten, in bestimmten, regelmäßigen Zeitabständen der zuständigen Behörde Angaben über Art und Zahl der für die Versuche verwendeten Tiere und über die Art der Versuche zu melden, und das Melde- und Übermittlungsverfahren zu regeln.

Sechster Abschnitt
Eingriffe und Behandlungen zur Aus-, Fort- oder Weiterbildung

§ 10

(1) Zur Aus-, Fort- oder Weiterbildung dürfen Eingriffe oder Behandlungen an Tieren, die mit Schmerzen, Leiden oder Schäden verbunden sind, nur durchgeführt werden

1. an einer Hochschule, einer anderen wissenschaftlichen Einrichtung oder einem Krankenhaus oder
2. im Rahmen einer Aus-, Fort- oder Weiterbildung für Heilhilfsberufe oder naturwissenschaftliche Hilfsberufe.

Sie dürfen nur vorgenommen werden, soweit ihr Zweck nicht auf andere Weise, insbesondere durch filmische Darstellungen, erreicht werden kann.

(2) Auf Eingriffe oder Behandlungen zur Aus-, Fort- oder Weiterbildung sind die §§ 8 a, 9 Abs. 1 und 2 und § 9 a Abs. 1 entsprechend anzuwenden. § 8 a Abs. 1 Satz 1 ist mit der Maßgabe entsprechend anzuwenden, daß die Eingriffe oder Behandlungen vor Aufnahme in das Lehrprogramm oder vor Änderung des Lehrprogramms anzuzeigen sind, § 9 Abs. 1 mit der Maßgabe, daß die Eingriffe und Behandlungen nur durch die dort genannten Personen oder unter deren Aufsicht durchgeführt werden dürfen.

(3) Für die Einhaltung der Vorschriften der Absätze 1 und 2 ist der Leiter der Aus-, Fort- oder Weiterbildung oder sein Stellvertreter verantwortlich.

Siebenter Abschnitt
Zucht von Tieren, Handel mit Tieren

§ 11

(1) Wer
1. Wirbeltiere zu Versuchszwecken züchten oder halten,
2. Tiere für andere in einem Tierheim oder in einer ähnlichen Einrichtung halten oder
3. gewerbsmäßig
   a) Hunde, Katzen oder sonstige Heimtiere züchten oder halten,
   b) mit Wirbeltieren außer landwirtschaftlichen Nutztieren handeln,
   c) einen Reit- oder Fahrbetrieb unterhalten oder
   d) Tiere zur Schau stellen

will, bedarf der Erlaubnis der zuständigen Behörde. In dem Antrag auf Erteilung der Erlaubnis sind anzugeben:
1. die Arten der Tiere, mit denen die Tätigkeit ausgeübt werden soll,
2. die für die Tätigkeit verantwortliche Person,
3. die Räume und Einrichtungen, die der Tätigkeit dienen.

Dem Antrag sind Nachweise über die Sachkunde im Sinne des Absatzes 2 Nr. 1 beizufügen.

(2) Die Erlaubnis darf nur erteilt werden, wenn
1. die für die Tätigkeit verantwortliche Person auf Grund ihrer Ausbildung oder ihres bisherigen beruflichen Umgangs mit Tieren die für diese Tätigkeit erforderlichen fachlichen Kenntnisse und Fähigkeiten hat,
2. die für die Tätigkeit verantwortliche Person die erforderliche Zuverlässigkeit hat und
3. die der Tätigkeit dienenden Räume und Einrichtungen eine den Anforderungen des § 2 entsprechende Ernährung, Pflege und Unterbringung der Tiere ermöglichen.

(3) Mit der Ausübung der Tätigkeit nach Absatz 1 Satz 1 darf erst nach Erteilung der Erlaubnis begonnen werden. Die zuständige Behörde kann demjenigen die Ausübung der Tätigkeit untersagen, der die Erlaubnis nicht hat.

(4) Die Ausübung der nach Absatz 3 Satz 2 untersagten Tätigkeit kann von der zuständigen Behörde auch durch Schließung der Betriebs- oder Geschäftsräume verhindert werden.

§ 11 a

(1) Wer Wirbeltiere zur Verwendung als Versuchstiere züchtet oder hält oder mit solchen Wirbeltieren handelt, hat über die Herkunft und den Verbleib der Tiere Aufzeichnungen zu machen und die Aufzeichnungen drei Jahre lang aufzubewahren. Dies gilt nicht, soweit für Wirbeltiere wildlebender Arten eine entsprechende Aufzeichnungspflicht auf Grund jagdrechtlicher oder naturschutzrechtlicher Vorschriften besteht.

(2) Wer Hunde oder Katzen zur Abgabe oder Verwendung als Versuchstiere züchtet, hat sie, bevor sie vom Muttertier abgesetzt werden, dauerhaft so zu kennzeichnen, daß ihre Identität festgestellt werden kann. Wer nicht gekennzeichnete Hunde oder Katzen zur Abgabe oder Verwendung als Versuchstiere erwirbt, hat sie unverzüglich nach Satz 1 zu kennzeichnen.

(3) Der Bundesminister wird ermächtigt, durch Rechtsverordnung mit Zustimmung des Bundesrates Vorschriften über Art und Umfang der Aufzeichnungen und der Kennzeichnung zu erlassen. Er kann dabei vorsehen, daß Aufzeichnungen auf Grund anderer Rechtsvorschriften als Aufzeichnungen nach Satz 1 gelten.

§ 11 b

Es ist verboten, Wirbeltiere zu züchten, wenn der Züchter damit rechnen muß, daß bei der Nachzucht auf Grund vererbter Merkmale Körperteile oder Organe für den artgemäßen Gebrauch fehlen oder untauglich oder umgestaltet sind und hierdurch Schmerzen, Leiden oder Schäden auftreten. Das Verbot gilt nicht für die Zucht von Versuchstiermutanten, die für die Durchführung bestimmter Tierversuche notwendig sind.

§ 11 c

Ohne Einwilligung der Erziehungsberechtigten dürfen

1. warmblütige Tiere an Kinder oder Jugendliche bis zum vollendeten 16. Lebensjahr,
2. andere Wirbeltiere an Kinder bis zum vollendeten 14. Lebensjahr

nicht abgegeben werden.

Achter Abschnitt

Verbringungs-, Verkehrs- und Haltungsverbot

§ 12

Wirbeltiere, an denen Schäden feststellbar sind, von denen anzunehmen ist, daß sie den Tieren durch tierschutzwidrige Handlungen zugefügt worden sind, dürfen nicht in den Geltungsbereich dieses Gesetzes verbracht oder im Geltungsbereich dieses Gesetzes gewerbsmäßig in den Verkehr gebracht oder gewerbsmäßig gehalten werden, wenn das Weiterleben der Tiere infolge der Schäden nur unter Leiden möglich ist. Dieses Verbot steht der zollamtlichen Abfertigung nicht entgegen.

Neunter Abschnitt

Sonstige Bestimmungen zum Schutz der Tiere

§ 13

(1) Es ist verboten, zum Fangen, Fernhalten oder Verscheuchen von Wirbeltieren Vorrichtungen oder Stoffe anzuwenden, wenn damit die Gefahr vermeidbarer Schmerzen, Leiden oder Schäden für Wirbeltiere verbunden ist; dies gilt nicht für die Anwendung von Vorrichtungen oder Stoffen, die auf Grund anderer Rechtsvorschriften zugelassen sind. Vorschriften des Jagdrechts, des Naturschutzrechts, des Pflanzenschutzrechts und des Seuchenrechts bleiben unberührt.

(2) Der Bundesminister wird ermächtigt, durch Rechtsverordnung mit Zustimmung des Bundesrates zum Schutz des Wildes Maßnahmen anzuordnen, die das Wild vor vermeidbaren Schmerzen oder Schäden durch land- oder forstwirtschaftliche Arbeiten schützen.

(3) Der Bundesminister wird ermächtigt, im Einvernehmen mit dem Bundesminister für Wirtschaft durch Rechtsverordnung mit Zustimmung des Bundesrates, soweit es zum Schutz der Tiere erforderlich ist, das Halten von Tieren wildlebender Arten, den Handel mit solchen Tieren sowie ihr Verbringen in den, durch den oder aus dem Geltungsbereich dieses Gesetzes zu verbieten oder von einer Genehmigung abhängig zu machen.

Zehnter Abschnitt

Durchführung des Gesetzes

§ 14

(1) Der Bundesminister der Finanzen und die von ihm bestimmten Zollstellen wirken bei der Überwachung des Verbringens von Tieren in den Geltungsbereich dieses Gesetzes mit. Für das Gebiet des Freihafens Hamburg kann der Bundesminister der Finanzen diese Aufgabe durch Vereinbarung mit dem Senat der Freien und Hansestadt Hamburg dem Freihafenamt übertragen. § 14 Abs. 2 des Finanzverwaltungsgesetzes gilt entsprechend. Die genannten Behörden können

1. Tiere sowie deren Beförderungsmittel, Behälter, Lade- und Verpackungsmittel bei dem Verbringen in den Geltungsbereich dieses Gesetzes zur Überwachung anhalten,
2. den Verdacht von Verstößen gegen Verbote und Beschränkungen dieses Gesetzes oder der nach diesem Gesetz erlassenen Rechtsverordnungen, der sich bei der Abfertigung ergibt, den zuständigen Behörden mitteilen,
3. in den Fällen der Nummer 2 anordnen, daß die Tiere auf Kosten und Gefahr des Verfügungsberechtigten der zuständigen Behörde vorgeführt werden.

(2) Der Bundesminister der Finanzen regelt im Einvernehmen mit dem Bundesminister durch Rechtsverordnung ohne Zustimmung des Bundesrates die Einzelheiten des Verfahrens nach Absatz 1. Er kann dabei insbesondere Pflichten zu Anzeigen, Anmeldungen, Auskünften und zur Leistung von Hilfsdiensten sowie zur Duldung der Einsichtnahme in Geschäftspapiere und sonstige Unterlagen und zur Duldung von Besichtigungen vorsehen.

§ 15

(1) Die Durchführung dieses Gesetzes und der auf Grund dieses Gesetzes erlassenen Rechtsverordnungen obliegt den nach Landesrecht zuständigen Behörden. Die nach Landesrecht zuständigen Behörden berufen jeweils eine oder mehrere Kommissionen zur Unterstützung der zuständigen Behörden bei der Entscheidung über die Genehmigung von Tierversuchen. Die Mehrheit der Kommissionsmitglieder muß die für die Beurteilung von Tierversuchen erforderlichen Fachkenntnisse der Veterinärmedizin, der Medizin oder einer naturwissenschaftlichen Fachrichtung haben. In die Kommissionen sind auch Mitglieder zu berufen, die aus Vorschlagslisten der Tierschutzorganisationen ausgewählt worden sind und auf Grund ihrer Erfahrungen zur Beurteilung von Tierschutzfragen geeignet sind; die Zahl dieser Mitglieder muß ein Drittel der Kommissionsmitglieder betragen. Die zuständige Behörde unterrichtet unverzüglich die Kommission über Anträge auf Genehmigung von Versuchsvorhaben und gibt ihr Gelegenheit, in angemessener Frist Stellung zu nehmen.

(2) Die zuständigen Behörden sollen im Rahmen der Durchführung dieses Gesetzes oder der auf Grund dieses Gesetzes erlassenen Rechtsverordnungen den beamteten Tierarzt als Sachverständigen beteiligen.

(3) Die Durchführung dieses Gesetzes obliegt für Tiere, die sich im Besitz der Bundeswehr befinden, den zuständigen Dienststellen der Bundeswehr. Der Bundesminister der Verteidigung beruft eine Kommission zur Unterstützung der zuständigen Dienststellen bei der Entscheidung über die Genehmigung von Versuchsvorhaben. Die Mehrheit der Kommissionmitglieder muß die für die Beurteilung von Tierversuchen erforderlichen Fachkenntnisse der Veterinärmedizin, der Medizin oder einer naturwissenschaftlichen Fachrichtung haben. In die Kommission sollen auch Mitglieder berufen werden, die aus Vorschlagslisten der Tierschutzorganisationen ausgewählt worden sind und

auf Grund ihrer Erfahrungen zur Beurteilung von Tierschutzfragen geeignet sind. Die zuständige Dienststelle unterrichtet unverzüglich die Kommission über Anträge auf Genehmigung von Versuchsvorhaben und gibt ihr Gelegenheit, in angemessener Frist Stellung zu nehmen. Die Sicherheitsbelange der Bundeswehr sind zu berücksichtigen.

§ 15 a

Die nach Landesrecht zuständigen Behörden unterrichten den Bundesminister über Fälle grundsätzlicher Bedeutung bei der Genehmigung von Versuchsvorhaben, insbesondere über die Fälle, in denen die Genehmigung von Versuchsvorhaben mit der Begründung versagt worden ist, daß die Voraussetzungen des § 7 Abs. 3 nicht erfüllt waren, oder in denen die Kommission nach § 15 Abs. 1 oder der Tierschutzbeauftragte Bedenken hinsichtlich des Vorliegens dieser Voraussetzungen erhoben hat.

§ 16

(1) Der Aufsicht durch die zuständige Behörde unterliegen

1. Nutztierhaltungen,
2. Einrichtungen, in denen Tiere geschlachtet werden,
3. Einrichtungen, die Tierversuche oder Eingriffe oder Behandlungen zur Aus-, Fort- oder Weiterbildung durchführen,
4. Betriebe nach § 11 Abs. 1 Satz 1,
5. Einrichtungen oder Betriebe, die mit landwirtschaftlichen Nutztieren handeln,
6. Zoo- und Zirkusbetriebe, die nicht gewerbsmäßig betrieben werden.

(2) Natürliche und juristische Personen und nicht rechtsfähige Personenvereinigungen haben der zuständigen Behörde auf Verlangen die Auskünfte zu erteilen, die zur Durchführung der der Behörde durch dieses Gesetz übertragenen Aufgaben erforderlich sind.

(3) Personen, die von der zuständigen Behörde beauftragt sind, dürfen im Rahmen des Absatzes 2

1. Grundstücke, Geschäftsräume, Wirtschaftsgebäude und Transportmittel des Auskunftspflichtigen während der Geschäfts- oder Betriebszeit betreten,
2. zur Verhütung dringender Gefahren für die öffentliche Sicherheit und Ordnung
   a) die in Nummer 1 bezeichneten Grundstücke, Räume, Gebäude und Transportmittel außerhalb der dort genannten Zeiten,
   b) Wohnräume des Auskunftspflichtigen

   betreten; das Grundrecht der Unverletzlichkeit der Wohnung (Artikel 13 des Grundgesetzes) wird insoweit eingeschränkt,
3. geschäftliche Unterlagen einsehen.

Der Auskunftspflichtige hat die Maßnahmen zu dulden, die mit der Überwachung beauftragten Personen zu unterstützen und die geschäftlichen Unterlagen vorzulegen.

(4) Der zur Auskunft Verpflichtete kann die Auskunft auf solche Fragen verweigern, deren Beantwortung ihn selbst oder einen der in § 383 Abs. 1 Nr. 1 bis 3 der Zivilprozeßordnung bezeichneten Angehörigen der Gefahr strafgerichtlicher Verfolgung oder eines Verfahrens nach dem Gesetz über Ordnungswidrigkeiten aussetzen würde.

§ 16 a

Die zuständige Behörde trifft die zur Beseitigung festgestellter Verstöße und die zur Verhütung künftiger Verstöße notwendigen Anordnungen. Sie kann insbesondere

1. im Einzelfall die zur Erfüllung der Anforderungen des § 2 erforderlichen Maßnahmen anordnen,
2. ein Tier, das nach dem Gutachten des beamteten Tierarztes mangels Erfüllung der Anforderungen des § 2 erheblich vernachlässigt ist, dem Halter fortnehmen und so lange auf dessen Kosten anderweitig pfleglich unterbringen, bis eine den Anforderungen des § 2 entsprechende Haltung des Tieres durch den Halter sichergestellt ist. Kann das Tier nach dem Urteil des beamteten Tierarztes nur unter nicht behebbaren erheblichen Schmerzen, Leiden oder Schäden weiterleben, so kann die Behörde es auf Kosten des Halters schmerzlos töten lassen,
3. demjenigen, der den Vorschriften des § 2, einer Anordnung nach Nummer 2 oder einer Rechtsverordnung nach § 2 a wiederholt oder grob zuwidergehandelt und dadurch den von ihm gehaltenen Tieren erhebliche Schmerzen, Leiden oder Schäden zugefügt hat, das Halten von Tieren einer bestimmten oder jeder Art untersagen, wenn Tatsachen die Annahme rechtfertigen, daß er weiterhin derartige Zuwiderhandlungen begehen wird. Auf Antrag ist ihm das Halten von Tieren wieder zu gestatten, wenn der Grund für die Annahme weiterer Zuwiderhandlungen entfallen ist,
4. die Einstellung von Tierversuchen anordnen, die ohne die erforderliche Genehmigung oder entgegen einem tierschutzrechtlichen Verbot durchgeführt werden.

§ 16 b

(1) Der Bundesminister beruft eine Tierschutzkommission zu seiner Unterstützung in Fragen des Tierschutzes. Vor dem Erlaß von Rechtsverordnungen und allgemeinen Verwaltungsvorschriften nach diesem Gesetz hat der Bundesminister die Tierschutzkommission anzuhören.

(2) Der Bundesminister wird ermächtigt, durch Rechtsverordnung ohne Zustimmung des Bundesrates das Nähere über Zusammensetzung, Berufung der Mitglieder, Aufgaben und Geschäftsführung der Tierschutzkommission zu regeln.

§ 16 c

Der Bundesminister erläßt mit Zustimmung des Bundesrates die allgemeinen Verwaltungsvorschriften, die zur Durchführung dieses Gesetzes und der auf Grund dieses Gesetzes erlassenen Rechtsverordnungen erforderlich sind.

§ 16 d

Die Bundesregierung erstattet dem Deutschen Bundestag alle zwei Jahre einen Bericht über den Stand der Entwicklung des Tierschutzes.

Elfter Abschnitt
Straf- und Bußgeldvorschriften

§ 17

Mit Freiheitsstrafe bis zu zwei Jahren oder mit Geldstrafe wird bestraft, wer

1. ein Wirbeltier ohne vernünftigen Grund tötet oder
2. einem Wirbeltier
   a) aus Roheit erhebliche Schmerzen oder Leiden oder
   b) länger anhaltende oder sich wiederholende erhebliche Schmerzen oder Leiden

zufügt.

§ 18

(1) Ordnungswidrig handelt, wer vorsätzlich oder fahrlässig

1. einem Wirbeltier, das er hält, betreut oder zu betreuen hat, ohne vernünftigen Grund erhebliche Schmerzen, Leiden oder Schäden zufügt,
2. einer vollziehbaren Anordnung nach § 8 a Abs. 5, § 11 Abs. 3 Satz 2 oder § 16 a Satz 2 Nr. 1, 3 oder 4 zuwiderhandelt,
3. einer
   a) nach § 2 a oder
   b) nach den §§ 4 b, 5 Abs. 4, § 9 a Abs. 2, § 11 a Abs. 3 Satz 1, § 13 Abs. 2 oder 3 oder § 14 Abs. 2

   erlassenen Rechtsverordnung zuwiderhandelt, soweit sie für einen bestimmten Tatbestand auf diese Bußgeldvorschrift verweist,
4. einem Verbot nach § 3 zuwiderhandelt,
5. entgegen § 4 Abs. 1 ein Wirbeltier tötet,
6. entgegen § 4 a Abs. 1 ein warmblütiges Tier schlachtet,
7. entgegen § 5 Abs. 1 Satz 1 einen Eingriff ohne Betäubung vornimmt oder, ohne Tierarzt zu sein, entgegen § 5 Abs. 1 Satz 2 eine Betäubung vornimmt,
8. einem Verbot nach § 6 Abs. 1 Satz 1 zuwiderhandelt oder entgegen § 6 Abs. 1 Satz 3 einen Eingriff vornimmt,
9. entgegen § 6 Abs. 1 Satz 4 in Verbindung mit § 9 Abs. 3 Satz 1 nicht für die Einhaltung der Vorschriften des § 9 Abs. 1 Satz 1 oder 3 oder Abs. 2 Nr. 4 oder 8 sorgt,
10. entgegen § 6 Abs. 2 elastische Ringe verwendet,
11. entgegen § 7 Abs. 4 oder 5 Satz 1 Tierversuche durchführt,
12. Versuche an Wirbeltieren ohne die nach § 8 Abs. 1 erforderliche Genehmigung durchführt,
13. entgegen § 8 Abs. 4 Satz 2 eine Änderung nicht oder nicht rechtzeitig anzeigt,
14. entgegen § 8 Abs. 1, 2 oder 4 ein Vorhaben oder eine Änderung nicht, nicht richtig, nicht vollständig oder nicht rechtzeitig anzeigt,
15. entgegen § 8 Abs. 3 Satz 2 die Zahl der Versuchsvorhaben oder die Art oder die Zahl der verwendeten Tiere nicht, nicht richtig oder nicht rechtzeitig angibt,
16. entgegen § 8 b Abs. 1 Satz 1 keinen Tierschutzbeauftragten bestellt,
17. entgegen § 9 Abs. 3 Satz 1 nicht für die Einhaltung der Vorschriften des § 9 Abs. 1 oder 2 oder entgegen § 9 Abs. 3 Satz 2 nicht für die Erfüllung einer vollziehbaren Auflage sorgt,
18. entgegen § 9 a Abs. 1 Aufzeichnungen nicht, nicht richtig oder nicht vollständig macht, nicht unterzeichnet, nicht aufbewahrt oder nicht vorlegt,
19. entgegen § 10 Abs. 3 nicht für die Einhaltung der Vorschriften des § 10 Abs. 1 oder 2 sorgt,
20. eine Tätigkeit ohne die nach § 11 Abs. 1 Satz 1 erforderliche Erlaubnis ausübt oder einer mit einer solchen Erlaubnis verbundenen vollziehbaren Auflage zuwiderhandelt,
21. entgegen § 11 a Abs. 1 Satz 1 Aufzeichnungen nicht, nicht richtig oder nicht vollständig macht oder nicht aufbewahrt oder entgegen § 11 a Abs. 2 Tiere nicht, nicht in der vorgeschriebenen Weise oder nicht rechtzeitig kennzeichnet,
22. Wirbeltiere entgegen § 11 b Satz 1 züchtet,
23. entgegen § 11 c ein warmblütiges Tier an ein Kind oder einen Jugendlichen bis zum vollendeten 16. Lebensjahr oder ein anderes Wirbeltier an ein Kind bis zum vollendeten 14. Lebensjahr abgibt,
24. entgegen § 12 Satz 1 ein Wirbeltier in den Geltungsbereich dieses Gesetzes verbringt oder dort gewerbsmäßig in den Verkehr bringt oder gewerbsmäßig hält,
25. entgegen § 13 Abs. 1 Satz 1 eine Vorrichtung oder einen Stoff anwendet,
26. entgegen § 16 Abs. 2 eine Auskunft nicht, nicht richtig oder nicht vollständig erteilt oder einer Duldungs- oder Mitwirkungspflicht nach § 16 Abs. 3 Satz 2 zuwiderhandelt oder
27. einer Vorschrift der §§ 1 bis 5 der Verordnung über das Schlachten und Aufbewahren von lebenden Fischen und anderen kaltblütigen Tieren in der im Bundesgesetzblatt Teil III, Gliederungsnummer 7833-1-3, veröffentlichten bereinigten Fassung zuwiderhandelt.

(2) Ordnungswidrig handelt auch, wer, abgesehen von den Fällen des Absatzes 1 Nr. 1, einem Tier ohne vernünftigen Grund erhebliche Schmerzen, Leiden oder Schäden zufügt.

(3) Die Ordnungswidrigkeit kann in den Fällen des Absatzes 1 Nr. 1, 2, 3 Buchstabe a, Nr. 4 bis 8, 9, 11, 12, 17, 20, 22, 25 und 27 und des Absatzes 2 mit einer Geldbuße bis zu fünfzigtausend Deutsche Mark, in den übrigen Fällen des Absatzes 1 mit einer Geldbuße bis zu zehntausend Deutsche Mark geahndet werden.

§ 19

Tiere, auf die sich eine Straftat nach § 17 oder eine Ordnungswidrigkeit nach § 18 Abs. 1 Nr. 1, 2, Nr. 3, soweit die Ordnungswidrigkeit eine Rechtsverordnung nach § 2 a oder § 5 Abs. 4 betrifft, Nr. 4, 8, 9, 12, 17, 19, 22, 23, 24 oder 27 bezieht, können eingezogen werden.

§ 20

(1) Wird jemand wegen einer nach § 17 rechtswidrigen Tat verurteilt oder nur deshalb nicht verurteilt, weil seine Schuldunfähigkeit erwiesen oder nicht auszuschließen ist, so kann ihm das Gericht das Halten von sowie den Handel oder den sonstigen berufsmäßigen Umgang mit Tieren jeder oder einer bestimmten Art für die Dauer von einem Jahr bis zu fünf Jahren oder für immer verbieten, wenn die Gefahr besteht, daß er weiterhin eine nach § 17 rechtswidrige Tat begehen wird.

(2) Das Verbot wird mit Rechtskraft des Urteils wirksam. In die Verbotsfrist wird die Zeit, in welcher der Täter in einer Anstalt verwahrt wird, nicht eingerechnet. Ergibt sich nach der Anordnung des Verbots Grund zu der Annahme, daß die Gefahr, der Täter werde nach § 17 rechtswidrige Taten begehen, nicht mehr besteht, so kann das Gericht das Verbot aufheben, wenn es mindestens sechs Monate gedauert hat.

(3) Wer einem Verbot nach Absatz 1 zuwiderhandelt, wird mit Freiheitsstrafe bis zu einem Jahr oder mit Geldstrafe bestraft.

Zwölfter Abschnitt
Übergangs- und Schlußvorschriften

§ 21

(1) Genehmigungen zur Durchführung von Tierversuchen, die vor dem 1. Januar 1987 erteilt worden sind, erlöschen spätestens am 31. Dezember 1987. Vor dem 1. Januar 1987 begonnene Tierversuche, die nach dem bis dahin geltenden Recht nur anzeigepflichtig waren, jedoch nunmehr einer Genehmigung bedürfen, dürfen bis zur Entscheidung über einen Genehmigungsantrag ohne Genehmigung fortgeführt werden, sofern der Genehmigungsantrag bis zum 31. März 1987 gestellt wird. Vor dem 1. Januar 1987 begonnene Tierversuche, die weiterhin nur anzeigepflichtig sind, sind der zuständigen Behörde bis zum 31. März 1987 nach Maßgabe des § 8 a erneut anzuzeigen; dies gilt für anzeigepflichtige Eingriffe oder Behandlungen zur Aus-, Fort- oder Weiterbildung entsprechend.

(2) Die Erlaubnis nach § 11 gilt demjenigen, der am 1. Januar 1987 eine nach § 11 Abs. 1 Satz 1 erlaubnispflichtige Tätigkeit ausübt, für diese Tätigkeit vorläufig als erteilt. Die vorläufige Erlaubnis erlischt,

1. wenn nicht bis zum 30. Juni 1987 die Erteilung einer endgültigen Erlaubnis beantragt wird,
2. im Falle rechtzeitiger Antragstellung mit Eintritt der Unanfechtbarkeit der Entscheidung über den Antrag.

§ 21 a

Rechtsverordnungen nach diesem Gesetz können auch zur Durchführung von Verordnungen, Richtlinien und Entscheidungen des Rates oder der Kommission der Europäischen Gemeinschaften auf dem Gebiet des Tierschutzes erlassen werden.

§ 21 b

Der Bundesminister wird ermächtigt, durch Rechtsverordnung mit Zustimmung des Bundesrates folgende Vorschriften aufzuheben, auch soweit sie durch Landesrecht geändert worden sind:

1. das Gesetz über das Schlachten von Tieren in der im Bundesgesetzblatt Teil III, Gliederungsnummer 7833-2, veröffentlichten bereinigten Fassung, geändert durch Artikel 216 Abschnitt I des Gesetzes vom 2. März 1974 (BGBl. I S. 469);

2. die Verordnung über das Schlachten von Tieren in der im Bundesgesetzblatt Teil III, Gliederungsnummer 7833-2-1, veröffentlichten bereinigten Fassung;

3. a) die Verordnung über das Schlachten und Aufbewahren von lebenden Fischen und anderen kaltblütigen Tieren in der im Bundesgesetzblatt Teil III, Gliederungsnummer 7833-1-3, veröffentlichten bereinigten Fassung, geändert durch § 23 Satz 2 Nr. 5 dieses Gesetzes,

b) § 18 Abs. 1 Nr. 27 dieses Gesetzes;

Bayern

4. die Verordnung Nr. 49 über das Schlachten von Tieren in der im Bundesgesetzblatt Teil III, Gliederungsnummer 7833-2-2-a, veröffentlichten bereinigten Fassung;

Hamburg

5. die Änderung der Verordnung über das Schlachten von Tieren in der im Bundesgesetzblatt Teil III, Gliederungsnummer 7833-2-1-a, veröffentlichten bereinigten Fassung;

Hessen

6. das Gesetz über das Schlachten von Tieren in der im Bundesgesetzblatt Teil III, Gliederungsnummer 7833-2-a, veröffentlichten bereinigten Fassung;

Nordrhein-Westfalen

7. die Verordnung über das Schlachten von Tieren nach jüdischem Ritus in der im Bundesgesetzblatt Teil III, Gliederungsnummer 7833-2-1-b, veröffentlichten bereinigten Fassung (Sammlung des bereinigten Landesrechts Nordrhein-Westfalen S. 762) für die ehemalige Nord-Rheinprovinz;

8. die Anordnung über das Tierschlachten auf jüdische Weise in der im Bundesgesetzblatt Teil III, Gliederungsnummer 7833-2-1-c, veröffentlichten bereinigten Fassung (Sammlung des bereinigten Landesrechts Nordrhein-Westfalen S. 762) für die ehemalige Provinz Westfalen.

§ 22

Dieses Gesetz gilt nach Maßgabe des § 13 Abs. 1 des Dritten Überleitungsgesetzes auch im Land Berlin. Rechtsverordnungen, die auf Grund dieses Gesetzes erlassen werden, gelten im Land Berlin nach § 14 des Dritten Überleitungsgesetzes.

§ 23

(Inkrafttreten)

DAS TIER – EINE JURISTISCH TOTE SACHE?

Das Schicksal, der Herrschaft eines anderen gehorchen zu müssen, ohne Träger von Rechten zu sein, teilten im Römischen Recht die Tiere mit den Frauen, Sklaven und Kindern. Heute sind die Menschenrechte in unserem Kulturkreis unbestritten. Lediglich in der Rechtsentwicklung beim Tier wurde keine, jedenfalls keine durchgreifende Änderung respektive Aufwertung vollzogen, und dies, obwohl es schon im nachchristlichen Römischen Recht Stimmen gab, auch die Tiere als Subjekt des Naturrechts anzuerkennen.

Unser Bürgerliches Gesetzbuch (BGB), begründet im Jahre 1900, behandelte das Tier in seinem Rechtsstatus zunächst als Sache und setzte es damit allen leblosen Gütern gleich. Zu einer nicht unerheblichen Änderung kam es erst neunzig Jahre später, als der Deutsche Bundestag 1990 das Gesetz zur Verbesserung der Rechtsstellung des Tieres im Bürgerlichen Gesetzbuch verabschiedete. Der zentrale Grundgedanke dieses Gesetzes ist jetzt, zumindestens auf dem Papier, ein ethischer Tierrechtsschutz. Der Mensch soll für das Tier als Mitgeschöpf und schmerzempfindendes Wesen Verantwortung tragen. Dieser Gedanke ist aber nicht neu und geht bis auf das 19. Jahrhundert zurück, als der rechtliche Schutz des Tieres – zunächst als Schutz menschlichen Empfindens – in ein Strafgesetz erstmals aufgenommen wurde. Bereits im Deutschen Reichsanzeiger vom 1.12.1933 wurde so hervorgehoben, »daß das Tier des Tieres wegen geschützt werden muß«. Lange tat sich dann im ethischen Rechtsbereich des Tieres wenig, bis der Gesetzgeber 1972 das Tierschutzgesetz verabschiedete, das sich im Zuge eines umfassenden Lebensschutzes um den ethischen Fortschritt in der sozialen Beziehung zwischen Mensch und Tier bemühte. So stand das Gesetz unter der Leitidee einer Verantwortung des Menschen für das seiner Obhut anheimgegebene Lebewesen. Dieses Gesetz machte einen ersten vorsichtigen und noch zaghaften Versuch, einen Einklang zwischen ethischen, wissenschaftlichen, aber auch wirtschaftlichen Forderungen herbeizuführen. § 1 des Tierschutzgesetzes 1972 bestimmte jetzt, daß es verboten ist, Wirbeltieren länger anhaltende oder sich wiederholende erhebliche Schmerzen oder Leiden zuzufügen. Damit wurde strenggenommen der Begriff des Tieres als Sache erstmals verneint, da sich eine Sache weder quälen noch töten läßt.

Eine weitere gedankliche Entwicklung trat ein, als der Deutsche Tierärztetag im Jahre 1977 an den Gesetzgeber die Forderung herantrug, das lebende Tier nicht weiterhin nur als Sache zu bewerten. Die Änderung des Tierschutzgesetzes von 1986 brachte sodann eine erste leichte Verbesserung für das Tier. Das Tier selbst wurde jetzt erstmals als Mitgeschöpf hervorgehoben. 1990 verabschiedete dann der Deutsche Bundestag das Gesetz zur Verbesserung der Rechtsstellung des Tieres im Bürgerlichen Recht. Der zentrale Grundgedanke dieses Gesetzes soll ein ethisch fundierter Rechtsschutz für das Tier sein. In § 90 a BGB wurde jetzt festgehalten, daß Tiere in unserem Rechtssystem nunmehr erstmals keine Sachen mehr sind. Auch im Schadensersatzrecht des Bürgerlichen Gesetzbuches wurde eine nicht unbedeutende Änderung festgeschrieben. So sind die Kosten für die Heilbehandlung eines verletzten Tieres vom Schädiger nunmehr auch dann zu bezahlen, wenn die Heilbehandlungskosten den Wert des Tieres erheblich übersteigen (§ 261 BGB). Auch die emotionale Beziehung zwischen Mensch und Tier wurde berücksichtigt, indem Tiere, die im häuslichen Bereich und nicht zu Erwerbszwecken gehalten werden, von einer Pfändung durch den Gerichtsvollzieher freigestellt wurden.

Bereits das Bundesverfassungsgericht hatte schon zuvor die tierschutzrechtlich geforderte Obhut und Verantwortung des Menschen für das Tier betont. Dies ist nämlich eine Obhutspflicht, die sich auch im Tierschutzgesetz wiederfindet, indem eine behördliche Prüfungs- und Aufsichtspflicht angeordnet wurde. Eine Rechtsparallele bietet sich in diesem Bereich nicht unbedingt sofort an, obwohl ein Vergleich mit dem elterlichen Sorgerecht für ein Kind nicht abwegig ist. Das Recht des Tieres in unserer Zivilisation läßt sich damit am zutreffendsten durch einen tierschutzrechtlichen Sorgerechts- und Eigentumsbegriff umschreiben, um die Tiere gleichberechtigt als eigenständige Subjekte des Naturrechts anzuerkennen.

Die Gerechtigkeit gebietet es, die Eigenart des Tieres stärker zu beachten und ihm, wo immer dies möglich ist, das ihm Entsprechende zu sichern und auch zu geben. Denn kraft der ihm angeborenen Natur ist das in menschlicher Obhut stehende Tier Träger von

Rechten, deren Anerkennung, Schutz und Fürsorge dem Menschen obliegt. Im Konflikt zwischen den Bedürfnissen von Menschen und Tieren sind die beiderseitigen Rechtsgüter sorgfältig miteinander abzuwägen. So ist das Tier vor allem ein Subjekt und kein bloßes Objekt des Rechts. Dies gilt es zu achten und in die Gesetzesmaterie richtungsweisend, auch und gerade im Hinblick auf das europäische Gemeinschaftsrecht, zu verankern. Mag es zum gegenwärtigen Zeitpunkt noch politisch vermessen sein, dem Tier in seinem Rechtsstatus »Rechtskreatur« verfassungsmäßigen Rang im Grundgesetz zukommen zu lassen, so ist doch das Recht für das Tier als Mitlebewesen anzuerkennen. Der Gesetzgeber ist daher aufgefordert, vor allen Dingen in der Novellierung des Tierschutzgesetzes für eine vernünftige und angemessene Rechtseinordnung von Tieren unter Wahrung ihrer essentiellen Bedürfnisse zu sorgen. Der Vermögenswert gehört dabei nicht zu den Wesenselementen des Tieres, im Unterschied zum Wert seines Lebens, das um seiner selbst willen zu achten ist. Aber selbst als Eigentum betrachtet, darf über das Tier nicht frei verfügt werden, denn schon heute wird das Eigentum aus Sicht des Art. 14 Grundgesetz inhaltlich durch Rechte und Pflichten bestimmt. Ein Tierhalter, der das seiner Obhut anheimgestellte Tier nachhaltig als Objekt eigener Zwecke übergeht, erheblich vernachlässigt oder quält, mißachtet die Zugehörigkeit des Tiers zu seinem Schutzbereich und verwirkt sein Eigentums- und Verfügungsrecht. Eine durchgreifende und grundlegende Änderung wird das Tier in unseren Gesetzen aber erst dann wirklich erfahren und nicht nur formaljuristisch keine Sache mehr sein, wenn das Tier und damit der Tierschutzgedanke selbst im Grundgesetz Eingang und Schutz erfährt. Erst wenn dieses verwirklicht ist, wird das Schutz- und Lebensinteresse des Tieres ein wirklich starkes Rechtssubjekt sein. Um einen ethisch vertretbaren Tierschutz in der Praxis zu verwirklichen, sind somit weitergehende Regelungen, gerade auf dem Gebiet der Massentierhaltung und der Tierversuche, unbedingt notwendig.

März 97
Rechtsanwalt Dr. Reinhard Hahn

DIE ETHISCHEN GRUNDSÄTZE DES PFERDEFREUNDES

1. Wer auch immer sich mit dem Pferd beschäftigt, übernimmt die Verantwortung für das ihm anvertraute Lebewesen.
2. Die Haltung des Pferdes muß seinen natürlichen Bedürfnissen angepaßt sein.
3. Der physischen wie psychischen Gesundheit des Pferdes ist unabhängig von seiner Nutzung oberste Bedeutung einzuräumen.
4. Jedes Pferd ist vom Menschen unabhängig von Rasse, Alter, Geschlecht sowie Einsatz in Zucht, Freizeit oder Sport gleich zu achten.
5. Das Wissen um die Geschichte des Pferdes, um seine Bedürfnisse sowie die Kenntnisse im Umgang mit dem Pferd sind kulturgeschichtliche Güter. Diese gilt es zu wahren und zu vermitteln und nachfolgenden Generationen zu überliefern.
6. Der Umgang mit dem Pferd hat eine persönlichkeitsprägende Bedeutung gerade für junge Menschen. Diese Bedeutung ist stets zu beachten und zu fördern.
7. Der Mensch, der gemeinsam mit dem Pferd Sport betreibt, hat sich und das ihm anvertraute Pferd einer Ausbildung zu unterziehen. Ziel jeder Ausbildung ist das Erstreben einer größtmöglichen Harmonie zwischen Mensch und Pferd.
8. Die Nutzung des Pferdes im Leistungs- sowie im allgemeinen Reit-, Fahr- und Voltigiersport muß sich an seiner Veranlagung, seinem Leistungsvermögen und seiner Leistungsbereitschaft orientieren. Die Beeinflussung des Leistungsvermögens durch medikamentöse sowie nicht pferdegerechte Einwirkung des Menschen ist abzulehnen und muß geahndet werden.
9. Die Verantwortung des Menschen für das ihm anvertraute Pferd erstreckt sich auch auf das Lebensende des Pferdes. Dieser Verantwortung muß der Mensch stets im Sinne des Pferdes gerecht werden.

GERHART GERWECK: MEIN 10-PUNKTE-FORDERUNGS-PROGRAMM ZUM SCHUTZ DER TIERE

1. Der Tierschutz muß allgemeines Verfassungsgebot sein.
2. Wenn Massentierhaltung, dann nur »art- und tiergerecht«.
3. Striktes Verbot illegaler Arzneimittelgaben im Tierfutter.
4. Obligatorische Lebenduntersuchung der Schlachttiere im Erzeugerstall.
5. Schlachttiertransporte maximal 200 km und 6 Std. Dauer.
6. Stopp aller EG-Subventionen für Lebendtiertransporte.
7. Lückenlose Überwachung des Artenschutzes und Tierhandels.
8. Striktes Verbot aller Fehl- und Qualzüchtungen bei Tieren.
9. Ersatz der Tierversuche durch wissenschaftliche Alternativen.
10. Strenge Tierschutzüberwachung bei Freizeit und Sport mit Tieren.

TIERSCHUTZANGELEGENHEITEN

WOHIN KANN ICH MICH WENDEN?

Tierschutz ist nicht nur eine Sache der Gesetzgebung. Jeder Bürger muß und kann zum Schutz der Tiere beitragen – vor allem durch verantwortungsvolles Handeln gegenüber Tieren. Tierschutz verlangt somit die Entwicklung einer noch besseren Grundeinstellung des Einzelnen zum Tier. Information und Motivation der Tierhalter müssen dabei immer mehr in den Vordergrund rücken und so polizeiliche und administrative Maßnahmen zunehmend überflüssig machen.

Zuständigkeit bei der Durchführung des Tierschutzrechts
Die Durchführung des Tierschutzgesetzes und der auf Grund dieses Gesetzes erlassenen Rechtsverordnung obliegt den nach Landesrecht zuständigen Behörden.

Ministerum f. Ländlichen Raum
Ernährung, Landwirtschaft u. Forsten
Baden-Württemberg
Postfach 10 34 44, 70029 Stuttgart
Kernerplatz 10, 70182 Stuttgart
Tel.: 0711/126-0

Regierungspräsidium **Stuttgart**
Postfach 80 07 09, 70507 Stuttgart
Ruppmannstr. 21, 70565 Stuttgart
Tel.: 0711/904-0

Regierungspräsidium **Karlsruhe**
Postfach 5343, 76035 Karlsruhe
Schloßplatz 1-3, 76131 Karlsruhe
Tel.: 0721/926-0

Regierungspräsidium **Freiburg**
Postfach , 79083 Freiburg
Kaiser-Joseph-Str. 167, 79098 Freiburg
Tel.: 0761/208-0

Regierungspräsidium **Tübingen**
Postfach 26 66, 72016 Tübingen
Konrad-Adenauer-Str. 20, 72072 Tübingen
Tel.: 07071/757-0

Bundesministerium f. Ernährung,
Landwirtschaft u. Forsten
Postfach 14 02 70, 53107 Bonn
Tel.: 0228/529-3995
Fax: 0228/5294262

Ministerium f. Ernährung
Landwirtschaft u. Forsten
Heinrich-Mann-Allee 103, 14473 **Potsdam**
Tel.: 0331/866-4480
Tel.: 0331/866-4069-71

Ministerium f. Landwirtschaft u. Naturschutz
Paulshöher Weg 1, 19061 **Schwerin**
Tel.: 0385/588-6522
Fax: 0385/588-6028

Ministerium f. Ernährung, Landwirtschaft u. Forsten
Calenberger Str. 2, 30169 **Hannover**
Tel.: 0511/120-2128
Fax: 0511/120-2386

Ministerium f. Umwelt, Raumordnung u. Landwirtschaft
Schwannstr. 3, 40476 **Düsseldorf**
Tel.: 0211/4566-398
Fax: 0211/4566-388

Ministerium f. Umwelt u. Forsten
Kaiser-Friedrich-Str. 7, 55116 **Mainz**
Tel.: 06131/164-413
Fax: 06131/164-608

Ministerium f. Raumordnung, Landwirtschaft u. Umwelt
Olvenstedter Str. 4, 39108 **Magdeburg**
Tel.: 0391/567-1839
Fax: 0391/567-1727

Ministerium f. Umwelt u. Forsten
Grenzstr. 1-5, 24149 **Kiel**
Tel.: 0431/988-7333
Fax: 0431/988-7239

Weitere Tierschutzadressen:

Bundesverband d. Tierversuchsgegner – Menschen u. Tierrechte
Roermonder Str. 4a, 52072 Aachen
Tel.: 0241/15-7214
Fax: 0241/15-5642

Intern. Herstellerverband gegen Tierversuche in der Kosmetik (IHTK)
Feldkircher Str. 4, 71522 Backnang
Tel.: 07191/980472
Fax: 07191/970515

Deutsches Tierhilfswerk (DTHW)
Vesperbilder Str. 4, 86473 Ziemetshausen
Tel.: 08284/80-28 oder 29

Deutscher Tierschutzbund (DTB)
Baumschulallee 15, 53115 Bonn
Tel.: 0228/63-1005
Fax: 0228/63-1264

Bundesverband Naturkost Naturwaren Hersteller (BNN)
Robert-Bosch-Str. 6, 50354 Hürth
Tel: 02233/96338-33
Fax: 02233/96338-30

Ausländische Tierschutz-Kontaktstellen:

Eurogruppe für Tierschutz
Rue Boduognat 13, B-1000 Brüssel/Belgien
Tel.: 0032/2/231/1388
Fax: 0032/2/230/17-00

Internationaler Tierschutzfonds (IFAW)
Postfach 550467, 22564 Hamburg
Tel: 040/869163
Fax: 040/872067

Welttierschutz-Gesellschaft (WSPA)
2 Langley Lane, London SW8 1TJ.
Großbritannien
Tel.: 0044/71/793/0540
Fax: 0044/71/793/0208

Animal shelter – Arche Noah Kreta
Frau Silke Wrobel
Chorofakia, P.O.Box 241 Chania/Krete
Griechenland
Tel.: 0030/821/64792

Lega pro Animale
Frau Dorothea Friz
Via Morio Tommasso, I-81030 Castelvoltarno (EC)
Italien
Tel.: und Fax: 0039/823/859552

Refugio international para Animales
Frau Rita Lehmkuhl
Aporto de Carreos 545, **Puerto de la Cruz / Teneriffa**
Tel.: 0034/71-385281

Istanbul Hayvan Sevenler Dernegi Boharye Cad 68 Beyas Soray
Frau Sena Deveglioglo
Apt. 315
Istanbul/Türkei
Tel.: 0090/216/3475709 oder 3379970

S.A.T. Sociedat Protectora Para Animales de Torrevieja
Frau Gisela Dickershoff
Calle Ramon Campoamor 512A/24
Los Baleones, E-03186 Torrevieja/Alicante
Spanien
Tel.: und Fax: 0034/6/672/2807

Tierhilfe Mallorca e.V. – Fundacion Arche Noah
Frau Helga Knies
Calle Pedro Seriol No. 22, E-071050 Son Curt/Andratx
Spanien
Tel: und Fax: 0034/71/235477

Associocao do Amigos dos Animais Abandonados A.A.A.A.
Canil de Sao Francisco de Assis
Frau Clauberg-Kranendonk
Campino de Baixo, 8100 **Loule/Portugal**
Tel.: 00351/89/41682
Fax: 00351/84/347300

ANIS Animal Identiy Service
Länggaßstr. 8, CH-3012 Bern/Schweiz
Tel.: 0041/31/235819
Fax: 0041/31/240215

Schweizer Tierschutzstelle (STS)
Dürnacher Str. 101, CH-4008 Basel

Schweizerische Vereinigung für das Pferd (SVFP)
Präsident: Albert Studer
Sekretariat: Brigitte Ruschak
Äussere Mattenstr. 27, CH-5036 Oberentfelden
Tel.: 0041/62/7237309

Verein für Pferdesamariter und Pferderettungswesen
Präsident: Prof. Björn von Salis
Oberfeldstr. 4, CH-8500 Frauenfeld
Tel.: 0041/52/7215727
Fax: 0041/52/7224024

Schweizerische Interessengemeinschaft Eselfreunde (SIGEF)
Präsidentin: Annamaria Matter
Sekretariat: Hauptstr. 165
Tel.: 0041/32/3921823
Notfälle/Eselvermittlung: Erna Schmid, Tel.: 0041/1/8443147

Stiftung für das Pferd
(Fondation pour le cheval)
Le Roselet, CH-2724 Les Breuleux
Tel.: 0041/39/591890

Zentralverband der Tierschutzvereine Österreichs
Khleslplatz 6, A-1120 Wien

Gnadenhof des Wiener Tierschutzvereins
Mühlenweg 3, A-7221 Marz bei Mattersburg
Tel.: 0043/2626/67533

Gnadenhof Knittelfeld
Rainweg 3, A-8720 Knittelfeld
Tel.: 0043/3512/85310

Tierhilfswerk Austria
Boschstr. 24/1, A-1190 Wien/Österreich
Tel.: 0043/222/3189604

Eurogroup for Animal Welfare
13 rue Bodvognant, B-1000 Brüssel

Deutsche Tierschutz-Organisationen:

Arbeitsgruppe Tierschutz u. Pferdesport
Bundesministerium f. Ernährung, Landwirtschaft u. Forsten
53123 Bonn
(Herausgeber der Broschüre: Leitlinien im Pferdesport
Schutzgebühr 2.— DM)

Deutsche Reiterliche Vereinigung (FN)
Abteilung Öffentlichkeitsarbeit
Freiherr-v. Langen-Str. 13, 48231 Warendorf
Tel.: 02581/6362127
Fax: 02581/636288

Deutsche Vereinigung z. Schutz d. Pferdes e.V. (DVSP)
Wienkamp 11, rechts, 46354 Südlohn
Tel.: 02862/8189
Fax: 02862/8013

Online-Hilfe f. Tiere in Not
F-Online *240825# oder Tel.: 04549/891198

Deutscher Tierschutzbund e.V.
Baumschulallee 15, 53115 Bonn
Tel.: 0228/697701
Fax: 0228/631264

Bundesverband Tierschutz e.V.
Hundesittervermittlung
Dr.-Broschheidgen-Str. 20, 47447 Moers
Tel.: 02841/25244
Fax: 02841/26236

Deutsches Tierhilfswerk
Urlaubspflegeplätze-Vermittlung
Tel.: 02841/66601

Arbeitsgemeinschaft kritische Tiermedizin
Silke Schönthaler
Halskestr. 12, 12167 Berlin
Tel: 030/7969598

ARGUS-Suchregister
Haldenbergstr. 27, 86473 Ziemertshausen
Tel.: 08282/81454

Zentrales Haustierregister d. Deutschen Tierschutzbundes e.V.
Baumschulallee 15, 53115 Bonn
Tel.: 0228/697701
Fax: 0228/631264

Deutscher Tierschutzbund e.V.
Professor-Neumann-Haus des Dt.Tierschutzes
Baumschulallee 15, 53115 Bonn
Tel.: 0228/60496
Fax: 0228/60496-40

**Rettungs. u. Forschungsstation
f. verölte Seevögel** d. Deutschen Tierschutzbundes
Landstr. 106, 25980 Keitum/Sylt
Tel.: 04651/33533
Fax: 04651/32206

Bund gegen den Mißbrauch der Tiere e.V.
Viktor-Scheffel-Str. 15, 80803 München
Tel.: 089/3839520
Fax: 089/38395223

Verein gegen tierquälerische Massentierhaltung e.V.
Teichtor 10, 24226 Heikendorf b. Kiel
Tel.: 0431/241550 oder 245135
Fax: 0431/245238

Bundesverband der Tierversuchsgegner
– Menschen f. Tierrechte e.V. –
Roermonder Str. 4a, 52072 Aachen
Tel.: 0241/157214
Fax: 0241/155642

Deutsche Tierschutzjugend im Deutschen Tierschutzbund e.V.
Vineckstr. 91, 44623 Herne
Tel.: 02323/51616
Fax: 02323/51360

Deutsches Tierhilfswerk e.V.
Waldmeisterstr. 95B, 80935 München
Tel.: 089/3515432

Europäisches Tierhilfswerk e.V.
Nikolausstr. 17, 53129 Bonn
Tel: 0228/231828

Aktion Kirche u. Tiere – Akut e.V.
Pfarrer Michael Blanke
Hauptstr. 39, 63695 Glauburg
Tel: 06041/50603
Fax: 06041/6213

Aktionsgemeinschaft Artenschutz e.V.
Tubizer Str. 1, 70825 Korntal-Munchingen
Tel: 0711/832389
Fax: 0711/8380479

Gewerkschaft für Tiere e.V.
Promenadeplatz 12, 80333 München
Tel.: 089/226617-19
Fax: 089/220438

Greenpeace e.V.
Vorsetzen 53, 20459 Hamburg
Tel: 040/31186-0

Mobile Tierrettung in Deutschland e.V.
Falkensteinerstr. 10-11, 94118 Wollaberg
Tel: 08581/1455

Naturschutzbund Deutschland e.V.
Herbert-Rabius-Str. 26, 53225 Bonn
Tel: 0228/97561-42
Fax: 0228/97561-90

Pro Faun
Aktionsgemeinschaft z. Schutz
Wildlebender Tiere e.V.
Coventrystraße 55, 65934 Frankfurt/M.
Tel.:069/384877

Pro Igel
Verein f. Internationalen Naturschutz e.v.
Postfach 4016, 88119 Lindau/Bodensee
Tel: 08382/21112
Fax: 08382/24332

Stiftung Europäisches Naturerbe
Güttinger Str. 19, 78315 Radolfzell
Tel.: 07732/2516
Fax: 07732/3316

TASSO Haustierzentralregister e.V.
Frankfurter Str. 20, 65795 Hattersheim
Tel.: 06190/932214
Fax: 06190/5967

**Gesellschaft zur Erhaltung
alter und gefährdeter Haustierrassen e.V. (GEH)**
Am Eschenbornrasen 11, 37213 Witzenhausen
Tel.: 05542/1864
Fax: 05542/72560

Vereinigung »Ärzte gegen Tierversuche« e.V.
Nußeil 50, 60433 Frankfurt
Tel.: 069/519411

16 Bildtafeln mit 20 Abbildungen in Farbe von:
A. Aiblinger / Juniors Bildarchiv (S. 90 oben), CKS / Juniors Bildarchiv (S. 108), A. Hecht / Juniors Bildarchiv (S. 107), G. König / Juniors Bildarchiv (S. 89), Eva-Maria Krämer (S. 72 oben), L. Poth / Juniors Bildarchiv (S. 90 unten), Reinhard Tierfoto (S. 18, 35, 36, 53 oben und unten, 71, 72 unten, 125, 126, 143, 144), H. Ritters / Juniors Bildarchiv (S. 17), Edgar Schöpal (S. 17).

Umschlaggestaltung: Atelier Reichert, Stuttgart, unter Verwendung eines Fotos von Reinhard Tierfoto, Heiligkreuzsteinach / Eiterbach. Die Abbildung auf der Rückseite stammt von J. u. P. Wegner / Juniors Bildarchiv, Senden.

**Bücher · Videos · CDs
Kalender · Seminare**

Zu den Themen: • Natur • Garten
und Zimmerpflanzen • Astronomie
• Heimtiere • Pferde & Reiten
• Kinder- und Jugendbücher
• Eisenbahn / Nutzfahrzeuge

Nähere Informationen sendet Ihnen gerne
Kosmos · Postfach 106011 · 70049 Stuttgart

Die Deutsche Bibliothek – CIP-Einheitsaufnahme

Gerweck, Gerhart:
Das Recht der Tiere : persönliches Plädoyer für den Tierschutz / Gerhart Gerweck. Mit einem Vorw. von Franz Alt. – Stuttgart : Kosmos, 1997
ISBN 3-440-07403-X

© 1997, Kosmos Verlag, Stuttgart
Alle Rechte vorbehalten
ISBN 3-440-07403-X
Printed in Czech Republic / Imprimé en Republique tchéque
Lektorat: Cordula Beelitz-Frank
Herstellung: Die Herstellung, Stuttgart
Satz: Fotosatz Amann, Aichstetten
Druck: Těšínská Tiskárna, Česky Těšin